30초 일본어 말하기 스피킹 매트릭스

INPUT

스피킹 매트릭스
SPEAKING MATRIX

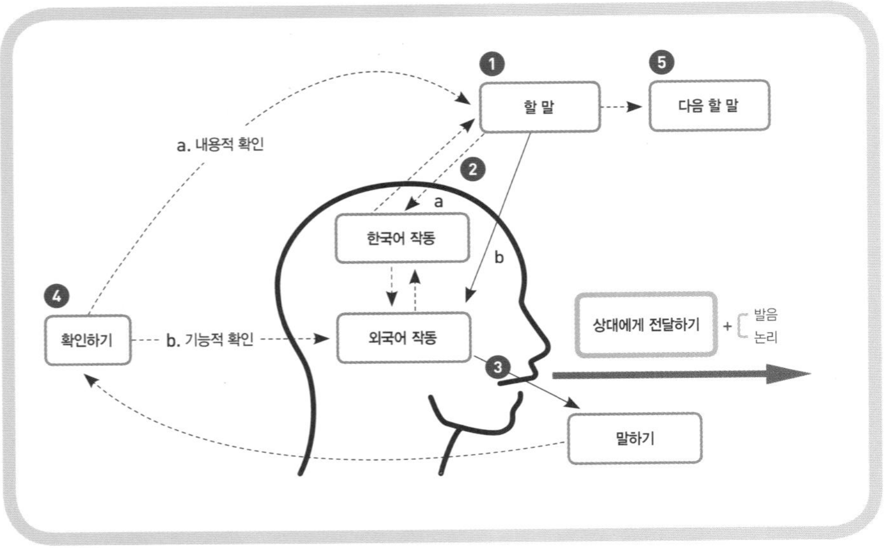

'스피킹 매트릭스'는 21년 경력의 스피킹 전문가가
한국인의 스피킹 메커니즘에 맞춰 개발하여
대학생, 취업 준비생, 구글코리아 등 국내외 기업 직장인들에게
그 효과를 검증받은 가장 과학적인 스피킹 훈련 프로그램입니다.

이 책의 '55일 훈련 과정'을 거치고 나면 누구나 정확하고 빠르게
일본어로 자신의 생각을 말할 수 있는 자신감과 실력을 얻을 수 있습니다.

내 일본어는 왜 5초를 넘지 못하는가?

당신의 일본어는 몇 분입니까?

외국어를 얼마나 잘하는지 확인할 때 보통 "얼마나 오래 말할 수 있어?"와 같이 시간을 따집니다. 외국어로 오래 말할 수 있다는 것은 알고 있는 표현의 수가 많고, 다양한 주제를 다룰 풍부한 에피소드들이 있음을 의미합니다. 그래서 '시간의 길이는 스피킹 실력을 판가름하는 가장 분명한 지표' 입니다.

스피킹 매트릭스, 가장 과학적인 외국어 스피킹 훈련법!

일본어를 말할 때 우리 두뇌에서는 5단계 과정(왼쪽 그림 참조)을 거치게 됩니다. 그러나 보통은 모국어인 한국어가 일본어보다 먼저 개입하기 때문에 그 과정이 원활하게 진행되지 못합니다. 〈30초 일본어 말하기〉로 스피킹 매트릭스의 체계적인 훈련 과정을 거치고 나면 여러분은 두려움 없이 일본어 문장을 완성하고 입밖으로 뱉어낼 수 있게 됩니다.

▶〈스피킹 매트릭스 30초 일본어 말하기〉 학습 효과

일본어회화	SJPT	OPIc
초중급	LEVEL4~5	IM~IH

독자의 1초를 아껴주는 정성!

세상이 아무리 바쁘게 돌아가더라도
책까지 아무렇게나 빨리 만들 수는 없습니다.
인스턴트 식품 같은 책보다는
오래 익힌 술이나 장맛이 밴 책을 만들고 싶습니다.

길벗이지톡은 독자여러분이
우리를 믿는다고 할 때 가장 행복합니다.
나를 아껴주는 어학도서,
길벗이지톡의 책을 만나보십시오.

독자의 1초를 아껴주는
정성을 만나보십시오.

미리 책을 읽고 따라해본 2만 베타테스터 여러분과
무따기 체험단, 길벗스쿨 엄마 2% 기획단,
시나공 평가단, 토익 배틀, 대학생 기자단까지!
믿을 수 있는 책을 함께 만들어주신 독자 여러분께 감사드립니다.

(주)도서출판 길벗 www.gilbut.co.kr
길벗 스쿨 www.gilbutschool.co.kr

mp3 파일 다운로드 안내

길벗 홈페이지 (www.gilbut.co.kr) 로 오시면 mp3 파일을 비롯하여 다양한 자료를 이용하실 수 있습니다.

1단계	도서명 ▼ [　　　] 검색 에 찾고자 하는 책이름을 입력하세요.
2단계	검색한 도서로 이동하여 〈자료실〉에서 mp3 파일을 다운로드 받으세요.

30초 일본어 말하기 스피킹 매트릭스

함채원 지음

길벗 이지:톡

스피킹 매트릭스: 30초 일본어 말하기

Speaking Matrix: 30-Second Speaking for Japanese

초판 발행 · 2020년 12월 25일
초판 2쇄 발행 · 2023년 2월 14일

지은이 · 함채원 | **스피킹 매트릭스 프로그램 개발자** · 김태윤
발행인 · 이종원
발행처 · (주)도서출판 길벗
브랜드 · 길벗이지톡
출판사 등록일 · 1990년 12월 24일
주소 · 서울시 마포구 월드컵로 10길 56(서교동)
대표 전화 · 02)332-0931 | **팩스** · 02)323-0586
홈페이지 · www.gilbut.co.kr | **이메일** · eztok@gilbut.co.kr

기획 및 책임편집 · 오윤희(tahiti01@gilbut.co.kr) | **디자인** · 황애라 | **제작** · 이준호, 손일순, 이진혁
마케팅 · 이수미, 장봉석, 최소영 | **영업관리** · 김명자, 심선숙 | **독자지원** · 윤정아, 최희창
편집진행 및 교정교열 · 강미정 | **전산편집** · 강미정 | **오디오녹음** · 와이알미디어
CTP 출력 및 인쇄 · 예림인쇄 | **제본** · 예림바인딩

길벗이지톡은 길벗출판사의 성인어학서 출판 브랜드입니다.

ISBN 979-11-6521-360-2 04730
(길벗 도서번호 301055)

정가 14,000**원**

머리말

누구나 30초는 일본어로 말할 수 있습니다!

지금 당장 일본어로 몇 초 이상 말할 수 있나요?

지난 15년 간 일본어 동시통역사와 대학 강사, 일본어 강사로 일하면서 필자는 대략 천 명 가량의 다양한 일본어 학습자들을 만날 기회가 있었어요. 학습자마다 학습 배경과 어학 수준이 서로 천차만별인 게 당연한데, 흥미롭게도 몇 가지 공통점이 있었어요. 그 중 하나가 바로 '말하기'. 일정 시간 이상 말하는 것을 어려워한다는 점이었어요. 시사적인 주제가 아니라 내 소개, 내 생각, 어제 본 드라마 이야기 같은 일상적인 주제에서도 볼 수 있는 현상이었어요.

길게 말하기는 특별한 접근이 필요할 것 같다고요?

말하기는 읽기, 쓰기, 듣기와 다른 능력이 요구된다는 것은 너무 잘 알려진 사실. 같은 말하기라 하더라도 짧은 회화나 리액션과는 또 다른 접근이 필요하죠. 하지만 너무 거창하게 생각할 필요는 없어요. 길게 말하기는 일정 시간 동안 주제와 스토리성을 가지고 말하는 것이지, 한 문장을 길게 말하는 게 아니거든요. 그 시작은 'A입니다', 'A는 B입니다' 같은 단위여도 좋아요. 짧은 문장을 리듬감 있게 연결해 가는 것만으로 충분하죠. 익숙해지면 하나의 말뭉치에 여러 말뭉치를 자유자재로 결합하는 힘이 키워져요. 이 방식으로 훈련하면 30초, 1분, 3분은 물론 더 긴 시간을 풍요롭게 채울 수 있어요. 이 책은 여러분이 최소의 말뭉치에서 시작해 말뭉치끼리 결합하며 문장, 즉 일본어식 사고를 확장해 가는 여정을 도울 거예요. 예문들은 실제로 자주 쓰이는 주어–서술어, 목적어–서술어 세트 조합으로 구성했어요. 말뭉치 훈련을 통해 통문장으로 머릿속에 각인될 테니 비슷한 상황에서 즉각적으로 써 볼 수 있을 거예요.

언제까지 어색한 한국어 번역투로 말할 건가요?

영어에 콩글리시가 있다고 한다면 일본어에는 코패니즈가 있어요. 기계 번역을 돌린 듯한 어색한 한국식 일본어를 말하죠. 일본어는 한국어와 어순이 같고 비슷한 어휘가 많아서 무조건 직역하면 의미가 통할 거라는 오해가 있어요. 그 배경에는 국내 일본어 교육이 한국 사람들이 다가가기 쉬운 문법과 표현을 중심으로 이루어지는 부분도 한몫해요. 이런 방식으로는 네이티브들이 가장 흔히 쓰는 말 대신, 한국 사람들에게 더 익숙한 구조나 표현들로 채워지기 쉽다는 문제가 있어요. 이 책에서는 여러분들이 자연스러운 일본어, 살아 있는 일본어를 익히실 수 있도록 상황별로 네이티브들이 흔히 쓰는 표현과 예문을 풍성하게 담아냈어요. 일본어식 표현 방식에 쉽게 적응해 가실 수 있도록 풍부한 해설도 곁들였답니다. 같은 시간을 투자해서 공부해도 일본어를 더 잘하는 것처럼 보이는 효과는 덤으로 얻어 가실 수 있을 거예요.

그런데 30초 동안 뭘 말해야 하죠?

이 책에서는 초급 학습자 분들 입장에서 활용 빈도가 높은 상황으로 콘텐츠를 꾸려 보았어요. 나와 내 주변인, 하루에 겪을 수 있는 일상생활 상황 같은 구체적이고 익숙한 주제를 통해 일본어식 사고의 범위를 확장해 갈 수 있도록요. 이 책을 마칠 때쯤에는 일본어 말하기 근육이 어느 정도 붙을 거고요. 그 다음 단계로 1분, 3분 훈련을 거듭하다 보면 어느새 여러분은 혼자서도 두려움 없이 청중을 휘어잡는 일본어 말하기 고수가 되어 있을 겁니다.

2020년 12월

함채원

이 책이 출간되기까지는 많은 분들의 노고가 있었습니다.

무엇보다 기획 단계부터 출간에 이르는 긴 여정 동안 든든한 안내자이자 후원자가 되어 주신 오윤희 차장님께 무한한 감사와 존경의 마음을 전합니다. 가이드라인과 세심한 피드백으로 책의 내실을 다져 주신 길벗 출판사 담당자님들, 꼼꼼한 편집으로 책의 완성도를 높여 주신 강미정 실장님께도 감사 드립니다. 해설 교차 감수를 흔쾌히 수락해 주신 하세가와 요시미츠 교수님께도 감사의 마음을 전합니다. 방대한 양의 예문 감수에 큰 도움 주신 카시와기 와카나 님, 타오 사에 님, 루비 작업에 힘을 보태 준 미즈와키 미레이 님께도 감사드립니다. 스피킹 매트릭스 일본어판 기획을 제안해 주신 김남호 대표님과 스피킹 매트릭스 메커니즘을 일본어에 적용할 수 있도록 흔쾌히 허락해 주신 프로그램 개발자 김태윤 선생님께도 감사 인사를 전합니다. 많은 분들의 노고와 헌신으로 세상에 나오게 된 이 책이 일본어 말하기 고수를 꿈꾸는 학습자 분들의 여정에 작은 동반자가 되기를 희망합니다.

스피킹 매트릭스 소개

한국인이 외국어를 말할 때 머릿속에서 일어나는 사고의 진행 과정을 한 장의 그림으로 응축해 낸 것이 스피킹 매트릭스(Speaking Matrix)입니다. 이 책의 모든 콘텐츠와 훈련법은 스피킹 매트릭스를 기반으로 각각의 프로세스를 원활히 하는 데 초점을 맞춰 제작되었습니다.

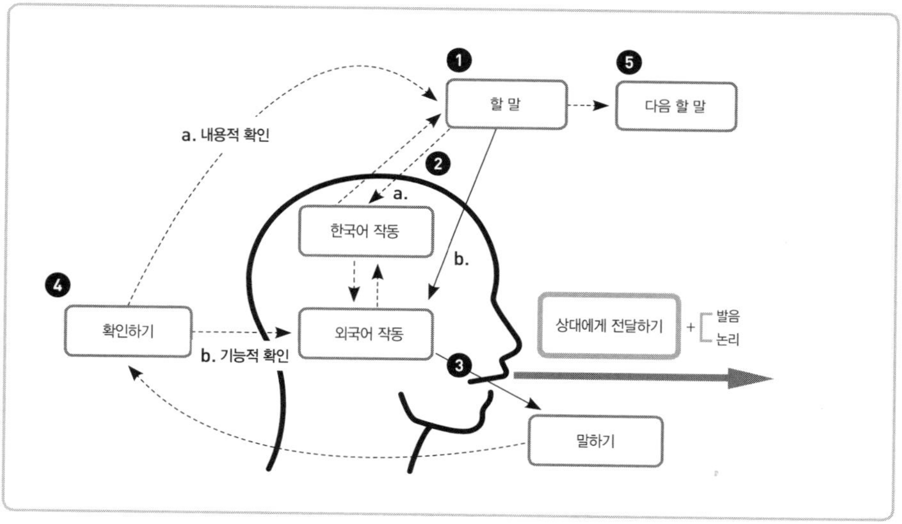

지금부터 스피킹 매트릭스의 각 단계가 어떤 식으로 흘러가는지, 단계마다 어떤 식으로 훈련하는 것이 효과적인지 차근차근 설명해 드리겠습니다.

1 | 할 말이 떠오른다

말하기의 전제는 '머릿속에 떠오른 할 말'입니다. 짧은 표현일 수도 있고 긴 이야기일 수도 있지요. 이 '할 말'이 떠올랐을 때 나머지 기능들이 작용하기 시작합니다. 그래서 할 말이 떠오르는 것은 스피킹의 가장 첫 단계입니다. 당연한 것 같지만 간과하기 쉬운 부분이죠. 말을 어느 정도 할 수 있는 사람이라도 이 부분이 약하면 갖고 있는 다른 능력들이 제대로 활용되지 않습니다. 생각해 본 적이 없거나 생각하고 싶지 않거나 깊이 생각하는 습관이 없을 때 모국어가 어떤 언어이든 한마디도 못하는 답답한 상황이 되고 맙니다.

2 | 익숙한 언어가 작동한다

말하고자 하는 내용이 떠오르면, 우리의 머릿속에서는 자신에게 익숙한 언어로 표현하려는 의지가 작동합니다. 자물쇠에 열쇠를 꽂고 돌리는 것처럼 습관적으로 일어나는 행동입니다. 한국인인 우리에게 한국말이 먼저 떠오르는 것은 당연한 일이죠. 그런데 이것을 억지로 외국어로 번역해서 말하려고 하니까 애를 먹게 되는 겁니다. 번역 자체가 시간을 요하는 일인데, 말하는 동시에 머릿속에서 해내려니 애를 먹게 되죠.
여기서 우리가 해야 하는 것은 열쇠가 다른 방향, 즉 외국어 쪽으로도 능숙하게 돌아가도록 노력해 보는 겁니다. 어려울까봐 지레 걱정하지 마세요. 처음에는 더듬거리며 치던 키보드도 연습하면 안 보고도 칠 수 있듯이 제대로 훈련만 하면 누구나 할 수 있습니다.

2a. 우리말이 먼저 떠오른다

외국어 스피킹 훈련이 충분히 안 된 상태에서는 아무래도 익숙한 모국어가 먼저 작동하겠지요. 그래서 한국인인 우리 머릿속에서는 어떤 말을 하려고 할 때 우리말이 먼저 떠오르고, 그 다음에 그에 해당하는 외국어를 떠올리는 과정이 일어나는 것입니다. 하지만 우리말이 적극적으로 외국어에 영향을 끼치고 있어서 번역의 고통과 함께 어색하고 잘못된 표현이 만들어지기 쉽습니다.

2b. 외국어가 먼저 떠오른다

외국어 말하기에 능숙한 사람은 그 해당 외국어가 먼저 떠오릅니다. 우리말의 개입이 거의 일어나지 않고, 외국어가 우리말에 영향을 주기도 합니다. 외국어 표현에 숙달됐을 뿐 아니라 표현 방식도 발달해 있는 상황이죠. 하지만 이런 경우라도 어려운 표현이나 처음 해 보는 말일 때는 다시 한국어가 작동할 수 있습니다. 외국어로 한참 잘 말하다가 갑자기 우리말이 불쑥 튀어나오는 거죠.
한국어가 작동하면 갑자기 말을 버벅대거나 말이 느려지거나 어색한 표현을 쓰게 됩니다. 이럴 때는 당황하지 말고 처음 하고자 했던 말에 집중하고 자신이 아는 표현을 최대한 활용해 말을 잘 만들어낼 수 있도록 노력하면 됩니다.

3 | 말을 한다

이러한 진행 과정을 거쳐 구성된 말을 '내뱉는 단계'입니다. 이때 발음과 논리는 상대방에게 내용을 전달할 때 그 효과를 배가시켜 줍니다. 아무래도 발음이 정확하고 내용이 논리적이면 전달에 더 효과적이겠지요. 하지만 발음의 경우, 다소 부정확하더라도 말하는 내용의 전체 맥락에서 어느 정도 이해될 수 있으므로 의사소통에는 사실상 큰 문제가 되지 않습니다. 그러나 논리의 경우는 다릅니다. 여기서 말하는 논리란 말의 흐름이 자연스럽고 상황을 구체적으로 표현해서 상대방이 뚜렷하게 이미지를 떠올릴 수 있는 정도를 말합니다. 전달하고자 하는 말이 두서가 없거나 앞뒤 흐름이 이어지지 않거나 근거가 부족한 경우라면 상대방이 이해하기가 힘들겠지요.

4 | 내가 한 말이 맞는지 확인한다

말을 하고 난 다음에는 방금 한 말이 자기가 원래 하려던 말인지 확인하는 과정이 진행됩니다. 이는 본능적으로 일어나는 과정이므로 말하는 사람이 미처 인지하지 못할 수도 있습니다. 여기서 확인은 내용적 확인과 기능적 확인으로 나뉩니다.

4a. 내용적 확인 | 말할 내용을 제대로 전달했는지 확인한다

내용적 확인은 거의 본능적으로 순식간에 이루어지기 때문에 대부분 의식하지 못하지만, 스피킹에서 매우 중요한 단계입니다. 말하는 도중에 딴생각을 하거나 주의가 다른 데 가 있으면 자신이 의도했던 말과 다른 말을 해도 눈치채지 못하는 상황이 벌어지게 됩니다. 모두 그런 경험이 한두 번쯤은 있을 텐데요. 내용적 확인이 제대로 진행되지 않았을 때 일어나는 상황입니다.

4b. 기능적 확인 | 문법 · 표현 · 어휘가 정확했는지 확인한다

오류 검토 작업이 이루어지기도 하고, 더 나은 표현이 떠오르기도 하는 등 다양한 상황이 벌어집니다. 오류를 알아차리는 순간 말을 반복하거나 정정하거나 다른 표현을 말하기도 합니다. 이 단계에서 잘 조정하면 말하기 흐름을 바로 원활하게 고쳐 나갈 수 있습니다.

스피킹이 능숙한 사람은 내용적 확인과 기능적 확인이 동시에 진행됩니다. 반대로 스피킹이 익숙하지 않은 사람은 이 과정이 동시에 진행될 때 머리에 쥐가 나고 말문이 막히게 됩니다. 오류에 신경 쓰면 다음 말이 떠오르지 않고, 내용에 신경 쓰면 오류가 나는 것이죠. 하지만 걱정할 필요는 없습니다. 이는 여러분이 유창한 스피킹으로 가기 위해 거쳐야 하는 당연한 과정이니까요.

5 | 다음 할 말이 떠오른다

1~4의 과정이 모두 진행되고 나면 이제 다음 할 말이 떠오릅니다. 당연한 과정 같겠지만, 실제로 우리가 말할 때 이런 식의 흐름이 이어지는 것은 그리 쉬운 일이 아닙니다. 말을 하다가 내가 무슨 말을 하고 있는지, 무슨 말을 하고 싶은지, 무슨 말을 해야 하는지 몰라서 뚝 끊기는 경우가 있는데, 바로 1~4의 과정이 원활하지 않아 5로 자연스럽게 이어지지 않기 때문입니다.

실질적인 의사소통의 도구로서 외국어 스피킹 실력을 늘릴 때는 기능적 확인보다는 내용적 확인에 집중하는 것이 효과적입니다. 정확한 문법 · 표현 · 어휘를 사용하는 것도 중요하지만, 스피킹에서는 무엇보다도 내가 지금 말하고자 하는 내용을 상대방에게 제대로 전달하는 것이 더 중요하다는 뜻입니다. 따라서 말할 때 너무 틀리지 않으려고 애쓰기보다는 조금 틀리더라도 말하고자 하는 내용에 집중하는 것이 스피킹 실력을 효과적으로 향상시킬 수 있는 방법입니다.

훈련 구조 {INPUT & OUTPUT}

스피킹 매트릭스의 모든 훈련 과정은 스피킹에 필요한 기본 규칙과 상황별 핵심 표현을 채우는 훈련인 INPUT과 이를 응용해 실제로 말하는 연습을 하는 OUTPUT의 두 가지 과정으로 이뤄집니다.

INPUT ▸ 스피킹을 위한 기본기 다지기 → 실제 훈련 과정 반영

스피킹 교재는 내용도 중요하지만, 무엇보다 이 내용들을 실제 입으로 익힐 수 있는 훈련 구조가 가장 중요합니다. 훈련 과정 하나하나가 중요한 의도와 효과를 가지고 있으므로 그대로 따라 하면 표현과 에피소드가 자연스럽게 외워지는 동시에 스피킹 실력이 향상됨을 느낄 수 있을 겁니다. 크게 소리 내어 훈련하기 어렵다면 마음속으로라도 따라 하면서 훈련하세요. 스피킹 실력이 확실하게 향상되고 있음을 깨닫게 될 것입니다.

『30초 일본어 말하기』에서는 일본어 문장을 만들기 위해 알아야 할 기본적인 규칙과 일상생활에서 의사소통을 위해 알아야 할 다양한 표현을 익힙니다. 일본어 초보자는 이 과정에서 기본기가 탄탄하게 다져져야 그 다음 단계로 나아갈 수 있습니다.

OUTPUT ▸ 섞어 말하기 → 강력한 반복 구조로 효과 up!

INPUT에서 배운 내용들을 효과적으로 반복할 수 있는 더없이 좋은 응용 훈련이 바로 섞어 말하기입니다. OUTPUT에서는 INPUT에서 배운 규칙과 표현을 활용하여, 서로 연결하고 섞어 문장을 길게 만드는 훈련을 합니다.

처음에는 한 문장 한 문장 또박또박 읽으면서 시작하고 차츰차츰 속도를 높여서 전체 문장을 쭉 이어가는 방식으로 연습합니다. 다섯 번, 열 번 정도 반복해서 거의 입에서 자동으로 나오는 수준이 되면 빈칸을 채워가며 문장을 연결해 보세요. 이렇게 반복 연습을 하면 여러분 머릿속에 30초 문장들이 통으로 각인될 것입니다.

미리보기

이 책은 『30초 일본어 말하기』를 위해 알아야 할 일본어의 기본 규칙과 상황별 핵심 표현을 채우는 INPUT과 이를 활용해서 실제로 말하는 연습을 하는 OUTPUT, 이렇게 2단계의 훈련 과정으로 구성되어 있습니다.

{INPUT}

스피킹을 위한 기본기를 준비하는 INPUT은 총 40일 과정(기초 쌓기 25일, 상황별 핵심 표현 15일)입니다.

핵심 매트릭스 / 핵심 표현 : 꼭 알아야 할 기본 규칙과 표현을 정리했습니다.

기초 쌓기(DAY 01~25)

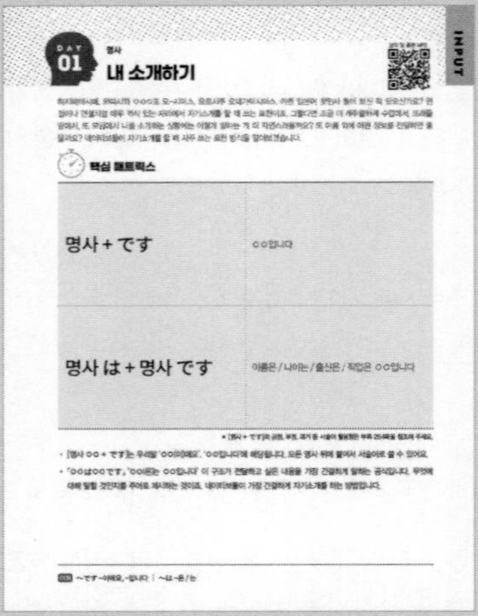

DAY 01 명사

내 소개하기

핵심 매트릭스

명사 + です	○○입니다
명사は + 명사です	이름은 / 나이는 / 출신은 / 직업은 ○○입니다

일본어로 말하기 위해 꼭 알아야 할 기본 규칙을 '핵심 매트릭스'로 정리했습니다. 군더더기는 빼고 꼭 알아야 할 내용만 콕 집어 정리했습니다.

핵심 표현(DAY 26~40)

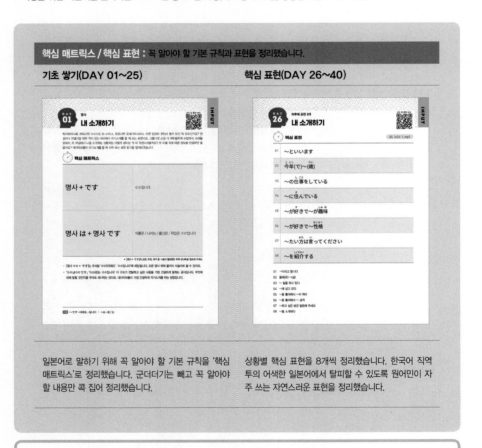

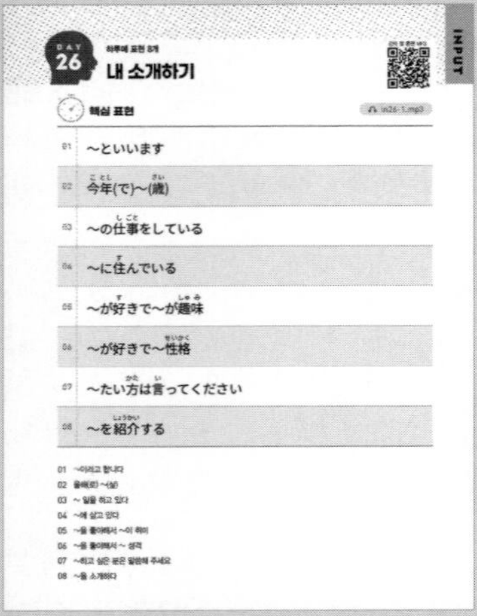

DAY 26

내 소개하기

핵심 표현

01 ～といいます
02 今年(で)～(歳)
03 ～の仕事をしている
04 ～に住んでいる
05 ～が好きで～が趣味
06 ～が好きで～性格
07 ～たい方は言ってください
08 ～を紹介する

상황별 핵심 표현을 8개씩 정리했습니다. 한국어 직역투의 어색한 일본어에서 탈피할 수 있도록 원어민이 자주 쓰는 자연스러운 표현을 정리했습니다.

혼자 공부하기 외로운 분들을 위한
저자 음성 강의

국제회의 동시통역사 & 국제 행사 진행자로 다방면에서 활약하는 일본어 말하기 전문가가 스피킹 훈련 시 유의해야 할 사항들을 하나하나 짚어 줍니다.

집중 훈련 : 일본어의 규칙과 표현을 본격적으로 익히는 4단계 집중 훈련 과정입니다.

STEP 1 한 뭉치씩 늘려서 듣기
mp3를 들으면서 시작합니다. 기본 뼈대 문장에서 단어와 표현을 추가하여 문장을 확장해 봅니다.

STEP 2 우리말 뜻 확인하기
우리말을 보면서 해당하는 일본어 표현을 떠올려 보세요.

STEP 3 듣고 따라 하기
mp3를 듣고 따라 합니다. 통문장을 듣고 따라 말하고(1회), 반복해서 듣습니다(3회).

STEP 4 일본어로 말하기
이제 우리말을 보면서 일본어로 바꿔 말해 봅니다.

	Step 1 한 뭉치씩 늘려서 듣기	Step 2 우리말 뜻 확인하기
01	イ・セアだ。 イ・セアです。 名前はイ・セアです。	이세아다. 이세아입니다. 이름은 이세아입니다.
02	26だ。 26です。 今年で26です。	스물 여섯이다. 스물 여섯입니다. 올해로 스물 여섯입니다.
03	生まれだ。 生まれです。 1994年生まれです。	~생이다. ~생이에요. 94년생이에요.
04	チェジュ島だ。 チェジュ島です。	제주도다. 제주도입니다.

Step 3 듣고 따라 하기	Step 4 일본어로 말하기
통문장 듣고 따라 말하기 □ 반복 듣기 □□□	이름은 이세아입니다.
통문장 듣고 따라 말하기 □ 반복 듣기 □□□	올해로 스물 여섯입니다.
통문장 듣고 따라 말하기 □ 반복 듣기 □□□	94년생이에요.
통문장 듣고 따라 말하기 □ 반복 듣기 □□□	출신은(고향은) 제주도입니다.

응용 말하기 : 앞에서 배운 표현을 응용 및 확장하면서 마무리합니다.

STEP 1 우리말 보면서 듣기
먼저 우리말을 보면서 mp3를 듣습니다.

STEP 2 10초 안에 말해 보기
빈칸을 채워 문장을 완성합니다. 꼭 소리를 내서 연습하세요.

	Step 1 우리말 보면서 듣기	Step 2 10초 안에 말해 보기
01	이름은 문진우입니다.	＿＿ムン・ジンウ＿＿。
02	올해로 서른 여덟입니다.	＿＿38です。
03	82년생이에요.	1982＿＿＿です。

{ INPUT 정답과 주요 표현 정리 }
INPUT 파트에 나온 응용 말하기의 정답, 그리고 중요한 표현들을 해설과 함께 정리했습니다.

이 책에 나오는 모든 예문들은 MP3 파일로 확인할 수 있습니다. 각 Day 시작 부분의 QR 코드를 스캔하거나 길벗 홈페이지(www.gilbut.co.kr)에서 다운로드 받으세요.

그냥 듣기만 해도 자동으로 외워지는
스피킹 훈련용 MP3 파일

{ OUTPUT }

INPUT에서 익힌 규칙과 표현을 활용하여 30초 동안 일본어로 말하는 훈련을 하며, 총 15일 과정입니다. 처음에는 한 문장씩 말하는 연습을 하다가 적응이 되면 연결해서 말해 봅니다.

STEP 1 우리말 보면서 듣기

처음에는 부담없이 우리말을 보면서 해당하는 일본어 표현을 듣습니다.

Step 1 우리말 보면서 듣기

01 안녕하세요. 한시원이라고 합니다.

02 올해 28살이고, 마케팅 일을 하고 있어요.

03 태어난 곳은 제주도지만, 지금은 서울에 살고 있어요.

04 커피를 좋아해서 카페 가는 게 취미예요.

05 맛있는 커피를 드시고 싶은 분은 말씀해 주세요.

STEP 2 한 문장씩 말하기

한 문장씩 입 밖으로 말해 봅니다. 여러 번 반복하다가 익숙해지면 STEP 1로 돌아가 일본어로 말해 봅니다.

Step 2 한 문장씩 말하기

こんにちは。ハン・シウォンといいます。

今年28歳で、マーケティングの仕事をしています。

出身はチェジュ島ですが、今はソウルに住んでいます。

コーヒーが大好きで、カフェ巡りが趣味です。

おいしいコーヒーが飲みたい方は言ってくださいね。

STEP 3 들으면서 따라 말하기

mp3를 들으면서 따라 말해 봅니다. 빈칸을 채워 가면서 내가 말한 내용을 확인합니다.

Step 3 들으면서 따라 말하기

こんにちは。ハン・シウォン____。____

28歳で、マーケティングの____。____

____チェジュ島____、____ソウルに____

____。コーヒーが____、カフェ巡りが____

____。おいしいコーヒーが____方は、____

____ね。おすすめのカフェを____。よろ

STEP 4 30초 동안 일본어로 말하기

우리말을 보면서 일본어로 바꿔 말해 봅니다. 직접 써 보면 더 오래 기억에 남습니다.

Step 4 30초 동안 일본어로 말하기

안녕하세요. 한시원이라고 합니다. 올해로 28살이고, 마케팅 일을 하고 있어요. 태어난 곳은 제주도지만, 지금은 서울에 살고 있어요. 커피를 좋아해서 카페 가는 게 취미예요. 맛있는 커피를 드시고 싶은 분은 말씀해 주세요. 괜찮은 카페 소개할게요. 잘 부탁드려요.

{ OUTPUT 스크립트와 주요 표현 정리 }

OUTPUT 파트에 나온 스크립트와 표현을 정리했습니다. STEP 3 빈칸에 들어갈 표현은 스크립트에 밑줄로 표시했습니다.

독학과 스터디에 활용할 수 있는

부가 학습 자료

INPUT에서 5일치 학습이 끝날 때마다 배운 내용을 한 번 더 확인할 수 있는 〈중간점검〉 PDF를 제공합니다. 길벗 홈페이지(www.gilbut.co.kr)에서 다운로드 받으세요.

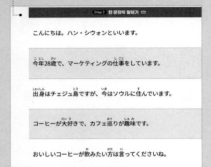

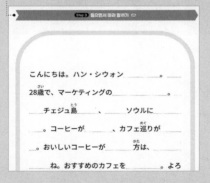

MP3 파일 다운로드 및 활용법

이 책은 MP3 파일과 함께 활용해야 더욱 강력하고 빠른 학습 효과를 얻을 수 있습니다. 이 책에서는 저자 직강 음성 강의와 원어민 성우가 녹음한 훈련용 MP3 파일이 제공됩니다.

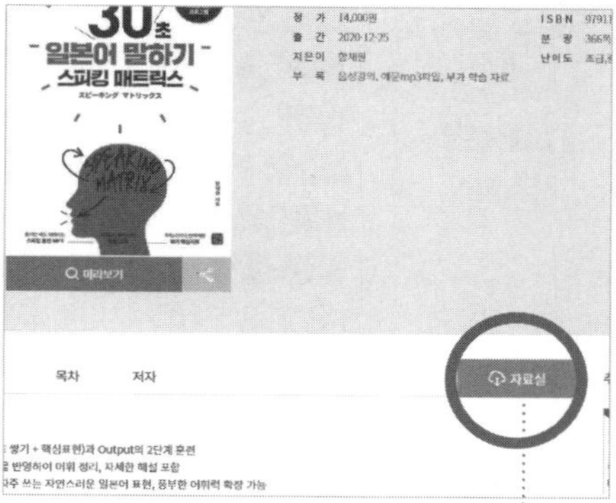

❶ QR 코드로 확인하기

스마트폰의 QR 코드 스캔 어플로 각 Day 시작 부분의 QR 코드를 스캔하세요. 음성 자료를 바로 들을 수 있습니다.

❷ 홈페이지에서 다운로드 받기

길벗 홈페이지(www.gilbut.co.kr)에서 도서명(30초 일본어 말하기)을 검색하세요. 도서정보 내 '자료실'에서 MP3 듣기 또는 다운로드가 가능합니다.

MP3 파일 200% 활용법

강의 듣기 **저자 음성 강의**

(파일명: L01.mp3 ~ L55.mp3)

먼저 일본어 말하기 전문가의 음성 강의를 들으며 내용을 정리하세요.

워밍업 **INPUT 핵심 표현(DAY26~40만)**

(파일명: In26-1.mp3 ~ In40-1.mp3)

핵심 표현 8개를 들으면서 본격적인 훈련을 준비하세요.

본격 훈련 **INPUT 집중 훈련**

(파일명: In01-1.mp3 ~ In25-1.mp3 / In26-2.mp3 ~ In40-2.mp3)

같은 표현이 총 5회 반복됩니다. 보고 듣고 따라 하면서 표현을 내 것으로 만드세요.

확인 학습 **INPUT 응용 말하기**

(파일명: In01-2.mp3 ~ In25-2.mp3 / In26-3.mp3 ~ In40-3.mp3)

각 표현이 10초 안에 자연스럽게 입에서 일본어로 나온다면 오늘의 훈련 완성!

최종 점검 **OUTPUT 30초 일본어 말하기**

(파일명: Out41-1/2.mp3 ~ Out55-1/2.mp3)

30초 동안 일본어로 막힘없이 말할 수 있을 때까지 반복해서 훈련해 주세요.

차례

30초 일본어 말하기

INPUT
기초 쌓기

30초 일본어 말하기

INPUT
상황별 핵심 표현

30초 일본어 말하기

OUTPUT

30초 일본어 말하기

SPEAKING MATRIX

우리가 일본어 공부를 시작할 때 꿈꾸는 모습이 있습니다. 어떤 상황에서 어떤 화제가 주어져도 쫄지 않고, 네이티브처럼 막힘없이 길고 유창하게 말하는 모습을 말이죠.

하지만 현실은 … 입도 떼기 어렵죠?

걱정 마세요. 이 책 제목이 바로 『30초 일본어 말하기』입니다. 흔히 스피킹은 일본어를 잘하는 사람들만 도전할 수 있다고 생각합니다. 그러나 이 책의 '55일 훈련 과정'을 거치고 나면 누구나 정확하고 빠르게 30초 이상 일본어로 자신의 생각을 말할 수 있는 자신감과 실력을 얻을 수 있게 됩니다.

이 책의 훈련 과정은 스피킹 전문가가 한국인의 스피킹 메커니즘에 맞춰 개발하여 대학생, 국내외 기업 직장인들에게 그 효과를 검증 받은 '스피킹 매트릭스 프로그램'에 기초하여 만들어졌습니다.

어린아이가 처음 말을 배울 때처럼 소리를 중심으로 학습하며, 아침에 일어나서 잠들기 전까지 우리가 일상에서 가장 자주 접하게 되는 상황들을 말하는 훈련을 합니다. 그래서 55일의 훈련만으로도 1~2년 이상 학원에 다닌 것보다 더 확실한 일본어 스피킹 실력 향상을 약속합니다.

그동안 일본어 스피킹의 문턱이 높게만 느껴졌나요? 그렇다면 『스피킹 매트릭스: 30초 일본어 말하기』로 시작해 보세요!

경고

이 책은 진지합니다.

어쩌면 조금 힘들지도 모릅니다.

하지만 확실한 실력 향상을 약속합니다.

일본어를 할 때 꼭 말하게 되는 표현들을

머릿속에 확실히 탑재시켜 주고

문장을 섞어서 자유자재로 요리하게 하며

앞뒤로 붙여 길게 말할 수 있는

놀라운 능력을 갖게 해 줍니다.

그래서 여러분은 55일이면,

지금 아는 쉬운 표현들을 가지고

30초 동안 네이티브처럼

하고 싶은 말을 마음껏 할 수 있게 됩니다.

평소 기초가 약하다고 생각하는 분들, 매번 작심삼일로 끝나는 분들도
절대 부작용 없이 사용할 수 있습니다.

30초 일본어 말하기 INPUT

채워라!

아는 만큼 말할 수 있다!

여기에는 우리가 일본어로 말하기 위해 반드시 알아야 할 기본 규칙과 표현이 정리되어 있습니다. 매우 간단하고 쉽기 때문에 '에이, 이 정도는 나도 알아!'라고 생각할 수도 있습니다. 하지만 일본어 문장이 1초 안에 입에서 완성되지 않는다면 아직 여러분 머릿속에 일본어의 규칙과 표현이 충분히 장착되지 않은 겁니다. 여기 나오는 내용은 1분, 2분, 3분 동안 일본어로 말하기 위해 꼭 알아야 할 핵심이므로 단 하나도 놓치지 마세요. 딱 25일만 INPUT에 있는 규칙과 표현 훈련을 따라 해 보세요. '일본어 말하기'의 신세계가 열릴 것을 약속합니다.

{ INPUT }

30초 일본어 말하기 기초 쌓기

일본어 말하기를 위한 필수 뼈대 쌓기

곤니치와, 와타시, 카이샤잉, 스시 좋아데스. 이렇게 단어만 나열하는 일본어, 과연 유창하다고 할 수 있을까요? 여러분이 오늘 학교에서, 회사에서 했던 그 말을 일본어로 하고 싶다면? 머릿속에 떠오르는 모든 생각을 자유자재로 구사하고 싶다면? 얼기설기 아는 단어만 나열하는 방법은 이제 그만. 정확하고 유창한 일본어 구사를 목표로 한다면 말하기를 위한 필수 뼈대를 세우는 작업부터 시작해야 해요. 어떻게 보면 답답하고 지루한 시간이 될 수 있지만 원어민처럼 자연스럽게 말하고 싶다면 반드시 거쳐야 할 과정이죠. 뼈대를 잘 다진 후에는 상황별 표현으로 어휘력을 늘려서 살을 붙이고 1분 말하기, 2분 말하기로 더 높이, 더 멋지게 장식해 갈 수 있어요. 이왕이면 태풍이 와도, 지진이 나도 무너지지 않을 튼튼한 빌딩을 짓겠다 하는 마음으로 임해 보세요. 내가 만든 빌딩이 부실 공사 빌딩일지, 랜드마크 마천루 빌딩일지, 그 시작은 기초 공사를 얼마나 튼튼하게 했는지에 달려 있답니다. 지금부터 멋진 빌딩을 만들기 위한 첫 번째 삽을 떠 봅시다.

DAY 01

명사

내 소개하기

강의 및 훈련 MP3

하지메마시떼. 와따시와 ㅇㅇㅇ또 모-시마스. 요로시쿠 오네가이시마스. 이런 일본어 첫인사 들어 보신 적 있으신가요? 면접이나 연설처럼 매우 격식 있는 자리에서 자기소개를 할 때 쓰는 표현이죠. 그렇다면 조금 더 캐주얼하게 수업에서, 또래들 앞에서, 또 모임에서 나를 소개하는 상황에는 어떻게 말하는 게 더 자연스러울까요? 또 이름 외에 어떤 정보를 전달하면 좋을까요? 네이티브들이 자기소개를 할 때 자주 쓰는 표현 방식을 알아보겠습니다.

핵심 매트릭스

명사 + です	ㅇㅇ입니다
명사 は + 명사 です	이름은 / 나이는 / 출신은 / 직업은 ㅇㅇ입니다

＊ [명사 + です]의 긍정, 부정, 과거 등 서술어 활용형은 부록 284쪽을 참조해 주세요.

- [명사 ㅇㅇ + です]는 우리말 'ㅇㅇ(이)에요', 'ㅇㅇ입니다'에 해당됩니다. 모든 명사 뒤에 붙여서 서술어로 쓸 수 있어요.
- 「ㅇㅇはㅇㅇです」 'ㅇㅇ(은)는 ㅇㅇ입니다' 이 구조가 전달하고 싶은 내용을 가장 간결하게 말하는 공식입니다. 무엇에 대해 말할 것인지를 주어로 제시하는 것이죠. 네이티브들이 가장 간결하게 자기소개를 하는 방법입니다.

어휘 ～です ~이에요, ~입니다 | ～は ~은 / 는

집중 훈련 : 듣고 따라 하면서 표현을 내 것으로 만드세요.

	Step 1 한 뭉치씩 늘려서 듣기	Step 2 우리말 뜻 확인하기
01	イ・セアだ。	이세아다.
	イ・セアです。	이세아입니다.
	名前はイ・セアです。	이름은 이세아입니다.
02	26だ。	스물 여섯이다.
	26です。	스물 여섯입니다.
	今年で26です。	올해로 스물 여섯입니다.
03	生まれだ。	~생이다.
	生まれです。	~생이에요.
	1994年生まれです。	94년생이에요.
04	チェジュ島だ。	제주도다.
	チェジュ島です。	제주도입니다.
	出身はチェジュ島です。	출신은(고향은) 제주도입니다.
05	エンジニアだ。	엔지니어다.
	エンジニアです。	엔지니어예요.
	私は、エンジニアです。	저는 엔지니어예요.
06	主婦だ。	주부다.
	主婦です。	주부입니다.
	今は主婦です。	지금은 주부입니다.
07	会社員だ。	회사원이다.
	会社員です。	회사원입니다.
	普通の会社員です。	평범한 회사원입니다.
08	大学生だ。	대학생이다.
	大学３年生です。	대학교 3학년입니다.
	今、大学３年生です。	지금 대학교 3학년이에요.

어휘 名前(なまえ) 이름 | 今年(ことし) 올해 | 今年(ことし)で 올해로 | 年(ねん) 년 | ~年生(ねんう)まれ ~년생 | 今(いま) 지금 | 出身(しゅっしん) 출신, 고향 | チェジュ島(とう) 제주도 | 主婦(しゅふ) 주부 | ~の ~의, ~인(명사+명사) |

Step 3 듣고 따라 하기	Step 4 일본어로 말하기
통문장 듣고 따라 말하기 □ 반복 듣기 □□□	이름은 이세아입니다.
통문장 듣고 따라 말하기 □ 반복 듣기 □□□	올해로 스물 여섯입니다.
통문장 듣고 따라 말하기 □ 반복 듣기 □□□	94년생이에요.
통문장 듣고 따라 말하기 □ 반복 듣기 □□□	출신은(고향은) 제주도입니다.
통문장 듣고 따라 말하기 □ 반복 듣기 □□□	저는 엔지니어예요.
통문장 듣고 따라 말하기 □ 반복 듣기 □□□	지금은 주부입니다.
통문장 듣고 따라 말하기 □ 반복 듣기 □□□	평범한 회사원입니다.
통문장 듣고 따라 말하기 □ 반복 듣기 □□□	지금 대학교 3학년이에요.

普通(ふつう)の 보통의, 평범한 | 会社員(かいしゃいん) 회사원 | 大学生(だいがくせい) 대학생 | 大学(だいがく) 대학교 | ～年生(ねんせい) 학년

응용 말하기 : 앞에서 배운 내용을 응용해서 말해 봅시다.

In01-2.mp3

먼저 우리말을 보면서 음성을 들은 후 오른쪽 문장을 완성해 보세요. 빈칸에 써넣어도 좋고 눈으로 채워 넣어도 좋아요. 중요한 것은 '소리 내서 말하기'입니다. 익숙해지면 속도를 조금씩 올려 가며 반복해 보세요.

	Step 1 우리말 보면서 듣기	Step 2 10초 안에 말해 보기
01	이름은 문진우입니다.	____ムン・ジンウ____。
02	올해로 서른 여덟입니다.	____38です。
03	82년생이에요.	1982______です。
04	고향은 서울이에요.	____ソウル____。
05	지금 취준생이에요.	__就活生(しゅうかつせい)____。
06	저는 공무원입니다.	____、公務員(こうむいん)____。
07	프리랜서 디자이너예요.	フリーランスの________。
08	지금은 휴학 중이에요.	____休学中(きゅうがくちゅう)____。

▶ 정답은 215쪽을 확인해 주세요.

어휘 今年(ことし) 올해 | ソウル 서울 | 就活生(しゅうかつせい) 취준생 | 公務員(こうむいん) 공무원 | フリーランス 프리랜서 | デザイナー 디자이너 | 休学中(きゅうがくちゅう) 휴학 중

DAY 02

명사 연결하기

취미와 특기 말하기

강의 및 훈련 MP3

모든 사회생활의 첫출발은 나를 소개하는 것에서 비롯되죠? "이름, 나이, 직업… 그 다음 무슨 말을 해야 하지?" 고민되셨죠? 우리말로도 뭘 말해야 좋을지 모르는데 일본어로 말하려니 더 막막하시다고요? 이럴 때 유용하게 쓸 수 있는 소재가 바로 취미와 특기입니다. 나를 효과적으로 어필할 수 있을 뿐 아니라 상대방과의 대화에 물꼬를 터주는 단서가 되기 때문이죠. 이번 시간을 통해 취미와 특기를 소개하는 방법을 배워 봅시다.

핵심 매트릭스

趣味(しゅみ)は / 特技(とくぎ)は + ○○です	취미는 / 특기는 ~이에요
○○が / ○○も 趣味・特技です	○○이 / ○○도 취미・특기예요
명사 + で、	○○이고,

* 趣味・特技는 명사, ○○도 명사예요. 명사의 긍정, 부정, 과거 등 다양한 활용 패턴은 부록 284쪽을 참조해 주세요.

- 취미와 특기에 해당되는 ○○ 부분에는 이렇게 넣을 수 있어요.
  ① 운동, 요리, 스노보드, 다이빙 같은 명사
  ② '액세서리 만들기'처럼 동사를 명사로 바꾼 것(만들다 → 만들기)
- [명사 + で]로 문장을 연결할 수 있어요.

어휘 趣味(しゅみ) 취미 | 特技(とくぎ) 특기 | ~は ~은/는 | ~が ~이/가 | ~も ~도

집중 훈련 : 듣고 따라 하면서 표현을 내 것으로 만드세요.

	Step 1 한 뭉치씩 늘려서 듣기	Step 2 우리말 뜻 확인하기
01	キャンプだ。	캠핑이다.
	キャンプです。	캠핑입니다.
	趣味(しゅみ)はキャンプです。	취미는 캠핑입니다.
02	登山(とざん)だ。	등산이다.
	趣味は登山です。	취미는 등산이에요.
	私(わたし)の趣味は登山です。	제 취미는 등산이에요.
03	パン作(づく)りだ。	빵 만들기다.
	パン作りです。	빵 만들기예요.
	特技(とくぎ)はパン作りです。	특기는 빵 만들기예요.
04	趣味だ。	취미다.
	趣味です。	취미입니다.
	カフェめぐりが趣味です。	카페 가기가 취미입니다.
05	特技だ。	특기다.
	ドラムが特技です。	드럼이 특기예요.
	彼女(かのじょ)はドラムが特技です。	그녀는 드럼이 특기예요.
06	趣味だ。特技だ。	취미다. 특기다.
	趣味で、特技です。	취미고 특기입니다.
	スポーツが趣味で、ボウリングが特技です。	스포츠가 취미고 볼링이 특기입니다.
07	ドライブだ。特技だ。	드라이브다. 특기다.
	ドライブで、特技です。	드라이브고, 특기예요.
	趣味はドライブで、洗車(せんしゃ)が特技です。	취미는 드라이브고 세차가 특기예요.
08	趣味は釣(つ)りです。	취미는 낚시예요.
	特技も釣りです。	특기도 낚시예요.
	趣味も釣り、特技も釣りです。	취미도 낚시, 특기도 낚시예요.

어휘 趣味(しゅみ) 취미 | キャンプ 캠핑 | 登山(とざん) 등산 | 特技(とくぎ) 특기 | パン作(づく)り 빵 만들기 | カフェめぐり 카페 탐방, 카페 다니기 | 彼女(かのじょ) 그녀 | ドラム 드럼 | スポーツ 스포츠 | ボウリング 볼링 | ドライブ 드라이브 |

In02-1.mp3

Step 3 듣고 따라 하기	Step 4 일본어로 말하기
통문장 듣고 따라 말하기 ☐ 반복 듣기 ☐☐☐	취미는 캠핑입니다.
통문장 듣고 따라 말하기 ☐ 반복 듣기 ☐☐☐	제 취미는 등산이에요.
통문장 듣고 따라 말하기 ☐ 반복 듣기 ☐☐☐	특기는 빵 만들기예요.
통문장 듣고 따라 말하기 ☐ 반복 듣기 ☐☐☐	카페 가기가 취미입니다.
통문장 듣고 따라 말하기 ☐ 반복 듣기 ☐☐☐	그녀는 드럼이 특기예요.
통문장 듣고 따라 말하기 ☐ 반복 듣기 ☐☐☐	스포츠가 취미고 볼링이 특기입니다.
통문장 듣고 따라 말하기 ☐ 반복 듣기 ☐☐☐	취미는 드라이브고 세차가 특기예요.
통문장 듣고 따라 말하기 ☐ 반복 듣기 ☐☐☐	취미도 낚시, 특기도 낚시예요.

洗車(せんしゃ) 세차 | ～も～도 | 釣(つ)り 낚시

응용 말하기 : 앞에서 배운 내용을 응용해서 말해 봅시다.

In02-2.mp3

먼저 우리말을 보면서 음성을 들은 후 오른쪽 문장을 완성해 보세요. 빈칸에 써넣어도 좋고 눈으로 채워 넣어도 좋아요. 중요한 것은 '소리 내서 말하기'입니다. 익숙해지면 속도를 조금씩 올려 가며 반복해 보세요.

	Step 1 우리말 보면서 듣기	Step 2 10초 안에 말해 보기
01	취미는 볼링이에요.	______ボウリングです。
02	제 취미는 자전거예요.	________自転車(じてんしゃ)です。
03	여동생의 특기는 액세서리 만들기예요.	妹(いもうと)の______アクセサリー______。
04	저희 엄마의 취미는 온천 탐방이에요.	母(はは)の______温泉(おんせん)________。
05	저희 아빠는 혼술이 취미예요.	父(ちち)__一人飲(ひとりの)み________。
06	취미가 스포츠고 축구가 특기예요.	______スポーツ__、 サッカー________。
07	남동생 취미는 다이어트, 특기는 요요예요.	弟(おとうと) ______ダイエット、 ______リバウンドです。
08	그는 취미도 게임, 특기도 게임이에요.	彼(かれ)は______ゲーム、 ______ゲームです。

▶ 정답은 218쪽을 확인해 주세요.

어휘 父(ちち) 아빠 | 母(はは) 엄마 | 妹(いもうと) 여동생 | 弟(おとうと) 남동생 | 自転車(じてんしゃ) 자전거 | アクセサリー作(づく)り 액세서리 만들기 | 温泉(おんせん)めぐり 온천 탐방 | 一人飲(ひとりの)み 혼술 | ダイエット 다이어트 | リバウンド 요요 | ゲーム 게임

DAY 03

な형용사

잘하는 것 vs. 못하는 것

강의 및 훈련 MP3

여러분이 능숙하게 잘하는 것이 무엇인가요? 반대로 잘 못해서 서툰 것은 무엇일까요? 잘하고 싶어서 노력했는데도 잘 안 되고 자신 없는 것도 있겠죠? 잘하는 것 vs. 못하는 것에 관한 이야기는 취미나 특기와 연관 지어 이야기를 확장할 때 유용하게 활용할 수 있을 뿐 아니라 나의 능력을 어필할 때도 유용한 소재입니다. 이번 시간을 통해 배워 보겠습니다.

핵심 매트릭스

～が	得意(とくい) 上手(じょうず) 苦手(にがて) 下手(へた)	だ + です	잘하다 ↕ 못하다
～だ	+ ではない		～하지 않다
	+ ではありません		～하지 않아요
～だ	+ ですが		～이지만, ～하는데

＊ 得意・上手・苦手・下手는 な형용사예요. な형용사의 긍정, 부정, 과거 등 다양한 활용 패턴은 부록 285쪽을 참조해 주세요.

- 우리말로는 '～을 잘한다 / 못한다'로 해석하지만 得意・上手・苦手・下手 모두 조사는 ～が(이 / 가)를 쓴다는 것! 기억해 두세요.
- ～ではない '～하지 않다', ～ではありません '～하지 않아요'는 な형용사의 부정형입니다.
- ～ですが는 명사 / 형용사 뒤에 붙어서 역접을 나타내는 표현이에요. 'A는 잘하는데, B는 못해요'처럼 앞과 뒤가 서로 다른 맥락일 때 써 주세요.

어휘 得意(とくい)だ 능숙하다, 자신 있다 | 上手(じょうず)だ 잘하다 : 자신에게는 쓰지 않음 | 苦手(にがて)だ 서투르다, 벅차다(내키지 않는다) | 下手(へた)だ 못하다, 어설프다 | ～ではない ~하지 않다 | ～ですが ~이지만, ~하는데

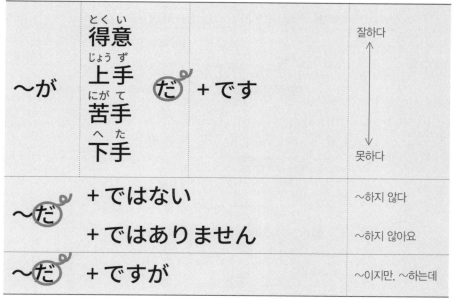

집중 훈련 : 듣고 따라 하면서 표현을 내 것으로 만드세요.

	Step 1 한 뭉치씩 늘려서 듣기	Step 2 우리말 뜻 확인하기
01	得意だ。	자신 있다.
	メイクが得意です。	메이크업에 자신 있어요.
	詐欺メイクが得意です。	사기 메이크업에 자신 있어요.
02	上手だ。	잘하다.
	料理が上手です。	요리를 잘합니다.
	料理がすごく上手ですね。	요리를 굉장히 잘하네요.
03	苦手だ。	서투르다.
	漢字が苦手です。	한자가 서툴러요.
	漢字が苦手なんです。	한자가 서툴러서요 (그래서 싫어요).
04	下手だ。	못하다.
	歌が下手です。	노래를 못해요.
	とにかく歌が下手です。	좌우간 노래를 못해요.
05	苦手だ。	서투르다.
	家事が苦手です。	집안일이 서툴러요.
	家事がどうも苦手です。	집안일이 아무래도 서툴러요.
06	上手だ。下手だ。	잘하다. 못하다.
	上手ですが、下手です。	잘하는데, 못해요.
	運転は上手ですが、駐車が下手です。	운전은 잘하는데, 주차를 못해요.
07	下手で…。	못해서 ….
	下手で…すみません。	못해서 … 미안합니다.
	日本語が下手で…すみません。	일본어가 서툴러서 … 미안합니다.
08	得意ではない。	자신 없다.
	英語は得意ではありません。	영어는 자신 없어요.
	英語はあまり得意ではありません。	영어는 그렇게 자신 있는 건 아니에요.

어휘 詐欺(さぎ) 사기 | メイク 메이크업 | 詐欺(さぎ)メイク 사기 메이크업 | 料理(りょうり) 요리, 음식 | すごく 엄청, 굉장히 | 漢字(かんじ) 한자 | とにかく 여하튼, 무조건, 좌우간 | 歌(うた) 노래 | 運転(うんてん) 운전 | 駐車(ちゅうしゃ) 주차 |

In03-1.mp3

Step 3 듣고 따라 하기	Step 4 일본어로 말하기
통문장 듣고 따라 말하기 ☐ 반복 듣기 ☐☐☐	사기 메이크업에 자신 있어요.
통문장 듣고 따라 말하기 ☐ 반복 듣기 ☐☐☐	요리를 굉장히 잘하네요.
통문장 듣고 따라 말하기 ☐ 반복 듣기 ☐☐☐	한자가 서툴러서요 (그래서 싫어요).
통문장 듣고 따라 말하기 ☐ 반복 듣기 ☐☐☐	좌우간 노래를 못해요.
통문장 듣고 따라 말하기 ☐ 반복 듣기 ☐☐☐	집안일이 아무래도 서툴러요.
통문장 듣고 따라 말하기 ☐ 반복 듣기 ☐☐☐	운전은 잘하는데, 주차를 못해요.
통문장 듣고 따라 말하기 ☐ 반복 듣기 ☐☐☐	일본어가 서툴러서 … 미안합니다.
통문장 듣고 따라 말하기 ☐ 반복 듣기 ☐☐☐	영어는 그렇게 자신 있는 건 아니에요.

どうも 아무래도, 아무리 해도 | 家事(かじ) 가사, 집안일 | 日本語(にほんご) 일본어 | すみません 미안합니다 | 英語(えいご) 영어 | あまり 그다지, 별로 | ～なんです·～んです ~인걸요 : 상대가 모르는 이야기를 할 때, です를 강조해서 말할 때 씁니다.

응용 말하기 : 앞에서 배운 내용을 응용해서 말해 봅시다.

In03-2.mp3

먼저 우리말을 보면서 음성을 들은 후 오른쪽 문장을 완성해 보세요. 빈칸에 써넣어도 좋고 눈으로 채워 넣어도 좋아요. 중요한 것은 '소리 내서 말하기'입니다. 익숙해지면 속도를 조금씩 올려 가며 반복해 보세요.

	Step 1 우리말 보면서 듣기	Step 2 10초 안에 말해 보기
01	일본어, 잘하네요.	日本語(にほんご)、＿＿＿＿ね。
02	일본어보다 영어가 자신 있어요.	＿＿＿より英語(えいご)が＿＿＿＿。
03	저, 가타카나가 서툴러서요.	私(わたし)、カタカナが＿＿＿＿＿＿。
04	남편은 좌우간 운전을 너무 못해요.	夫(おっと)はとにかく＿＿＿＿＿＿。
05	집안일은 서투른데 일은 잘해요.	家事(かじ)は＿＿＿＿＿、仕事(しごと)は＿＿＿＿。
06	아무래도 인간관계가 서툴러요.	＿＿＿人間関係(にんげんかんけい)が＿＿＿＿。
07	글씨를 못 써서 … 미안해요.	字(じ)が＿＿＿…、すみません。
08	요리는 그렇게 자신 있는 건 아니에요.	料理(りょうり)はあまり＿＿＿＿＿＿＿＿。

▶ 정답은 220쪽을 확인해 주세요.

어휘 ～より ~보다 | カタカナ 가타카나 | 夫(おっと) 남편 | 仕事(しごと) 일 | 人間関係(にんげんかんけい) 인간관계 | 字(じ) 글씨, 글자

DAY 04

な형용사

좋아하는 것 vs. 싫어하는 것

강의 및 훈련 MP3

여러분은 어떤 스포츠를 좋아하나요? 어떤 음식을 좋아하고 어떤 음식은 질색인가요? 노력해서 먹어 봤는데 도저히 안 넘어가는 음식도 있나요? 좋아하는 냄새는? 좋아하는 TV 프로그램은? 좋아하는 배우는? 좋아하는 동물과 무섭고 싫은 동물은 무엇인가요? 이번 시간에는 무엇을 좋아하고 싫어하는지 나의 취향을 표현하는 방법을 배워 볼게요. 호불호 표현은 취미나 특기, 잘하는 것과 못하는 것 등과 연계해 이야기를 확장하는 데 좋은 소재가 됩니다.

핵심 매트릭스

OOが	大好(だいす)き 好(す)き 苦手(にがて) 嫌(きら)い 大嫌(だいきら)い だ	+です +でした ↔ じゃありません	좋아하다 ↕ 싫어하다
~だ		な + OO	~하는 OO

＊ 好きだ·苦手だ·嫌いだ는 모두 な형용사예요. な형용사의 다양한 활용법이 궁금하다면 부록 285쪽을 참조해 주세요.

- 조사는 ~が를 씁니다.
- ~でした '했어요'는 ~です의 과거형입니다.
- ~じゃありません '~하지 않아요'는 ~ではありません의 줄임말입니다. 구어체, 캐주얼한 자리에서는 では를 줄여서 じゃ라고 합니다.
- '좋아하는 것'처럼 명사를 수식할 때는 ~だ를 ~な로 바꿔 주세요.

어휘 大好(だいす)きだ 매우 좋아하다(극호) | 好(す)きだ 좋아하다 | 苦手(にがて)だ 별로다, 질색이다, 꺼리다 | 嫌(きら)いだ 싫어하다(취향이 아니다) | 大嫌(だいきら)いだ 매우 싫어하다(극혐)

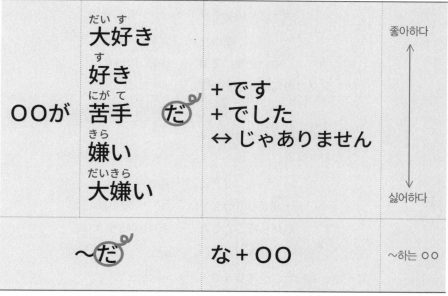

집중 훈련 : 듣고 따라 하면서 표현을 내 것으로 만드세요.

	Step 1 한 뭉치씩 늘려서 듣기	Step 2 우리말 뜻 확인하기
01	大好(だいす)きだ。	정말 좋아하다.
	大好きです。	정말 좋아해요.
	犬(いぬ)が大好きです。	개를 정말 좋아해요.
02	苦手(にがて)だ。	못 먹는다.
	苦手です。	못 먹어요.
	ワサビが苦手です。	고추냉이를 못 먹어요.
03	嫌(きら)いだ。	싫어하다.
	匂(にお)いが嫌いです。	냄새를 싫어해요.
	タバコの匂いが嫌いです。	담배 냄새를 싫어해요.
04	苦手だ。	질색이다.
	歯医者(はいしゃ)さんが苦手です。	치과가 질색이에요.
	昔(むかし)から歯医者さんが苦手です。	옛날부터 치과가 질색이에요.
05	好(す)きだ。	좋아하다.
	前(まえ)から好きです。	예전부터 좋아해요.
	ずっと前から好きでした。	쭉 예전부터 좋아했어요.
06	好きじゃない。	좋아하지 않다.
	コーヒーは好きじゃありません。	커피는 안 좋아해요.
	コーヒーはあまり好きじゃありません。	커피는 별로 안 좋아해요.
07	好きだ。	좋아하다.
	好きなテレビ番組(ばんぐみ)だ。	좋아하는 TV 프로그램이다.
	好きなテレビ番組は何(なん)ですか。	좋아하는 TV 프로그램은 뭐예요?
08	嫌いだ。	싫어하다.
	嫌いな食(た)べ物(もの)だ。	싫어하는 음식이다.
	嫌いな食べ物はレバーです。	싫어하는 음식은 간이에요.

어휘 犬(いぬ) 개 | ワサビ 고추냉이 | タバコ 담배 | 匂(にお)い 냄새 | ずっと 쭉 | 前(まえ) 전, 예전 | 昔(むかし) 옛날 | ~から ~부터 | 歯医者(はいしゃ)さん 치과 | コーヒー 커피 | あまり 별로 | テレビ番組(ばんぐみ) TV 프로그램 |

In04-1.mp3

Step 3 듣고 따라 하기	Step 4 일본어로 말하기
통문장 듣고 따라 말하기 ☐ 반복 듣기 ☐☐☐	개를 정말 좋아해요.
통문장 듣고 따라 말하기 ☐ 반복 듣기 ☐☐☐	고추냉이를 못 먹어요.
통문장 듣고 따라 말하기 ☐ 반복 듣기 ☐☐☐	담배 냄새를 싫어해요.
통문장 듣고 따라 말하기 ☐ 반복 듣기 ☐☐☐	옛날부터 치과가 질색이에요.
통문장 듣고 따라 말하기 ☐ 반복 듣기 ☐☐☐	쭉 예전부터 좋아했어요.
통문장 듣고 따라 말하기 ☐ 반복 듣기 ☐☐☐	커피는 별로 안 좋아해요.
통문장 듣고 따라 말하기 ☐ 반복 듣기 ☐☐☐	좋아하는 TV 프로그램은 뭐예요?
통문장 듣고 따라 말하기 ☐ 반복 듣기 ☐☐☐	싫어하는 음식은 간이에요.

食(た)べ物(もの) 음식 | レバー 간

응용 말하기 : 앞에서 배운 내용을 응용해서 말해 봅시다.

In04-2.mp3

먼저 우리말을 보면서 음성을 들은 후 오른쪽 문장을 완성해 보세요. 빈칸에 써넣어도 좋고 눈으로 채워 넣어도 좋아요. 중요한 것은 '소리 내서 말하기'입니다. 익숙해지면 속도를 조금씩 올려 가며 반복해 보세요.

	Step 1 우리말 보면서 듣기	Step 2 10초 안에 말해 보기
01	우리 개는 간식을 제일 좋아해요.	うちの＿＿、おやつが＿＿＿＿。
02	향수 냄새가 질색이거든요.	香水(こうすい)の匂(にお)いが＿＿＿＿。
03	옛날부터 디저트류를 좋아해요.	＿＿スイーツが＿＿＿。
04	옛날부터 비둘기가 너무 싫었어요.	昔(むかし)からハトが＿＿＿＿。
05	굴은 좀 못 먹어요.	カキは、ちょっと＿＿＿＿。
06	술자리는 별로 안 좋아해요.	飲(の)み会(かい)はあまり＿＿＿＿＿。
07	못 먹는 건 딱히 없어요.	＿＿＿＿は特(とく)にありません。
08	좋아하는 배우는 누구예요?	＿＿俳優(はいゆう)は誰(だれ)＿＿。

▶ 정답은 222쪽을 확인해 주세요.

어휘 うち 우리, 우리집 | おやつ 간식 | 香水(こうすい)の匂(にお)い 향수 냄새 | スイーツ 디저트 | ハト 비둘기 | カキ 굴 | ちょっと 좀, 조금, 잠시 | ちょっと苦手(にがて)です 별로 안 좋아해요 : 부드럽게 거절할 때 많이 쓰는 표현 | 飲(の)み会(かい) 술자리 | 特(とく)にありません 딱히 없어요 | 俳優(はいゆう) 배우 | 誰(だれ) 누구 | ～ですか ~입니까

DAY 05

い형용사·な형용사

성격 말하기

강의 및 훈련 MP3

밝은 사람, 솔직한 사람, 성실한 사람, 적극적인 성격, 긍정적인 성격 …. 여러분은 본인을 어떤 사람이라고 소개하고 싶으신가요? 또 여러분 지인들은 어떤 성격인가요? 이번 시간에는 사람의 성격을 묘사하는 방법을 알아보겠습니다.

핵심 매트릭스

明(あか)るい 素直(すなお)だ	+ です	~해요
明るい 素直な	+ 人(ひと) 性格(せいかく)	~한 사람 ~한 성격
明るくて / 素直で		~하고

* 明るい는 い형용사, 素直だ는 な형용사입니다. 형용사의 긍정, 부정, 과거 등 다양한 활용 패턴은 부록 285~286쪽을 참조해 주세요.

- 일본어에서 사람의 성격과 인품, 분위기는 주로 い형용사와 な형용사로 표현됩니다.
- 형용사를 나열할 때 な형용사는 ～で, い형용사는 ～くて로 나열해요.
- 의미는 나열(~하고), 이유(~해서) 두 가지가 있어요. 단순히 여러 개를 나열할 때도 쓰고, 원인이나 이유를 말할 때도 써요.

어휘 明(あか)るい 밝다 | 素直(すなお)だ 솔직하다, 순수하다 | 人(ひと) 사람 | 性格(せいかく) 성격

집중 훈련 : 듣고 따라 하면서 표현을 내 것으로 만드세요.

	Step 1 한 뭉치씩 늘려서 듣기	Step 2 우리말 뜻 확인하기
01	明(あか)るい。	밝다.
	明るいです。	밝아요.
	性格(せいかく)が明るいです。	성격이 밝아요.
02	まじめだ。	성실하다.
	やさしくて、まじめだ。	자상하고 성실하다.
	やさしくて、まじめです。	자상하고 성실해요.
03	まっすぐだ。	바르다.
	素直(すなお)で、まっすぐな人(ひと)だ。	솔직하고 바른 사람이다.
	素直で、まっすぐな人です。	솔직하고 바른 사람이에요.
04	積極的(せっきょくてき)だ。	적극적이다.
	前向(まえむ)きで、積極的な人だ。	긍정적이고 적극적인 사람이다.
	前向きで、積極的な人です。	긍정적이고 적극적인 사람이에요.
05	おとなしい。	얌전하다.
	まじめで、おとなしい性格だ。	성실하고 얌전한 성격이다.
	まじめで、おとなしい性格です。	성실하고 얌전한 성격이에요.
06	負(ま)けず嫌(ぎら)いだ。	지기 싫어하다.
	負けず嫌いな性格だ。	지기 싫어하는 성격이다.
	負けず嫌いな性格です。	지기 싫어하는 성격이에요.
07	粘(ねば)り強(づよ)い。	끈기 있다.
	粘り強い性格だ。	끈기 있는 성격이다.
	粘り強い性格です。	끈기 있는 성격이에요.
08	温(あたた)かい。	따뜻하다.
	厳(きび)しいけど、温かい。	엄하지만 따뜻하다.
	厳しいけど、温かい人です。	엄하지만 따뜻한 사람이에요.

어휘 まじめだ 성실하다 | やさしい 자상하다, 다정하다 | 素直(すなお)だ 솔직하다 | まっすぐだ 바르다 | 積極的(せっきょくてき)だ 적극적이다 | 前向(まえむ)きだ 긍정적이다 | おとなしい 성격이 조용하다, 얌전하다, 점잖다, 어른스럽다 |

In05-1.mp3

Step 3 듣고 따라 하기	Step 4 일본어로 말하기
통문장 듣고 따라 말하기 □ 반복 듣기 □□□	성격이 밝아요.
통문장 듣고 따라 말하기 □ 반복 듣기 □□□	자상하고 성실해요.
통문장 듣고 따라 말하기 □ 반복 듣기 □□□	솔직하고 바른 사람이에요.
통문장 듣고 따라 말하기 □ 반복 듣기 □□□	긍정적이고 적극적인 사람이에요.
통문장 듣고 따라 말하기 □ 반복 듣기 □□□	성실하고 얌전한 성격이에요.
통문장 듣고 따라 말하기 □ 반복 듣기 □□□	지기 싫어하는 성격이에요.
통문장 듣고 따라 말하기 □ 반복 듣기 □□□	끈기 있는 성격이에요.
통문장 듣고 따라 말하기 □ 반복 듣기 □□□	엄하지만 따뜻한 사람이에요.

負(ま)けず嫌(ぎら)いだ 지기 싫어하다(= 승부욕이 있다) | 粘(ねば)り強(づよ)い 끈기 있다 | 厳(きび)しい 엄하다 | ～けど ~이지만 | 温(あたた)かい 따뜻하다

응용 말하기 : 앞에서 배운 내용을 응용해서 말해 봅시다.

In05-2.mp3

먼저 우리말을 보면서 음성을 들은 후 오른쪽 문장을 완성해 보세요. 빈칸에 써넣어도 좋고 눈으로 채워 넣어도 좋아요. 중요한 것은 '소리 내서 말하기'입니다. 익숙해지면 속도를 조금씩 올려 가며 반복해 보세요.

	Step 1 우리말 보면서 듣기	Step 2 10초 안에 말해 보기
01	저는 밝고 곧은 성격입니다.	私(わたし)は＿＿＿＿、＿＿＿＿性格(せいかく)です。
02	저는 솔직하고 긍정적인 성격이에요.	私は＿＿＿＿、＿＿＿＿性格です。
03	전 긍정적이고 끈기 있는 성격이에요.	私は＿＿＿＿、粘(ねば)り強(づよ)い性格です。
04	저는 승부욕이 있고 적극적이에요.	私は負(ま)けず嫌(ぎら)いで、＿＿＿＿です。
05	박 씨는 순하고 얌전한 사람이에요.	朴(ぱく)さんは穏(おだ)やかで、＿＿＿＿です。
06	저희 상사는 엄하지만 좋은 사람이에요.	うちの上司(じょうし)は、＿＿＿＿けど、いい＿＿＿＿。
07	겉모습은 화려하지만 성실한 사람이에요.	見(み)た目(め)は派手(はで)だけど、＿＿＿＿です。
08	잔소리는 많지만 따뜻한 사람이랍니다.	口(くち)うるさい＿＿＿＿、＿＿＿＿なんです。

▶ 정답은 225쪽을 확인해 주세요.

어휘 穏(おだ)やかだ 순하다 | 上司(じょうし) 상사 | 見(み)た目(め) 겉모습 | 派手(はで)だ 화려하다 | 口(くち)うるさい 잔소리가 많다

DAY 06

동사

행동 말하기

강의 및 훈련 MP3

일어나다, 먹다, 마시다, 가다, 오다, 전화가 울리다, 스마트폰이 꺼지다, 니가 있다 없으니까 … 이렇게 사람이나 사물의 움직임(동작, 행위, 작동)과 존재 유무를 표현하는 게 바로 동사죠? 당장 오늘 아침에 했던 일을 말하려고 해도 많은 동사가 필요해요. 일본어 동사는 규칙의 지배를 많이 받아서 까다롭기로 소문나 있지만, 몇 주만 눈 딱 감고 연습하면 이후는 탄탄대로. 규칙만 잘 익히면 네이티브처럼 말할 수 있게 된다는 의미니까요. 그럼 본격적으로 동사 공부를 시작해 볼까요.

핵심 매트릭스

行(い)く 가다		行きます 갑니다	■1그룹 동사
食(た)べる 먹다	+ ます →	食べます 먹습니다	■2그룹 동사
する 하다		します 합니다	■3그룹 동사

～ます ~해요 ↔ ～ません ~ 안 해요

～ました ~했어요 ↔ ～ませんでした ~ 안 했어요

* 동사의 종류와 동사 그룹별 ます형과 긍정, 부정, 과거 활용표는 부록 287~290쪽을 참조해 주세요.

- 동사를 정중하게 말하고 싶을 때는 ～ます를 붙여 줍니다.
- ～ます 자리에 ～ません(부정), ～ました(과거), ～ませんでした(과거 부정)를 넣어서 의미를 전달할 수 있습니다.

어휘 行(い)く 가다 | 食(た)べる 먹다 | する 하다 | ～ます ~해요, ~합니다 | ～ません ~안 해요, ~하지 않습니다 | ～ました ~했어요, ~했습니다 | ～ませんでした ~안 했어요, ~하지 않았습니다

집중 훈련 : 듣고 따라 하면서 표현을 내 것으로 만드세요.

	Step 1 한 뭉치씩 늘려서 듣기	Step 2 우리말 뜻 확인하기
01	〈2그룹〉 起(お)きる。	일어나다.
	7時(しちじ)に起きます。	7시에 일어납니다.
	毎日(まいにち)7時に起きます。	매일 7시에 일어납니다.
02	〈2그룹〉 食(た)べる。	먹다.
	朝(あさ)ご飯(はん)を食べます。	아침밥을 먹습니다.
	たいてい8時(はちじ)に朝ご飯を食べます。	대개 8시에 아침밥을 먹어요.
03	〈1그룹〉 行(い)く。	가다.
	学校(がっこう)に行きます。	학교에 갑니다.
	今日(きょう)は学校に行きます。	오늘은 학교에 가요.
04	〈3그룹〉 チェックする。	체크하다.
	天気予報(てんきよほう)をチェックします。	일기 예보를 체크합니다.
	毎朝(まいあさ)天気予報をチェックします。	매일 아침 일기 예보를 체크합니다.
05	〈2그룹〉 起きる。	일어나다.
	9時半(くじはん)に起きました。	9시 반에 일어났습니다.
	今朝(けさ)は9時半に起きました。	오늘 아침에는 9시 반에 일어났어요.
06	〈2그룹〉 食(た)べる。	먹다.
	ラーメンを食べました。	라면을 먹었습니다.
	昨日(きのう)の夜(よる)はラーメンを食べました。	어젯밤에는 라면을 먹었어요.
07	〈3그룹〉 料理(りょうり)する。	요리하다.
	料理はしません。	요리는 하지 않습니다.
	ほとんど料理はしません。	거의 요리는 안 해요.
08	〈1그룹〉 寝(ね)る。磨(みが)く。	자다. 닦다.
	寝る前(まえ)に磨く。	자기 전에 닦다.
	寝る前に歯(は)を磨きます。	자기 전에 이를 닦아요.

어휘 毎日(まいにち) 매일 | 時(じ) 시 | ~に ~에 | 起(お)きる 일어나다 | たいてい 대개 | 朝(あさ)ご飯(はん) 아침밥 | 食(た)べる 먹다 | 今日(きょう) 오늘 | 学校(がっこう) 학교 | 行(い)く 가다 | 毎朝(まいあさ) 매일 아침 |

In06-1.mp3

Step 3 듣고 따라 하기	Step 4 일본어로 말하기
통문장 듣고 따라 말하기 □ 반복 듣기 □□□	매일 7시에 일어납니다.
통문장 듣고 따라 말하기 □ 반복 듣기 □□□	대개 8시에 아침밥을 먹어요.
통문장 듣고 따라 말하기 □ 반복 듣기 □□□	오늘은 학교에 가요.
통문장 듣고 따라 말하기 □ 반복 듣기 □□□	매일 아침 일기 예보를 체크합니다.
통문장 듣고 따라 말하기 □ 반복 듣기 □□□	오늘 아침에는 9시 반에 일어났어요.
통문장 듣고 따라 말하기 □ 반복 듣기 □□□	어젯밤에는 라면을 먹었어요.
통문장 듣고 따라 말하기 □ 반복 듣기 □□□	거의 요리는 안 해요.
통문장 듣고 따라 말하기 □ 반복 듣기 □□□	자기 전에 이를 닦아요.

天気予報(てんきよほう) 일기 예보 | チェックする 체크하다 | 今朝(けさ) 오늘 아침 | 半(はん) 반 | 昨日(きのう) 어제 | 夜(よる) 밤 | ラーメン 라면 | ほとんど 거의 | 料理(りょうり) 요리 | しません 안 해요 : する의 정중한 부정 | 寝(ね)る 자다 | 前(まえ) 전 | 寝(ね)る前(まえ)に 자기 전에 | 歯(は) 이 | 磨(みが)く 닦다

응용 말하기 ⋮ 앞에서 배운 내용을 응용해서 말해 봅시다.

In06-2.mp3

먼저 우리말을 보면서 음성을 들은 후 오른쪽 문장을 완성해 보세요. 빈칸에 써넣어도 좋고 눈으로 채워 넣어도 좋아요. 중요한 것은 '소리 내서 말하기'입니다. 익숙해지면 속도를 조금씩 올려 가며 반복해 보세요.

	Step 1 우리말 보면서 듣기	Step 2 10초 안에 말해 보기
01	매일 6시 반에 일어나요.	____ 6時半(じはん)に______。
02	대개 12시쯤 자요.	______12時(じ)ごろに_____。
03	평일에는 거의 요리를 하지 않아요.	平日(へいじつ)は__________しません。
04	먹기 전에 이를 닦았습니다.	_____前(まえ)に歯(は)を________。
05	저는 아침밥을 안 먹어요.	私(わたし)は_____を_______。
06	오늘 아침, 뉴스를 체크했습니다.	____、ニュースをチェック______。
07	어젯밤엔 이를 안 닦았어요.	_____夜(よる)は歯(は)を________でした。
08	오늘은 회사에 안 갔습니다.	今日(きょう)は会社(かいしゃ)に____________。

▶ 정답은 227쪽을 확인해 주세요.

어휘 平日(へいじつ) 평일 | ニュース 뉴스

DAY 07

つもり·予定

미래 계획 말하기

강의 및 훈련 MP3

여러분 올해의 다짐과 계획은 착착 진행되고 있나요? 내년에는 또 어떤 계획을 준비하고 계신가요? 일본어 마스터 할 거야, 다이어트할 거야, 취업 준비 시작할 생각이야, 이사할 예정이야, 세계 일주를 할 예정이야! 이번 시간에는 앞으로의 일을 말할 때 쓰는 표현을 알아볼게요. 내 머릿속 생각, 다짐 단계부터 이미 일정상 결정된 계획까지 말할 수 있게 될 거예요.

핵심 매트릭스

미래 시간 표현(옵션) + 동사 현재형 (동사 원형, 동사 + ます / ません)	~할 거예요
동사 + つもりです	~할 생각이에요
동사 명사 + の + 予定(よてい)です	~할 예정이에요

* つもり와 予定는 명사예요. 명사 활용법은 부록 284쪽을 참조해 주세요.

- 단순히 미래를 말할 때는 동사 현재형(원형, ~ます, ~ません), 아직 나만의 다짐과 의지라면 つもり, 정해진 일정은 予定로 기억해 두세요.

어휘 つもりだ 생각이다 | 予定(よてい)だ 예정이다

집중 훈련 : 듣고 따라 하면서 표현을 내 것으로 만드세요.

	Step 1 한 뭉치씩 늘려서 듣기	Step 2 우리말 뜻 확인하기
01	連絡(れんらく)する。	연락하다.
	連絡します。	연락할게요.
	後(あと)で連絡します。	나중에 연락할게요.
02	キャンプに行(い)く。	캠핑을 가다.
	キャンプに行きます。	캠핑을 갑니다.
	明日(あした)キャンプに行きます。	내일 캠핑 가요.
03	ダイエットするつもりだ。	다이어트할 생각이다.
	ダイエットするつもりです。	다이어트할 생각이에요.
	来週(らいしゅう)からダイエットするつもりです。	다음 주부터 다이어트할 생각이에요.
04	何(なに)をするつもりだ。	뭘 할 생각?
	何をするつもりですか。	뭘 할 생각이에요?
	卒業後(そつぎょうご)は何をするつもりですか。	졸업 후에는 뭘 할 생각이에요?
05	始(はじ)めるつもりだ。	시작할 생각이다.
	始めるつもりです。	시작할 생각이에요.
	就活(しゅうかつ)を始めるつもりです。	취업 준비를 시작할 생각이에요.
06	辞(や)めるつもりだ。	그만둘 생각이다.
	辞めるつもりです。	그만둘 생각이에요.
	会社(かいしゃ)を辞めるつもりです。	회사를 그만둘 생각이에요.
07	留学(りゅうがく)する予定(よてい)だ。	유학 갈 예정이다.
	日本(にほん)に留学する予定です。	일본으로 유학 갈 예정입니다.
	来年(らいねん)日本に留学する予定です。	내년에 일본으로 유학 갈 예정입니다.
08	引(ひ)っ越(こ)す予定(よてい)だ。	이사할 예정이다.
	引っ越す予定です。	이사할 예정입니다.
	今週末(こんしゅうまつ)、引っ越す予定です。	이번 주말에 이사할 예정입니다.

어휘 後(あと)で 나중에 | 連絡(れんらく) 연락 | する 하다 | 明日(あした) 내일 | キャンプ 캠핑 | 行(い)く 가다 | 来週(らいしゅう) 다음 주 | ダイエット 다이어트 | 卒業後(そつぎょうご) 졸업 후 | 何(なに) 무엇 | 就活(しゅうかつ) 취업 준비, 구직 활동 |

In07-1.mp3

Step 3 듣고 따라 하기	Step 4 일본어로 말하기
통문장 듣고 따라 말하기 □ 반복 듣기 □□□	나중에 연락할게요.
통문장 듣고 따라 말하기 □ 반복 듣기 □□□	내일 캠핑 가요.
통문장 듣고 따라 말하기 □ 반복 듣기 □□□	다음 주부터 다이어트할 생각이에요.
통문장 듣고 따라 말하기 □ 반복 듣기 □□□	졸업 후에는 뭘 할 생각이에요?
통문장 듣고 따라 말하기 □ 반복 듣기 □□□	취업 준비를 시작할 생각이에요.
통문장 듣고 따라 말하기 □ 반복 듣기 □□□	회사를 그만둘 생각이에요.
통문장 듣고 따라 말하기 □ 반복 듣기 □□□	내년에 일본으로 유학 갈 예정입니다.
통문장 듣고 따라 말하기 □ 반복 듣기 □□□	이번 주말에 이사할 예정입니다.

始(はじ)める 시작하다 | 会社(かいしゃ) 회사 | 辞(や)める 그만두다 | 来年(らいねん) 내년 | 日本(にほん) 일본 | 留学(りゅうがく) 유학 | 今週末(こんしゅうまつ) 이번 주말 | 引(ひ)っ越(こ)す 이사하다

응용 말하기 : 앞에서 배운 내용을 응용해서 말해 봅시다.

In07-2.mp3

먼저 우리말을 보면서 음성을 들은 후 오른쪽 문장을 완성해 보세요. 빈칸에 써넣어도 좋고 눈으로 채워 넣어도 좋아요. 중요한 것은 '소리 내서 말하기'입니다. 익숙해지면 속도를 조금씩 올려 가며 반복해 보세요.

	Step 1 우리말 보면서 듣기	Step 2 10초 안에 말해 보기
01	나중에 전화할게요.	＿＿電話(でんわ)＿＿＿＿。
02	진짜로 다이어트를 시작할 생각이에요.	本気(ほんき)で＿＿＿＿＿＿＿＿ つもりです。
03	다음 주 캠핑 갈 예정이에요.	来週(らいしゅう)キャンプに＿＿＿＿＿＿。
04	담배를 끊을 생각이에요.	タバコを＿＿＿＿＿＿＿。
05	이번 주말에 오키나와에 갑니다.	今週末(こんしゅうまつ)、沖縄(おきなわ)に＿＿＿＿。
06	앞으로 뭘 할 생각이에요?	これから＿＿＿＿＿＿＿＿。
07	내년에 워킹 홀리데이 갈 예정이에요.	＿＿ワーキングホリデーに ＿＿＿＿＿＿。
08	내년에 졸업할 예정이에요.	来年(らいねん)＿＿＿＿＿＿＿。

▶ 정답은 228쪽을 확인해 주세요.

어휘 電話(でんわ) 전화 | 本気(ほんき)で 진심으로, 진짜로 | 来週(らいしゅう) 다음 주 | タバコ 담배 | 沖縄(おきなわ) 오키나와 | これから 앞으로 | ワーキングホリデー 워킹 홀리데이

DAY 08

동사 て형

행동 연결해서 말하기

강의 및 훈련 MP3

나 혼자 밥을 먹고 나 혼자 영화 보고 나 혼자 노래하고 … 어느 유행가 가사인데요. 이렇게 문장을 끊지 않고 여러 동작들을 연결해서 말하고 싶다면 뭐가 필요할까요? 네, 바로 '~하고' 연결고리가 필요하죠? 일본어로는 て형이 여기에 해당되는데요. 흥미롭게도 て형은 동작 병렬(~하고) 외에도 인과 관계(~해서), 부탁이나 가벼운 명령(~해!)으로도 쓰여요. 말하는 입장에서는 여러 형태를 익힐 필요 없이 한번에 여러 마리 토끼를 잡을 수 있죠! 이번 시간을 통해 연습해 볼까요.

핵심 매트릭스

동사 + て			~하고, ~해서, ~해
■1그룹 동사 待(ま)つ	+ て	待(ま)って	기다리다 → 기다리고, 기다려서, 기다려
■2그룹 동사 食(た)べる		食(た)べて	먹다 → 먹고, 먹어서, 먹어
■3그룹 동사 する		して	하다 → 하고, 해서, 해

* [동사 + て]는 동사의 て형이라고 불러요. 동사의 그룹별 て형 활용은 부록 287~290쪽을 참조해 주세요.

- 부탁 · 명령 : ~해 = '기다려, 먹어, 빌려줘'처럼 부탁이나 가벼운 명령에 쓰입니다.
- 병렬 : ~하고 ~하다 = '청소하고 빨래하다, 세수하고 이를 닦다'처럼 시간적 순서에 따라 앞의 동작을 한 다음, 뒤의 동작을 한다는 의미로 씁니다.
- 인과 관계 : ~해서 = '다쳐서 병원에 가다, 바람이 불어서 춥다'와 같이 앞의 동작으로 인해 뒤의 상황이 일어난다는 의미로 쓰입니다.
- 앞 동작 유지 : ~하고 = '찍어 먹다, 모자 쓰고 나가다'처럼 앞의 동작이 유지된 채로 다음 동작이 이어진다는 의미로 씁니다. 해석은 '~하고'로 하면 됩니다.

집중 훈련 : 듣고 따라 하면서 표현을 내 것으로 만드세요.

	Step 1 한 뭉치씩 늘려서 듣기	Step 2 우리말 뜻 확인하기
01	待(ま)つ。	기다리다.
	待って！	기다려.
	ちょっと待って！	잠깐 기다려! (잠깐만)
02	飲(の)む。	마시다.
	飲んで。	마셔.
	これ飲んでね。	이거 마셔.
03	食(た)べる。	먹다.
	ご飯(はん)を食べて。	밥을 먹고.
	ご飯を食べて、歯(は)を磨(みが)きます。	밥을 먹고 이를 닦아요.
04	つける。	찍다.
	タレをつけて。	양념장을 찍어서.
	タレをつけて食べます。	양념장을 찍어 먹어요.
05	入(はい)る。	들어가다.
	部屋(へや)に入って。	방에 들어가서.
	部屋に入(はい)って、電気(でんき)をつけます。	방에 들어가서 불을 켭니다.
06	消(け)す。	끄다.
	テレビを消して。	TV를 끄고.
	テレビを消して、ラジオをつけました。	TV를 끄고 라디오를 틀었어요.
07	開(あ)ける。	열다.
	窓(まど)を開けて。	창문을 열고.
	窓を開けて、掃除(そうじ)をしました。	창문을 열고 청소를 했어요.
08	頼(たの)む。	시키다.
	出前(でまえ)を頼んで。	배달을 시켜서.
	すしの出前を頼んで食べました。	초밥 배달을 시켜 먹었어요.

어휘 ちょっと 잠깐, 조금 | 待(ま)つ 기다리다 | これ 이것 | 飲(の)む 마시다 | ご飯(はん) 밥 | 食(た)べる 먹다 | 歯(は) 이 | 磨(みが)く 닦다 | タレ 양념장, 소스(찍어 먹는 소스) | つける (전기·전자 제품을) 켜다 | 部屋(へや) 방, 집 |

In08-1.mp3

Step 3 듣고 따라 하기	Step 4 일본어로 말하기
통문장 듣고 따라 말하기 □ 반복 듣기 □□□	잠깐 기다려! (잠깐만)
통문장 듣고 따라 말하기 □ 반복 듣기 □□□	이거 마셔.
통문장 듣고 따라 말하기 □ 반복 듣기 □□□	밥을 먹고 이를 닦아요.
통문장 듣고 따라 말하기 □ 반복 듣기 □□□	양념장을 찍어 먹어요.
통문장 듣고 따라 말하기 □ 반복 듣기 □□□	방에 들어가서 불을 켭니다.
통문장 듣고 따라 말하기 □ 반복 듣기 □□□	TV를 끄고 라디오를 틀었어요.
통문장 듣고 따라 말하기 □ 반복 듣기 □□□	창문을 열고 청소를 했어요.
통문장 듣고 따라 말하기 □ 반복 듣기 □□□	초밥 배달을 시켜 먹었어요.

入(はい)る [예외 1그룹 동사] 들어가다 | 電気(でんき) 전기, 불 | テレビ TV, 텔레비전 | 消(け)す (전기·전자 제품을) 끄다 | ラジオ 라디오 | 窓(まど) 창문 | 開(あ)ける 열다 | 掃除(そうじ) 청소 | すし 초밥 | 出前(でまえ) 배달 | 頼(たの)む 시키다, 부탁하다

응용 말하기 : 앞에서 배운 내용을 응용해서 말해 봅시다.

In08-2.mp3

먼저 우리말을 보면서 음성을 들은 후 오른쪽 문장을 완성해 보세요. 빈칸에 써넣어도 좋고 눈으로 채워 넣어도 좋아요. 중요한 것은 '소리 내서 말하기'입니다. 익숙해지면 속도를 조금씩 올려 가며 반복해 보세요.

	Step 1 우리말 보면서 듣기	Step 2 10초 안에 말해 보기
01	불 꺼!	電気(でんき)____！
02	전화해.	____してね。
03	에어컨을 끄고 창문을 열게요.	クーラー____、窓(まど)を____。
04	방에 들어가서 TV를 켭니다.	部屋(へや)に____、テレビをつけます。
05	이를 닦고 밥을 먹었어요.	歯(は)を____、____食(た)べました。
06	소스를 부어 먹었어요.	ソースをかけ____。
07	피자 배달을 시켜 먹었어요.	ピザの____を____食べました。
08	밥을 먹고 약을 먹었습니다.	ご飯(はん)を____、薬(くすり)を____。

▶ 정답은 231쪽을 확인해 주세요.

어휘 電話(でんわ)する 전화하다 | クーラー 에어컨 | ソース 소스 | ピザ 피자 | 薬(くすり) 약 | 薬(くすり)を飲(の)む 약을 먹다

DAY 09

~ている

진행과 상태 말하기

강의 및 훈련 MP3

집에서 밥을 먹고 있는데 친구가 전화해서 "지금 뭐 해?"라고 물어본다면? 우리말로는 "밥 먹어."(현재형), "밥 먹고 있어."(현재 진행형) 둘 다 전혀 어색하지 않죠? 하지만 일본어는 반드시 현재 진행형인 ~ている를 써 줘야 해요. 현재형 = 미래형이 같은 형태이기 때문에 미래 계획으로 잘못 해석될 수 있거든요. 흥미롭게도 ~ている는 상태를 표현할 때도 쓸 수 있어요. 이번 시간을 통해 동작의 현재 진행과 상태를 말하는 방법을 배워 보겠습니다.

핵심 매트릭스

■동작의 현재 진행 **동사 + ている / ています**	~을 하고 있다, ~하는 중이다 / ~하고 있습니다, ~하는 중입니다
■상태 · 결과의 지속 **동사 + ている / ています**	~한 상태다, ~되어 있다, ~했다 / ~한 상태입니다, ~되어 있습니다, ~했습니다
■부정 **동사 + ていない + です / ていません**	(아직) 안 했다, ~하지 않았다 / 안 했습니다, ~하지 않았습니다

* いる는 2그룹 동사로 활용돼요. 동사의 활용 패턴은 부록 289쪽을 참조해 주세요.

- 동작의 현재 진행 : '책을 읽고 있어요, 길을 걷고 있어요' 등 동작이 현재 진행되고 있을 때 씁니다.
- 상태 · 결과의 지속 : '안경을 쓰고 있어요, 돈이 떨어져 있어요, 결혼했어요' 등 어떤 상태가 지속되고 있을 때 씁니다.
- 부정 : 점심시간 즈음 "점심 먹었어요?"라는 질문을 받았을 때 "안 먹었어요."라고 말하고 싶다면? 食べていません으로 답해요. 여기에는 '먹긴 할 건데, "아직" 못 먹었다'는 뉘앙스가 포함되죠. 食べません(안 먹어요)은 1) 평소에 원래 점심을 안 먹는다(습관), 2) 오늘은 안 먹을 것이다(다짐)로 해석돼요. 食べませんでした도 적절하지 않아요. ~ませんでした는 과거 완료형이기 때문에 굳이 직역하면 '안 먹었었어요'가 되거든요. 적어도 어제 저녁밥이나 오늘 아침밥 이야기여야 자연스럽죠. 팁을 드리자면 '아직'이라는 말을 넣어서 말이 된다면 ~ていない・ていません으로 답하면 된답니다.

집중 훈련 : 듣고 따라 하면서 표현을 내 것으로 만드세요.

	Step 1 한 뭉치씩 늘려서 듣기	Step 2 우리말 뜻 확인하기
01	する。	하다.
	何(なに)をしている。	무엇을 하고 있다.
	今(いま)何をしていますか。	지금 뭐하고 있어요?
02	見(み)る。	보다.
	スマホを見ている。	스마트폰을 보고 있다.
	今スマホを見ています。	지금 스마트폰을 보고 있어요.
03	落(お)ちる。	떨어지다.
	お金(かね)が落ちている。	돈이 떨어져 있다.
	道(みち)にお金が落ちています。	길에 돈이 떨어져 있어요.
04	住(す)む。	살다.
	スウォンに住んでいる。	수원에 살고 있다.
	スウォンに住んでいます。	수원에 살아요.
05	着(き)る。	입다.
	スーツを着ている。	정장을 입고 있다.
	黒(くろ)いスーツを着ている人です。	검은 정장을 입고 있는 사람이에요.
06	知(し)る。	알다.
	セミンさんのことを知っている。	세민 씨를 알고 있다.
	セミンさんのこと、知っていますか。	세민 씨, 알아요?
07	結婚(けっこん)する。	결혼하다.
	10年前(ねんまえ)に結婚している。	10년 전에 결혼한 상태다.
	10年前に結婚しています。	10년 전에 결혼했어요.
08	始(はじ)まる。	시작되다.
	試合(しあい)は始まっていない。	시합은 시작되지 않았다.
	試合はまだ始まっていません。	시합은 아직 시작 안 했어요.

어휘 今(いま) 지금 | 何(なに) 무엇 | スマホ 스마트폰 | 見(み)る 보다 | 道(みち) 길 | ～に ~에 | お金(かね) 돈 | 落(お)ちる 떨어지다 | ～に住(す)む ~에 살다 | 黒(くろ)い 검다, 까맣다, 검은 | スーツ 수트, 정장 | 着(き)る 입다 | ～のこと ~에 대해 |

In09-1.mp3

Step 3 듣고 따라 하기	Step 4 일본어로 말하기
통문장 듣고 따라 말하기 ☐ 반복 듣기 ☐☐☐	지금 뭐 하고 있어요?
통문장 듣고 따라 말하기 ☐ 반복 듣기 ☐☐☐	지금 스마트폰을 보고 있어요.
통문장 듣고 따라 말하기 ☐ 반복 듣기 ☐☐☐	길에 돈이 떨어져 있어요.
통문장 듣고 따라 말하기 ☐ 반복 듣기 ☐☐☐	수원에 살아요.
통문장 듣고 따라 말하기 ☐ 반복 듣기 ☐☐☐	검은 정장을 입고 있는 사람이에요.
통문장 듣고 따라 말하기 ☐ 반복 듣기 ☐☐☐	세민 씨, 알아요?
통문장 듣고 따라 말하기 ☐ 반복 듣기 ☐☐☐	10년 전에 결혼했어요.
통문장 듣고 따라 말하기 ☐ 반복 듣기 ☐☐☐	시합은 아직 시작 안 했어요.

知(し)る [예외 1그룹 동사] 알다 | 10年前(じゅうねんまえ) 10년 전 | 結婚(けっこん)する 결혼하다 | 試合(しあい) 시합, 경기 | まだ 아직 | 始(はじ)まる 시작되다

응용 말하기 : 앞에서 배운 내용을 응용해서 말해 봅시다.

In09-2.mp3

먼저 우리말을 보면서 음성을 들은 후 오른쪽 문장을 완성해 보세요. 빈칸에 써넣어도 좋고 눈으로 채워 넣어도 좋아요. 중요한 것은 '소리 내서 말하기'입니다. 익숙해지면 속도를 조금씩 올려 가며 반복해 보세요.

	Step 1 우리말 보면서 듣기	Step 2 10초 안에 말해 보기
01	지금 유튜브를 보고 있어요.	今(いま)ユーチューブを＿＿＿＿＿。
02	길에 쓰레기가 떨어져 있어요.	道(みち)にゴミが＿＿＿＿＿。
03	지금은 인천에 살고 있습니다.	＿＿インチョンに＿＿＿＿＿。
04	네, 그 사람 전화번호, 알고 있어요.	はい、彼(かれ)の電話番号(でんわばんごう)、＿＿＿＿＿。
05	흰 원피스를 입고 있는 사람이에요.	白(しろ)いワンピースを＿＿＿＿＿。
06	수업은 이미 시작했어요.	授業(じゅぎょう)はもう＿＿＿＿＿。
07	유리 씨는 아직 안 왔어요.	ユリさんは＿＿来(き)＿＿＿＿＿。
08	아직 결혼 안 했는데요.	まだ＿＿＿＿＿が。

▶ 정답은 234쪽을 확인해 주세요.

어휘 ユーチューブ 유튜브 | ゴミ 쓰레기 | 今(いま)は 지금은 | はい 네 | 彼(かれ) 그 | 電話番号(でんわばんごう) 전화번호 | 白(しろ)い 하얗다, 희다 | ワンピース 원피스 | 授業(じゅぎょう) 수업 | もう 이미 | 来(く)る 오다 | ～が ~인데요

DAY 10

~ている

루틴과 직업 말하기

강의 및 훈련 MP3

여러분이 매일, 매주, 매달, 매년 반복해서 하는 일은 무엇인가요? 매일 아침 7시 반에 일어나고, 지하철로 회사에 가고, 평일에는 바빠서 늘 아침을 거르고, 주 2회 일본어 공부를 하고, 쉬는 날엔 몰아서 자고 …. 일상적으로 반복해서 하는 일들이 있죠? 반복 = 루틴을 말할 때도 쓸 수 있는 게 바로 ~ている예요. 반복적인 행위라는 뉘앙스 때문에 '항상 하는 일', 즉 직업을 말할 때도 쓸 수 있어요. 이번 시간에는 루틴과 직업을 말할 때 유용한 표현법을 배워 봅시다.

핵심 매트릭스

■ 일상 반복, 습관 말하기

(반복 시간 표현) + 동사 + ている	~을 하고 있다
(반복 시간 표현) + 동사 + ています	~을 하고 있습니다

■ 직업 말하기

직업 + をしている	~을 하고 있다
직무·업종·업계 + の仕事(しごと)をしている	~ 일을 하고 있다

- 취미, 습관, 일과 같은 일상적으로 계속하는 행위, 이른바 루틴을 말할 때는 [동사 + ている] '~하고 있다'고 말해요. '매일, 매주, 주말에는, 3년 전부터, 가끔, 거의, 항상'처럼 주기적, 반복적인 시간 표현과 함께 쓰일 수 있어요. 형태는 현재 진행의 ing ~ている와 동일하지만 눈앞에 있는 행위를 말하는 것은 아닙니다.
- '주기적으로 지속하고 있는 것'이라는 의미가 전제가 되기 때문에 시간 표현은 필수 요소가 아니에요. '액세서리를 팔고 있어요', '근력 운동 하고 있어요'처럼 시간 표현이 없어도, '주기적으로' 하는 일, '상황에 변동이 없는 일'이면 쓸 수 있습니다.
- 늘·항상 하는 것이라는 의미가 저변에 깔려 있기 때문에 직업, 직장을 말할 때도 쓰인답니다.

어휘 仕事(しごと) 일

집중 훈련 : 듣고 따라 하면서 표현을 내 것으로 만드세요.

	Step 1 한 뭉치씩 늘려서 듣기	Step 2 우리말 뜻 확인하기
01	ネット記事(きじ)を読(よ)む。	인터넷 기사를 읽다.
	ネット記事を読んでいる。	인터넷 기사를 읽고 있다.
	毎日(まいにち)ネット記事を読んでいます。	매일 인터넷 기사를 읽어요.
02	バドミントンをする。	배드민턴을 치다.
	バドミントンをしている。	배드민턴을 치고 있다.
	休(やす)みの日(ひ)はバドミントンをしています。	쉬는 날은 배드민턴을 쳐요.
03	筋(きん)トレをする。	근력 운동을 하다.
	筋トレをしている。	근력 운동을 하고 있다.
	２年前(ねんまえ)から筋トレをしています。	2년 전부터 근력 운동을 하고 있어요.
04	週(しゅう)に３回(かい)は食(た)べる。	일주일에 세 번은 먹다.
	週に３回は食べている。	일주일에 세 번은 먹고 있다.
	麺(めん)が好(す)きで、週に３回は食べています。	면을 좋아해서 일주일에 세 번은 먹어요.
05	Webデザイナーをする。	웹 디자이너를 하다.
	Webデザイナーをしている。	웹 디자이너를 하고 있다.
	Webデザイナーをしています。	웹 디자이너를 하고 있어요.
06	先生(せんせい)をする。	선생님을 하다.
	保育園(ほいくえん)の先生をしている。	어린이집 선생님을 하고 있다.
	保育園の先生をしています。	어린이집 선생님을 하고 있습니다.
07	営業(えいぎょう)の仕事(しごと)をする。	영업 일을 하다.
	営業の仕事をしている。	영업 일을 하고 있다.
	営業の仕事をしています。	영업 일을 하고 있어요.
08	IT関係(かんけい)の仕事をする。	IT 쪽 일을 하다.
	IT関係の仕事をしている。	IT 쪽 일을 하고 있다.
	IT関係の仕事をしています。	IT 쪽 일을 하고 있습니다.

어휘 毎日(まいにち) 매일 | ネット 인터넷 | 記事(きじ) 기사 | 読(よ)む 읽다 | 休(やす)み 쉼, 휴식, 휴가 | 日(ひ) 날 | 休(やす)みの日(ひ) 쉬는 날 | バドミントン 배드민턴 | ～年前(ねんまえ) ~년 전 | 筋(きん)トレ 근력 운동 | する 하다 | 麺(めん) 면 |

Step 3 듣고 따라 하기	Step 4 일본어로 말하기
통문장 듣고 따라 말하기 □ 반복 듣기 □□□	매일 인터넷 기사를 읽어요.
통문장 듣고 따라 말하기 □ 반복 듣기 □□□	쉬는 날은 배드민턴을 쳐요.
통문장 듣고 따라 말하기 □ 반복 듣기 □□□	2년 전부터 근력 운동을 하고 있어요.
통문장 듣고 따라 말하기 □ 반복 듣기 □□□	면을 좋아해서 일주일에 세 번은 먹어요.
통문장 듣고 따라 말하기 □ 반복 듣기 □□□	웹 디자이너를 하고 있어요.
통문장 듣고 따라 말하기 □ 반복 듣기 □□□	어린이집 선생님을 하고 있습니다.
통문장 듣고 따라 말하기 □ 반복 듣기 □□□	영업 일을 하고 있어요.
통문장 듣고 따라 말하기 □ 반복 듣기 □□□	IT 쪽 일을 하고 있습니다.

好(す)きだ 좋아하다 | 週(しゅう) 주 | ~に ~에 | 回(かい) 회, 번 | 食(た)べる 먹다 | Webデザイナー 웹 디자이너 | 保育園(ほいくえん) 어린이집 | 先生(せんせい) 선생님 | 営業(えいぎょう) 영업 | 関係(かんけい) 관련, 쪽

응용 말하기 : 앞에서 배운 내용을 응용해서 말해 봅시다.

In10-2.mp3

먼저 우리말을 보면서 음성을 들은 후 오른쪽 문장을 완성해 보세요. 빈칸에 써넣어도 좋고 눈으로 채워 넣어도 좋아요. 중요한 것은 '소리 내서 말하기'입니다. 익숙해지면 속도를 조금씩 올려 가며 반복해 보세요.

	Step 1 우리말 보면서 듣기	Step 2 10초 안에 말해 보기
01	쉬는 날은 축구를 해요.	休(やす)みの日(ひ)はサッカーを＿＿＿＿＿＿。
02	3년 전부터 일본어 공부를 하고 있어요.	３年前(ねんまえ)から日本語(にほんご)の勉強(べんきょう)＿＿＿＿ ＿＿＿＿。
03	매일 아침 조깅을 해요.	毎朝(まいあさ)＿＿＿＿＿＿＿＿＿＿＿＿＿。
04	맥주를 좋아해서 주 3회는 마셔요.	ビールが＿＿＿＿、週(しゅう)に３回(かい)は ＿＿＿＿＿＿。
05	유치원 선생님을 하고 있어요.	幼稚園(ようちえん)の＿＿＿＿＿＿います。
06	기획 일을 하고 있어요.	企画(きかく)＿＿＿＿＿＿＿＿＿＿。
07	회사에서 인사 일을 하고 있어요.	会社(かいしゃ)で、人事(じんじ)の＿＿＿＿＿＿＿＿。
08	자동차 관련 일을 하고 있습니다.	自動車(じどうしゃ)＿＿＿＿＿＿＿＿＿＿＿＿＿。

▶ 정답은 235쪽을 확인해 주세요.

어휘 サッカー 축구 | 日本語(にほんご) 일본어 | 勉強(べんきょう) 공부 | 毎朝(まいあさ) 매일 아침 | ジョギング 조깅 | ビール 맥주 | 飲(の)む 마시다 | 幼稚園(ようちえん) 유치원 | 企画(きかく) 기획 | 会社(かいしゃ) 회사 | 人事(じんじ) 인사 | 自動車(じどうしゃ) 자동차

DAY 11

~た・~ていた

과거 진행 말하기

강의 및 훈련 MP3

'그땐 자고 있었어', '주말엔 조카가 와 있었어' 이 말을 일본어로 하고 싶다면? '자고 있었다', '와 있었다'라는 말을 알아야겠죠? '잤다', '왔다'는 과거에 일어난 일의 결과만 부각시키는 한편 '자고 있었다', '와 있었다'는 특정 시간 동안 행동이나 결과가 지속되었다는 뉘앙스를 전달할 수 있죠. 과거에 일어난 일을 다각도로, 풍부하게 보여줄 수 있는 표현이기 때문에 일본에서는 사건 사고 기사, 소설 등에서 자주 볼 수 있는 시제입니다. 이번 시간을 통해 '하고 있었다'의 뉘앙스 차이를 익혀 볼까요.

핵심 매트릭스

■ 단순 과거 **동사 て형 + た**	~했다
■ 과거 진행, 결과의 지속 **동사 て형 + ていた** **동사 て형 + ていました**	~하고 있었다, ~되어 있었다 ~하고 있었습니다, ~되어 있었습니다

* 동사 て형과 た형은 활용 방법이 같아요. 동사의 그룹별 て형 활용은 부록 287~290쪽을 참조해 주세요.

- ~た : 단순하게 과거에 어떤 일이 있었는지 특정 시점의 사실만 전달하는 방법이에요. 단순히 왔다는 사실만 말할 뿐, 왔다 갔는지, 왔다가 아직 돌아가지 않았는지는 알 수 없어요.
- ~ていた : 어떤 동작이 일정 시간 동안 지속되었고, 말하는 시점에는 이미 그 동작이 종료됐다는 뉘앙스를 전달할 수 있어요. '왔고–한동안 머물렀고–지금은 없다'는 의미가 모두 전달되는 것이죠. 정중하게 말하고 싶을 때는 ~ていました, 부정은 ~ていませんでした라고 해 주시면 된답니다.

집중 훈련 : 듣고 따라 하면서 표현을 내 것으로 만드세요.

	Step 1 한 뭉치씩 늘려서 듣기	Step 2 우리말 뜻 확인하기
01	寝る。	자다.
	1時ごろに寝た。	1시쯤 잤다.
	昨日は1時ごろに寝た。	어제는 1시쯤 잤다.
02	寝る。	자다.
	1時ごろには寝ていた。	1시쯤에는 자고 있었다.
	昨日、1時ごろには寝ていた。	어제 1시쯤에는 자고 있었다.
03	来る。	오다.
	おいっ子が来た。	조카가 왔다.
	金曜日に、おいっ子が来た。	금요일에 조카가 왔다.
04	来る。	오다.
	めいっ子が来ていた。	조카가 와 있었다.
	週末の間、めいっ子が来ていた。	주말 동안 조카가 와 있었다.
05	掃除する。	청소하다.
	さっき掃除した。	아까 청소했다.
	さっき掃除しました。	아까 청소했어요.
06	掃除する。	청소하다.
	さっきは掃除していた。	아까는 청소하고 있었다.
	さっきは掃除していました。	아까는 청소하고 있었어요.
07	知る。	알다.
	初めて知った。	처음 알았다.
	初めて知りました。	처음 알았어요.
08	知る。	알다.
	もう知っていた。	이미 알고 있었다.
	もう知っていましたよ。	이미 알고 있었죠.

어휘 昨日(きのう) 어제 | 1時(いちじ) 1시 | ～ごろ ~쯤 | 寝(ね)る 자다 | 金曜日(きんようび) 금요일 | おいっ子(こ) 남자 조카 | めいっ子(こ) 여자 조카 | 来(く)る 오다 | 週末(しゅうまつ) 주말 | 間(あいだ) 동안 | さっき 아까, 조금 전 | 掃除(そうじ) 청소

Step 3 듣고 따라 하기	Step 4 일본어로 말하기
통문장 듣고 따라 말하기 ☐ 반복 듣기 ☐☐☐	어제는 1시쯤 잤다.
통문장 듣고 따라 말하기 ☐ 반복 듣기 ☐☐☐	어제 1시쯤에는 자고 있었다.
통문장 듣고 따라 말하기 ☐ 반복 듣기 ☐☐☐	금요일에 조카가 왔다.
통문장 듣고 따라 말하기 ☐ 반복 듣기 ☐☐☐	주말 동안 조카가 와 있었다.
통문장 듣고 따라 말하기 ☐ 반복 듣기 ☐☐☐	아까 청소했어요.
통문장 듣고 따라 말하기 ☐ 반복 듣기 ☐☐☐	아까는 청소하고 있었어요.
통문장 듣고 따라 말하기 ☐ 반복 듣기 ☐☐☐	처음 알았어요.
통문장 듣고 따라 말하기 ☐ 반복 듣기 ☐☐☐	이미 알고 있었죠.

| する 하다 | さっきは 아까는 | 初(はじ)めて 처음 | 知(し)る 알다 | もう 이미

응용 말하기 : 앞에서 배운 내용을 응용해서 말해 봅시다.

In11-2.mp3

먼저 우리말을 보면서 음성을 들은 후 오른쪽 문장을 완성해 보세요. 빈칸에 써넣어도 좋고 눈으로 채워 넣어도 좋아요. 중요한 것은 '소리 내서 말하기'입니다. 익숙해지면 속도를 조금씩 올려 가며 반복해 보세요.

	Step 1 우리말 보면서 듣기	Step 2 10초 안에 말해 보기
01	금요일에 부모님이 오셨어요.	金曜日(きんようび)に、両親(りょうしん)が＿＿＿＿。
02	주말 동안 부모님이 와 계셨어요.	週末(しゅうまつ)の間(あいだ)、両親が＿＿＿＿＿＿。
03	아까 목욕했어요.	さっき、お風呂(ふろ)に入(はい)り＿＿＿。
04	아까는 목욕하고 있었어요.	＿＿＿＿、お風呂に＿＿＿＿＿＿＿。
05	옷이 더러워졌어요.	服(ふく)が汚(よご)れ＿＿＿。
06	옷이 더러워져 있었어요.	服が＿＿＿＿＿＿＿。
07	9시쯤에 나갔죠.	9時(じ)ごろに出(で)かけ＿＿＿よ。
08	9시쯤엔 이미 나가고 없었죠.	9時ごろには、もう＿＿＿＿＿＿＿よ。

▶ 정답은 238쪽을 확인해 주세요.

어휘 両親(りょうしん) 부모 | お風呂(ふろ)に入(はい)る 목욕하다 | 服(ふく) 옷 | 汚(よご)れる 더러워지다 | 出(で)かける 외출하다, 나가다

DAY 12

できる

할 수 있다 vs. 못한다

강의 및 훈련 MP3

능력과 가능성을 논할 때 '~할 수 있다'라는 말을 쓰죠? '일본어를 할 수 있어요'가 능력이라면 '이 건물에서는 와이파이를 쓸 수 있어요'는 상황의 가능성을 나타내죠. 일본어에서는 できる가 같은 역할을 해요. 단 우리말 '할 수 있다'에는 없지만 できる에는 있는 것도 있어요. 바로 '(없던 것이) 생기다'란 의미예요. '여드름이 생기다', '아이가 생기다' 바로 이럴 때 쓸 수 있죠. 이번 시간을 통해 능력과 가능성, 그리고 '생기다'라는 표현으로 できる를 활용해 말하는 방법을 알아볼게요.

핵심 매트릭스

명사 +ができる 동사 원형 + ことができる	~을 할 수 있어요
명사 + ができる	~이 생기다

＊ できる는 2그룹 동사예요. 동사의 긍정, 부정, 과거 등 다양한 활용 패턴은 부록 289쪽을 참조해 주세요.

- 명사 뒤에 붙일 때는 명사 뒤에 ~ができる를 붙여 주세요. [日本語 + ができる] '일본어를 할 수 있다', [ダウンロード + ができる] '다운로드를 할 수 있다' 이렇게 써 주시면 됩니다.
- '먹을 수 있다, 마실 수 있다'처럼 '할 수 있다'의 대상이 동작이면 동사를 써 주세요. 동사 원형 뒤에 ことができる만 붙여 주시면 됩니다. '먹을 수 있다' [食べる + ことができる], '마실 수 있다' [飲む + ことができる] 이렇게 해 주시면 돼요.
- '사용하다' 使用する, '전화하다' 電話する처럼 뒤에 '하다' する를 붙일 수 있는 명사들은 동작성 명사라고 해요. 이 경우 [동작성 명사 + することができる] [동작성 명사 + できる] 둘 다 가능합니다.

어휘 できる 할 수 있다, 생기다 : する의 가능형

집중 훈련 : 듣고 따라 하면서 표현을 내 것으로 만드세요.

	Step 1 한 뭉치씩 늘려서 듣기	Step 2 우리말 뜻 확인하기
01	できる。	할 수 있다.
	日本語(にほんご)ができる。	일본어를 할 수 있다.
	日本語ができます。	일본어를 할 수 있어요.
02	行(い)くことができる。	갈 수 있다.
	行くことができます。	갈 수 있어요.
	バスでも行くことができます。	버스로도 갈 수 있어요.
03	使(つか)うことができる。	쓸 수 있다.
	使うことができます。	쓸 수 있어요.
	今日(きょう)から使うことができます。	오늘부터 쓸 수 있습니다.
04	合格(ごうかく)できる。	합격할 수 있다.
	合格できます。	합격할 수 있습니다.
	無事(ぶじ)合格できました。	무사히 합격할 수 있었습니다.
05	ダウンロードができる。	다운로드할 수 있다.
	ダウンロードができます。	다운로드를 할 수 있어요.
	ダウンロードができません。	다운로드가 안 돼요.
06	書(か)くことができる。	쓸 수 있다.
	書くことができません。	쓸 수 없습니다.
	うまく書くことができません。	잘 못 쓰겠어요.
07	子供(こども)ができる。	아이가 생기다.
	子供ができます。	아이가 생겨요.
	子供ができました。	아이가 생겼어요.
08	用事(ようじ)ができる。	볼일이 생기다.
	用事ができて。	볼일이 생겨서.
	用事ができて帰(かえ)りました。	볼일이 생겨서 돌아갔어요.

어휘 日本語(にほんご) 일본어 | バス 버스 | ~でも ~으로도 | 行(い)く 가다 | 今日(きょう) 오늘 | ~から ~부터 | 使(つか)う 쓰다 | 無事(ぶじ) 무사히 | 合格(ごうかく) 합격 | ダウンロード 다운로드 | うまく 잘 | 書(か)く 쓰다 | 子供(こども) 아이 |

In12-1.mp3

Step 3 듣고 따라 하기	Step 4 일본어로 말하기
통문장 듣고 따라 말하기 □ 반복 듣기 □□□	일본어를 할 수 있어요.
통문장 듣고 따라 말하기 □ 반복 듣기 □□□	버스로도 갈 수 있어요.
통문장 듣고 따라 말하기 □ 반복 듣기 □□□	오늘부터 쓸 수 있습니다.
통문장 듣고 따라 말하기 □ 반복 듣기 □□□	무사히 합격할 수 있었습니다.
통문장 듣고 따라 말하기 □ 반복 듣기 □□□	다운로드가 안 돼요.
통문장 듣고 따라 말하기 □ 반복 듣기 □□□	잘 못 쓰겠어요.
통문장 듣고 따라 말하기 □ 반복 듣기 □□□	아이가 생겼어요.
통문장 듣고 따라 말하기 □ 반복 듣기 □□□	볼일이 생겨서 돌아갔어요.

用事(ようじ) 볼일 | 帰(かえ)る 돌아가다

응용 말하기 : 앞에서 배운 내용을 응용해서 말해 봅시다.

In12-2.mp3

먼저 우리말을 보면서 음성을 들은 후 오른쪽 문장을 완성해 보세요. 빈칸에 써넣어도 좋고 눈으로 채워 넣어도 좋아요. 중요한 것은 '소리 내서 말하기'입니다. 익숙해지면 속도를 조금씩 올려 가며 반복해 보세요.

	Step 1 우리말 보면서 듣기	Step 2 10초 안에 말해 보기
01	인터넷으로도 예약할 수 있어요.	ネット____予約(よやく)が________。
02	지하철로도 갈 수 있어요.	地下鉄(ちかてつ)________________。
03	오늘부터 이용할 수 있어요.	________利用(りよう)________。
04	선생님 덕분에 무사히 졸업할 수 있었습니다.	先生(せんせい)のおかげで、____卒業(そつぎょう)________。
05	인스톨이 안 돼요.	インストール__________。
06	말을 잘 못하겠어요.	______話(はな)す______________。
07	여드름이 났어요.	ニキビ__________。
08	급한 일이 생겨서 돌아갔어요.	急用(きゅうよう)ができて__________。

▶ 정답은 239쪽을 확인해 주세요.

어휘 ネット 인터넷 | 予約(よやく) 예약 | 地下鉄(ちかてつ) 지하철 | 利用(りよう) 이용 | 先生(せんせい) 선생님 | おかげ 덕분 | ~のおかげで ~의 덕분에 | 卒業(そつぎょう) 졸업 | インストール 인스톨 | 話(はな)す 이야기하다, 말하다 | ニキビ 여드름 | 急用(きゅうよう) 급한 일

DAY 13

たい・ほしい・ください

갖고 싶은 것, 하고 싶은 것

강의 및 훈련 MP3

새로 나온 스마트폰 갖고 싶어! 시원한 맥주 마시고 싶다! 이런 희망 사항은 어떻게 말하면 좋을까요? 물건이나 대상을 '소유하고 싶을 때', 어떤 행동이나 동작을 '하고 싶을 때' 쓰는 표현, 그리고 상대에게 직접적으로 뭔가를 달라고 요청할 때 쓰는 표현을 알아보겠습니다.

핵심 매트릭스

■ 소유 희망 **명사 + がほしい**	~을 갖고 싶다
■ 동작 희망 **동사 ます형 + たい**	~하고 싶다
■ 직접 요구 **명사 + (を)ください**	~(을) 주세요

* ほしい와 たい는 い형용사예요. い형용사의 긍정, 부정, 과거 등 다양한 활용법은 부록 286쪽을 참조해 주세요.

- ほしい는 어떤 대상이나 물건을 소유하고 싶을 때 쓰는 표현이에요. 우리말로 하면 '갖고 싶다, 사고 싶다'와 가장 가까워요. 조사는 ～が를 씁니다. 갖고 싶은 대상은 사물 이외에도 시간, 사람도 가능해요.
- ～たい는 '~하고 싶다'예요. 어떤 행동, 동작을 하고 싶을 때 쓰죠. 동작에 대한 희망 사항이기 때문에 '~'에는 동사가 들어갑니다. 동사를 ます형으로 바꾸고 たい를 붙이면 됩니다.
- ください '주세요'는 무언가를 직접적으로 달라고 말할 때 쓸 수 있어요. 앞에 희망하는 대상을 넣어서 「～(を)ください」라고 쓰면 돼요. 조사는 ～を '~을/를'을 쓰면 되는데, 대화할 때는 생략하는 경우도 많답니다.

어휘 ほしい 갖고 싶다, 사고 싶다, 원하다 | ～たい ~싶다 | ください 주세요

집중 훈련 : 듣고 따라 하면서 표현을 내 것으로 만드세요.

	Step 1 한 뭉치씩 늘려서 듣기	Step 2 우리말 뜻 확인하기
01	車(くるま)が欲(ほ)しい。	차를 갖고 싶다.
	車が欲しいです。	차를 갖고 싶어요.
	そろそろ車が欲しいです。	슬슬 차를 사고 싶어요.
02	欲しいワンピース。	갖고 싶은 원피스.
	欲しいワンピースがある。	갖고 싶은 원피스가 있다.
	欲しいワンピースがあります。	사고 싶은 원피스가 있어요.
03	子(こ)どもが欲しい。	아이를 갖고 싶다.
	子どもが欲しいと思(おも)う。	아이를 갖고 싶다고 생각한다.
	子どもが欲しいと思っています。	아이를 가질까 생각중이에요.
04	飲(の)む。	마시다.
	ミルクティーが飲みたい。	밀크티를 마시고 싶다.
	冷(つめ)たいミルクティーが飲みたいです。	차가운 밀크티를 마시고 싶어요.
05	帰(かえ)る。	돌아가다.
	帰りたい気分(きぶん)だ。	돌아가고 싶은 기분이다.
	もう帰りたい気分です。	벌써 집에 가고 싶은 기분이에요.
06	話(はな)す。	이야기하다.
	話したいことがある。	이야기하고 싶은 것이 있다.
	ちょっと話したいことがあるんですが。	잠깐 얘기하고 싶은 게 있는데요.
07	言(い)う。	말하다.
	言いたくない。	말하고 싶지 않다.
	あまり言いたくないんですけど。	별로 말하고 싶지 않은데요.
08	生中(なまちゅう)ください。	(맥주) 오백 주세요.
	生中２つください。	오백 두 개 주세요.
	すみません。生中２つください。	저기요. 오백 두 개 주세요.

어휘 そろそろ 슬슬 | 車(くるま) 차 | ワンピース 원피스 | 子(こ)ども 아이 | 思(おも)う 생각하다 | ～と思(おも)う ~이라고 생각하다 | 冷(つめ)たい 차갑다 | ミルクティー 밀크티 | 飲(の)む 마시다 | もう 벌써, 이제 | 帰(かえ)る 돌아가다 |

In13-1.mp3

Step 3 듣고 따라 하기	Step 4 일본어로 말하기
통문장 듣고 따라 말하기 □ 반복 듣기 □□□	슬슬 차를 사고 싶어요.
통문장 듣고 따라 말하기 □ 반복 듣기 □□□	사고 싶은 원피스가 있어요.
통문장 듣고 따라 말하기 □ 반복 듣기 □□□	아이를 가질까 생각중이에요.
통문장 듣고 따라 말하기 □ 반복 듣기 □□□	차가운 밀크티를 마시고 싶어요.
통문장 듣고 따라 말하기 □ 반복 듣기 □□□	벌써 집에 가고 싶은 기분이에요.
통문장 듣고 따라 말하기 □ 반복 듣기 □□□	잠깐 얘기하고 싶은 게 있는데요.
통문장 듣고 따라 말하기 □ 반복 듣기 □□□	별로 말하고 싶지 않은데요. (= 이런 말 하기 좀 그런데요.)
통문장 듣고 따라 말하기 □ 반복 듣기 □□□	저기요. 오백 두 개 주세요.

気分(きぶん) 기분 | ちょっと 잠깐 | 話(はな)す 이야기하다 | こと 것 | ある 있다 | ~んですけど ~하는데요, ~인데요 | 言(い)う 말하다 | あまり 별로, 그다지 | すみません 미안합니다, 여기요, 저기요 | 生中(なまちゅう) 생맥주 중자 | 2(ふた)つ 두 개

응용 말하기 : 앞에서 배운 내용을 응용해서 말해 봅시다.

In13-2.mp3

먼저 우리말을 보면서 음성을 들은 후 오른쪽 문장을 완성해 보세요. 빈칸에 써넣어도 좋고 눈으로 채워 넣어도 좋아요. 중요한 것은 '소리 내서 말하기'입니다. 익숙해지면 속도를 조금씩 올려 가며 반복해 보세요.

	Step 1 우리말 보면서 듣기	Step 2 10초 안에 말해 보기
01	내 시간이 갖고 싶어요.	自分(じぶん)の時間(じかん)が_____。
02	사고 싶은 노트북이 있어요.	_____ノートパソコン_____。
03	시원한 콜라가 마시고 싶네요.	_____コーラが_____。
04	또 가고 싶어요.	また_____と思(おも)います。
05	잠깐 상의하고 싶은 게 있는데요.	ちょっと相談(そうだん)_____ _____。
06	아~ 빨리 집에 가고 싶다~.	あ～早(はや)く_____なぁ。
07	그건 별로 이야기하고 싶지 않아요.	それはあまり_____。
08	여기요. (같은 걸로) 하나 더 주세요.	すみません。お代(か)わり_____。

▶ 정답은 241쪽을 확인해 주세요.

어휘 自分(じぶん) 나, 자신 | 時間(じかん) 시간 | ノートパソコン 노트북 | コーラ 콜라 | 飲(の)む 마시다 | ～なぁ ~하다 : 감탄사로, 어미에 붙여서 기분을 전달 | また 또 | 行(い)く 가다 | 相談(そうだん)する 상담하다 | 早(はや)く 빨리 | それは 그건 | お代(か)わり 리필, 같은 걸로 하나 더

DAY 14

형용사 연결 • と

감정과 이유 말하기

강의 및 훈련 MP3

기쁠 때, 화날 때, 슬플 때, 즐거울 때, 괴로울 때, 무서울 때, 기분이 좋을 때, 모든 게 싫어질 때. 하루에도 우리의 감정은 수시로 바뀌죠? 일상 대화에서 자주 쓰이는 기본적인 감정 표현과 표현 방법을 알아볼까요.

핵심 매트릭스

い형용사 くて형 な형용사 で형 + 서술어	(감정) ~해서 ~하다
동사 원형 + と + 형용사	~하면 (감정) ~하다

- い형용사는 마지막 ~い를 ~くて로 바꾸고, な형용사는 마지막 ~だ를 ~で로 바꿔서 문장을 연결해 주세요. 원인이나 이유를 설명할 수 있어요. 서술어 자리에는 형용사, 동사, 명사 모두 올 수 있어요.
- [동사 원형 + と]는 '~하면'이라는 가정법이에요. 'A하면 B한다'와 같이 'A로 인해 B가 발생한다'는 뉘앙스가 있어요. 인과 관계를 말할 때 유용한 표현법입니다.

집중 훈련 : 듣고 따라 하면서 표현을 내 것으로 만드세요.

	Step 1 한 뭉치씩 늘려서 듣기	Step 2 우리말 뜻 확인하기
01	嬉(うれ)しい。	기쁘다.
	嬉しくて涙(なみだ)が出(で)る。	기뻐서 눈물이 나다.
	嬉しくて涙が出ました。	기뻐서 눈물이 났어요.
02	涼(すず)しい。	선선하다.
	涼しくて気持(きも)ちいい。	선선해서 기분 좋다.
	涼しくて気持ちいいですね。	선선해서 기분 좋네요.
03	寂(さび)しい。	외롭다.
	寂しくて帰(かえ)りたい。	외로워서 돌아가고 싶다.
	寂しくて実家(じっか)に帰りたいです。	외로워서 본가에 돌아가고 싶어요.
04	怖(こわ)い。	무섭다.
	怖くて一睡(いっすい)もできない。	무서워서 한숨도 못 자다.
	怖くて一睡もできませんでした。	무서워서 한숨도 못 잤어요.
05	幸(しあわ)せだ。	행복하다.
	幸せで胸(むね)がいっぱいだ。	행복해서 가슴이 벅차다.
	幸せで胸がいっぱいです。	행복해서 가슴이 벅차요.
06	怒(おこ)ると怖い。	화나면 무섭다.
	怒ると怖いです。	화나면 무서워요.
	妻(つま)は怒ると怖いです。	아내는 화나면 무서워요.
07	食(た)べるとおいしい。	먹으면 맛있다.
	食べるとおいしいです。	먹으면 맛있어요.
	みんなで食べるとおいしいです。	다 같이 먹으면 맛있어요.
08	いるとホッとする。	있으면 마음이 편하다.
	一緒(いっしょ)にいるとホッとする。	함께 있으면 마음이 편하다.
	一緒にいるとホッとします。	함께 있으면 마음이 편해요.

어휘 嬉(うれ)しい 기쁘다 | 涙(なみだ) 눈물 | 出(で)る 나다 | 涼(すず)しい 시원하다 | 気持(きも)ちいい 기분 좋다 | 寂(さび)しい 외롭다 | 実家(じっか) 본가 | 帰(かえ)る 돌아가다 | 怖(こわ)い 무섭다 | 一睡(いっすい) 한숨, 한잠 |

In14-1.mp3

Step 3 듣고 따라 하기	Step 4 일본어로 말하기
통문장 듣고 따라 말하기 ☐ 반복 듣기 ☐☐☐	기뻐서 눈물이 났어요.
통문장 듣고 따라 말하기 ☐ 반복 듣기 ☐☐☐	선선해서 기분 좋네요.
통문장 듣고 따라 말하기 ☐ 반복 듣기 ☐☐☐	외로워서 본가에 돌아가고 싶어요.
통문장 듣고 따라 말하기 ☐ 반복 듣기 ☐☐☐	무서워서 한숨도 못 잤어요.
통문장 듣고 따라 말하기 ☐ 반복 듣기 ☐☐☐	행복해서 가슴이 벅차요.
통문장 듣고 따라 말하기 ☐ 반복 듣기 ☐☐☐	아내는 화나면 무서워요.
통문장 듣고 따라 말하기 ☐ 반복 듣기 ☐☐☐	다 같이 먹으면 맛있어요.
통문장 듣고 따라 말하기 ☐ 반복 듣기 ☐☐☐	함께 있으면 마음이 편해요.

一睡(いっすい)もできない 한숨도 못 자다 | 幸(しあわ)せだ 행복하다 | 胸(むね) 가슴 | いっぱいだ 가득하다 | 胸(むね)がいっぱいだ 가슴이 벅차다 | 妻(つま) 아내 | 怒(おこ)る 화나다 | みんな 모두, 다 같이 | 食(た)べる 먹다 | おいしい 맛있다 | 一緒(いっしょ)に 함께 | いる 있다 | ホッとする 마음이 편하다, 안심되다

응용 말하기 : 앞에서 배운 내용을 응용해서 말해 봅시다.

In14-2.mp3

먼저 우리말을 보면서 음성을 들은 후 오른쪽 문장을 완성해 보세요. 빈칸에 써넣어도 좋고 눈으로 채워 넣어도 좋아요. 중요한 것은 '소리 내서 말하기'입니다. 익숙해지면 속도를 조금씩 올려 가며 반복해 보세요.

	Step 1 우리말 보면서 듣기	Step 2 10초 안에 말해 보기
01	행복해서 눈물이 났어요.	＿＿＿涙(なみだ)が＿＿＿＿。
02	날씨가 좋아서 기분이 좋네요.	天気(てんき)が良(よ)くて＿＿＿＿＿＿。
03	외로워서 고향에 돌아가고 싶어요.	＿＿＿＿地元(じもと)に＿＿＿＿です。
04	가슴이 벅차서 한숨도 못 잤어요.	＿＿＿＿＿で、＿＿もできませんでした。
05	함께 있으면 즐거워요.	＿＿＿＿＿楽(たの)しいです。
06	남편 운전이 서툴러서 무서워요.	夫(おっと)の運転(うんてん)が下手(へた)で＿＿＿＿。
07	엄마를 만나면 마음이 편해요.	母(はは)に会(あ)う＿＿＿＿＿＿。
08	다 같이 놀면 즐거워요.	＿＿＿＿遊(あそ)ぶと＿＿＿＿＿。

▶ 정답은 243쪽을 확인해 주세요.

어휘 天気(てんき) 날씨 | 良(よ)い 좋다 | 地元(じもと) 고향 | 夫(おっと) 남편 | 運転(うんてん) 운전 | 母(はは) (우리) 엄마 | ~に会(あ)う ~을 만나다 | 遊(あそ)ぶ 놀다 | 楽(たの)しい 즐겁다

DAY 15

형용사 부사형

'~히, ~하게' 부사 말하기

강의 및 훈련 MP3

깨끗하게 맑게 자신 있게! 옛날 옛날 유행했던 CF 캐치프레이즈인데요. '깨끗하게, 맑게'는 형용사 '깨끗하다, 맑다'를 부사로 바꾼 표현이죠? 부사는 동작을 자세하게 설명하고, 의도를 정확하게 전달하는 역할을 해요. '칠판 닦아'보다는 '칠판 깨끗하게 닦아'가 동작을 자세하게 설명해 주는 느낌이 들죠. 또 '~해 주세요'처럼 어떤 말들은 부사가 있어야만 의도를 파악할 수 있어요. 예를 들면 '조용히 해 주세요'처럼 부사를 붙이면 의도를 파악하기 쉬운 것처럼요. 형용사를 부사로 바꿔 말하는 방법을 배워 볼까요.

핵심 매트릭스

い형용사い → ~く な형용사だ → ~に		~히 / ~하게
~く ~に	+ 동사 ます형 + ましょう	~히 / 하게 ~합시다
	+ 동사 て형 + てください	~히 / 하게 ~해 주세요

- い형용사는 마지막 ~い를 ~く로 바꾸고, な형용사는 마지막 ~だ를 ~に로 바꾸면 부사형이 완성돼요.
- 부사의 역할은 원래 동사를 보조하는 것이니 뒤따라 동사가 등장하거나, 생략되었어도 동사가 있음을 암시해요.
- '빨리! 조용히!'처럼 부사 단독으로도 명령, 의뢰를 나타낼 수 있어요. 뒤에는 '빨리 먹어, 빨리 일어나, 조용히 해'처럼 '먹어, 일어나, 해' 같은 동사가 생략되어 있는 것이죠.
- 정중하게 요청하고 싶다면 뒤에 '~합시다, ~해 주세요'를 조합해서 말하면 된답니다.

집중 훈련 : 듣고 따라 하면서 표현을 내 것으로 만드세요.

	Step 1 한 뭉치씩 늘려서 듣기	Step 2 우리말 뜻 확인하기
01	よい。	좋다.
	よくできる。	잘하다.
	よくできました。	(참) 잘했어요.
02	大切(たいせつ)だ。	소중하다.
	大切にする。	소중히 하다.
	大切にします。	소중히 간직할게요. (= 잘 쓸게요.)
03	軽(かる)い。	가볍다.
	軽く一杯(いっぱい)。	가볍게 한잔.
	軽く一杯、どうですか。	가볍게 한잔, 어때요?
04	早(はや)い。	빠르다.
	早く帰(かえ)る。	빨리 집에 가다.
	今日(きょう)は早く帰りましょう。	오늘은 빨리 집에 갑시다.
05	静(しず)かだ。	조용하다.
	静かに歩(ある)く。	조용히 걷다.
	静かに歩きましょう。	조용히 걸읍시다.
06	きれいだ。	깨끗하다.
	きれいに洗(あら)う。	깨끗하게 씻다.
	手(て)をきれいに洗いましょう。	손을 깨끗하게 씻읍시다.
07	真面目(まじめ)だ。	진지하다.
	真面目に聞(き)く。	진지하게 듣다.
	真面目に聞いてください。	진지하게 들어 주세요.
08	簡単(かんたん)だ。	간단하다.
	簡単に説明(せつめい)する。	간단히 설명하다.
	簡単に説明してください。	간단히 설명해 주세요.

어휘 よい・いい 좋다 | できる 할 수 있다, 생기다, 다 되다 | 軽(かる)い 가볍다 | 一杯(いっぱい) 한 잔 | どうですか 어때요? | 大切(たいせつ)だ 소중하다 | 今日(きょう) 오늘 | 早(はや)い 빠르다 | 帰(かえ)る 돌아가다, 집에 가다 | 静(しず)かだ 조용하다 |

In15-1.mp3

Step 3 듣고 따라 하기	Step 4 일본어로 말하기
통문장 듣고 따라 말하기 □ 반복 듣기 □□□	(참) 잘했어요.
통문장 듣고 따라 말하기 □ 반복 듣기 □□□	소중히 간직할게요. (= 잘 쓸게요.)
통문장 듣고 따라 말하기 □ 반복 듣기 □□□	가볍게 한잔, 어때요?
통문장 듣고 따라 말하기 □ 반복 듣기 □□□	오늘은 빨리 집에 갑시다.
통문장 듣고 따라 말하기 □ 반복 듣기 □□□	조용히 걸읍시다.
통문장 듣고 따라 말하기 □ 반복 듣기 □□□	손을 깨끗하게 씻읍시다.
통문장 듣고 따라 말하기 □ 반복 듣기 □□□	진지하게 들어 주세요.
통문장 듣고 따라 말하기 □ 반복 듣기 □□□	간단히 설명해 주세요.

歩(ある)く 걷다 | 手(て) 손 | きれいだ 깨끗하다, 예쁘다 | 洗(あら)う 씻다 | 真面目(まじめ)だ 진지하다, 성실하다 | 聞(き)く 듣다 | 簡単(かんたん)だ 간단하다 | 説明(せつめい)する 설명하다

응용 말하기 : 앞에서 배운 내용을 응용해서 말해 봅시다.

In15-2.mp3

먼저 우리말을 보면서 음성을 들은 후 오른쪽 문장을 완성해 보세요. 빈칸에 써넣어도 좋고 눈으로 채워 넣어도 좋아요. 중요한 것은 '소리 내서 말하기'입니다. 익숙해지면 속도를 조금씩 올려 가며 반복해 보세요.

	Step 1 우리말 보면서 듣기	Step 2 10초 안에 말해 보기
01	얼굴을 부드럽게 닦읍시다.	____やさしく________。
02	물건을 소중히 씁시다.	物(もの)を大切(たいせつ)________。
03	간단하게 말하자면.	____言(い)うと。
04	가볍게 마시고 집에 갔어요.	____飲(の)んで________。
05	진지하게 해 주세요.	____やってください。
06	밤에는 조용히 해 주세요.	夜(よる)は____してください。
07	잘 들어 주세요.	____聞(き)い________。
08	빨리 오세요.	____来(き)________。

▶ 정답은 244쪽을 확인해 주세요.

어휘 顔(かお) 얼굴 | やさしい 부드럽다 | 物(もの) 물건 | 言(い)う 말하다 | やる 하다 | 夜(よる) 밤 | 聞(き)く 듣다 | 来(く)る 오다

DAY 16

~くなる・~になる

~하게 되다, ~해지다

강의 및 훈련 MP3

우리 아이가 달라졌어요, 날씨가 추워졌네요, 가격이 비싸졌어요. 이 문장들의 공통점은 무엇일까요? 바로 변화를 나타낸다는 것이죠? 예전에는 울보였던 우리 아이가 이제는 점잖아지고, 따뜻했던 날씨가 추워지고, 저렴했던 가격이 비싸지는 등 변화가 생겼다는 것을 의미하죠. 이럴 때 쓸 수 있는 일본어가 바로 なる '되다'입니다. 이번 시간에는 형용사, 명사 뒤에 동사 なる를 붙여서 사람·사물의 상태, 감정, 감각의 변화를 말하는 방법을 알아보겠습니다.

핵심 매트릭스

い형용사 い な형용사 だ	→ ~くなる ~になる	~하게 되다, ~해지다
명사 + になる		~이 되다

- 상태나 감정, 감각을 나타낼 때는 형용사를 쓰죠? 형용사 뒤에 '되다' なる를 붙이면 '춥다 → 추워지다, 비싸다 → 비싸지다, 깨끗하다 → 깨끗해지다'처럼 변화를 나타내는 표현이 완성됩니다. い형용사는 마지막 ~い를 ~くなる로 바꾸고, な형용사는 마지막 ~だ를 ~になる로 바꿔 주세요.
- 명사 뒤에 붙이면 '사람이나 사물이 어떤 상태에 도달했다'는 의미로 쓸 수 있어요. '스무살이 되다, 크리에이터가 되다, 친구가 되다'처럼 그렇지 않았던 사람과 사물의 상태에 변화가 생겼음을 나타낼 수 있습니다.

집중 훈련 : 듣고 따라 하면서 표현을 내 것으로 만드세요.

	Step 1 한 뭉치씩 늘려서 듣기	Step 2 우리말 뜻 확인하기
01	ひどい。	심하다.
	肩(かた)こりがひどくなる。	어깨결림이 심해지다.
	肩こりがひどくなりました。	어깨결림이 심해졌어요.
02	寒(さむ)い。	춥다.
	だいぶ寒くなる。	많이 추워지다.
	だいぶ寒くなりましたね。	(날씨가) 많이 추워졌네요.
03	黒(くろ)い。	까맣다.
	肌(はだ)が黒くなる。	피부가 까매지다.
	肌が黒くなりました。	피부가 까매졌어요.
04	良(よ)い。	좋다.
	すっかり良くなる。	완전히 좋아지다.
	すっかり良くなりました。	완전히 좋아졌어요(= 나았어요).
05	おしゃれだ。	세련되다.
	おしゃれになる。	세련돼지다.
	おしゃれになりました。	세련돼졌어요.
06	嫌(いや)だ。	싫다.
	自分(じぶん)が嫌になる。	내 자신이 싫어지다.
	自分が嫌になります。	제 자신이 싫어집니다.
07	二十歳(はたち)だ。	스무살이다.
	今年(ことし)で二十歳になる。	올해로 스무살이 되다.
	今年で二十歳になりました。	올해로 스무살이 됐어요.
08	カウンセラーだ。	카운셀러다.
	将来(しょうらい)カウンセラーになる。	장차 카운셀러가 되다.
	将来カウンセラーになりたいです。	장차 카운셀러가 되고 싶습니다.

어휘 肩(かた)こり 어깨결림 | ひどい 심하다 | だいぶ 꽤, 많이 | 寒(さむ)い 춥다 | 前(まえ) 전 | ～より ~보다 | 肌(はだ) 피부 | 黒(くろ)い 검다 | すっかり 완전히 | 良(よ)い 좋다 | おしゃれだ 세련되다 | 自分(じぶん) 내, 나, 자신 | 嫌(いや)だ 싫다 |

Step 3 듣고 따라 하기	Step 4 일본어로 말하기
통문장 듣고 따라 말하기 ☐ 반복 듣기 ☐☐☐	어깨결림이 심해졌어요.
통문장 듣고 따라 말하기 ☐ 반복 듣기 ☐☐☐	(날씨가) 많이 추워졌네요.
통문장 듣고 따라 말하기 ☐ 반복 듣기 ☐☐☐	피부가 까매졌어요.
통문장 듣고 따라 말하기 ☐ 반복 듣기 ☐☐☐	완전히 좋아졌어요(= 나았어요).
통문장 듣고 따라 말하기 ☐ 반복 듣기 ☐☐☐	세련돼졌어요.
통문장 듣고 따라 말하기 ☐ 반복 듣기 ☐☐☐	제 자신이 싫어집니다.
통문장 듣고 따라 말하기 ☐ 반복 듣기 ☐☐☐	올해로 스무살이 됐어요.
통문장 듣고 따라 말하기 ☐ 반복 듣기 ☐☐☐	장차 카운셀러가 되고 싶습니다.

今年(ことし)で 올해로 | 二十歳(はたち) 스무살 | 将来(しょうらい) 장래, 장차, 미래에 | カウンセラー 카운셀러

응용 말하기 : 앞에서 배운 내용을 응용해서 말해 봅시다.

In16-2.mp3

먼저 우리말을 보면서 음성을 들은 후 오른쪽 문장을 완성해 보세요. 빈칸에 써넣어도 좋고 눈으로 채워 넣어도 좋아요. 중요한 것은 '소리 내서 말하기'입니다. 익숙해지면 속도를 조금씩 올려 가며 반복해 보세요.

	Step 1 우리말 보면서 듣기	Step 2 10초 안에 말해 보기
01	충치가 심해졌어요.	虫歯(むしば)が＿＿＿＿＿。
02	많이 따뜻해졌네요.	だいぶ暖(あたた)か＿＿＿＿＿。
03	피부가 빨개졌어요.	＿＿赤(あか)＿＿＿＿＿。
04	감기는 많이 좋아졌어요.	風邪(かぜ)は＿＿＿＿＿。
05	이도 저도 다 싫어져요.	何(なに)もかも＿＿＿＿＿。
06	완전히 세련돼졌네요.	すっかり＿＿＿＿＿。
07	올해로 서른 둘이 됐어요.	＿＿で32＿＿＿＿＿。
08	나중에 크리에이터가 되고 싶어요.	将来(しょうらい)クリエーターに＿＿＿＿＿。

▶ 정답은 246쪽을 확인해 주세요.

어휘 虫歯(むしば) 충치 | 暖(あたた)かい 따뜻하다 | 風邪(かぜ) 감기 | 何(なに)もかも 이도 저도 | 今年(ことし) 올해 | クリエーター 크리에이터

DAY 17

やすい・にくい

하기 쉽다 vs. 하기 어렵다

강의 및 훈련 MP3

키우기 쉬워요, 입기 편해요, 잘 취해요, 설명하기 어려워요, 먹기 힘들어요. 서술어는 조금씩 다르지만 모두 난이도를 나타내는 표현이죠? 일본어로 난이도를 나타낼 때는 어떻게 말하면 좋을까요. ～やすい와 ～にくい만 기억하세요. 난이도가 쉬운 것은 [동사 + やすい], 어려운 것은 [동사 + にくい]로 쉽게 만들 수 있어요. 여러 예문을 접하면서 감각을 익혀 보세요.

핵심 매트릭스

동사 ます형+やすい	～하기 쉽다 ～하기 편하다 잘 되다 금방 되다
동사 ます형+にくい	～하기 어렵다 ～하기 힘들다 잘 안 되다 금방 안 되다

- [동사 ます형 + やすい], [동사 ます형 + にくい] 형태로 씁니다. 우리말에 대응되는 말이 참 많은데, ～やすい는 '하기 쉽다, 편하다, 잘 된다, 금방 된다' 등 두루두루 커버가 가능해요. ～にくい는 '하기 어렵다, 힘들다, 잘 안 된다, 금방 안 된다' 등을 모두 커버합니다. 난이도와 관련된 이야기를 하고 싶을 때 주저 없이 사용하시면 됩니다.
- ～やすい / ～にくい는 단독으로 やすいです / にくいです라고 쓰지 않아요. 이렇게 동사 뒤에 붙여서 보조적으로만 씁니다. 한자는 易い / 難い지만 한자로는 쓰지 않아요. 동음이의어인 '싸다' 安い, '밉다' 憎い와 헷갈리지 않도록 알아만 두시면 됩니다.

집중 훈련 : 듣고 따라 하면서 표현을 내 것으로 만드세요.

	Step 1 한 뭉치씩 늘려서 듣기	Step 2 우리말 뜻 확인하기
01	使(つか)う。	쓰다.
	このマウス、使いやすい。	이 마우스, 쓰기 쉽다.
	このマウス、使いやすいですね。	이 마우스, 쓰기 편하네요.
02	話(はな)す。	이야기하다.
	先輩(せんぱい)には話しやすい。	선배한테는 이야기하기 쉽다.
	先輩にはなぜか話しやすいです。	선배한테는 왠지 이야기하기 편해요.
03	見(み)る。	보다.
	スマホより見やすい。	스마트폰보다 보기 쉽다.
	スマホよりテレビの方(ほう)が見やすいです。	스마트폰보다 TV가 더 보기 편해요.
04	惚(ほ)れる。	반하다.
	惚れやすい性格(せいかく)。	금방 반하는 성격.
	惚れやすい性格です。	금방 반하는 성격이에요.
05	飲(の)む。	마시다.
	飲みやすい日本酒(にほんしゅ)。	마시기 쉬운 일본 술(사케).
	飲みやすい日本酒は何(なん)ですか。	마시기 쉬운 일본 술은 뭐예요?
06	通(とお)る。	지나가다.
	狭(せま)くて通りにくい。	좁아서 지나가기 어렵다.
	道(みち)が狭くて通りにくいです。	길이 좁아서 지나가기 힘들어요.
07	説明(せつめい)する。	설명하다.
	ちょっと説明しにくい。	좀 설명하기 어렵다.
	ちょっと説明しにくいんですが…。	좀 설명하기 어렵긴 한데요 ….
08	読(よ)む。	읽다.
	長(なが)くて読みにくい。	길어서 읽기 힘들다.
	長くて読みにくいとは思(おも)いますが…。	길어서 읽기 힘들 것 같긴 한데요 ….

어휘 この 이 | マウス 마우스 | 使(つか)う 쓰다 | 先輩(せんぱい) 선배 | なぜか 왠지 | 話(はな)す 이야기하다 | スマホ 스마트폰 | ~より ~보다 | テレビ TV, 텔레비전 | 方(ほう) 쪽 | 見(み)る 보다 | 惚(ほ)れる 반하다 | 性格(せいかく) 성격 |

In17-1.mp3

Step 3 듣고 따라 하기	Step 4 일본어로 말하기
통문장 듣고 따라 말하기 □ 반복 듣기 □□□	이 마우스, 쓰기 편하네요.
통문장 듣고 따라 말하기 □ 반복 듣기 □□□	선배한테는 왠지 이야기하기 편해요.
통문장 듣고 따라 말하기 □ 반복 듣기 □□□	스마트폰보다 TV가 더 보기 편해요.
통문장 듣고 따라 말하기 □ 반복 듣기 □□□	금방 반하는 성격이에요.
통문장 듣고 따라 말하기 □ 반복 듣기 □□□	마시기 쉬운 일본 술은 뭐예요?
통문장 듣고 따라 말하기 □ 반복 듣기 □□□	길이 좁아서 지나가기 힘들어요.
통문장 듣고 따라 말하기 □ 반복 듣기 □□□	좀 설명하기 어렵긴 한데요 ….
통문장 듣고 따라 말하기 □ 반복 듣기 □□□	길어서 읽기 힘들 것 같긴 한데요 ….

飲(の)む 마시다 | 日本酒(にほんしゅ) 일본 술, 사케 | 何(なん) 무엇 | ～ですか ~입니까 | 道(みち) 길 | 狭(せま)い 좁다 | 通(とお)る 지나가다 | ちょっと 조금 | 説明(せつめい) 설명 | 長(なが)い 길다 | 読(よ)む 읽다 | 思(おも)う 생각하다

응용 말하기 : 앞에서 배운 내용을 응용해서 말해 봅시다.

In17-2.mp3

먼저 우리말을 보면서 음성을 들은 후 오른쪽 문장을 완성해 보세요. 빈칸에 써넣어도 좋고 눈으로 채워 넣어도 좋아요. 중요한 것은 '소리 내서 말하기'입니다. 익숙해지면 속도를 조금씩 올려 가며 반복해 보세요.

	Step 1 우리말 보면서 듣기	Step 2 10초 안에 말해 보기
01	이 어플, 쓰기 편하네요.	このアプリ、＿＿＿＿＿＿。
02	그녀에겐 왠지 말하기 편해요.	彼女(かのじょ)にはなぜか＿＿＿＿＿＿。
03	PC보다 종이 쪽이 더 보기 편해요.	パソコン＿＿＿紙(かみ)＿＿＿＿＿＿＿＿。
04	잘 상처 받는 성격이에요.	傷(きず)つき＿＿＿＿＿＿。
05	마시기 쉬운 칵테일은 뭐예요?	＿＿＿＿カクテルは何(なん)ですか。
06	사람이 많아서 지나가기 힘들어요.	人(ひと)が多(おお)くて＿＿＿＿＿です。
07	좀 말하기 힘들긴 한데요….	ちょっと言(い)い＿＿＿＿＿＿…。
08	악필이라 읽기 힘들 것 같긴 한데요….	字(じ)が下手(へた)で、＿＿＿＿＿とは＿＿＿＿＿…。

▶ 정답은 247쪽을 확인해 주세요.

어휘 アプリ 어플 | 彼女(かのじょ) 그녀 | パソコン PC, 컴퓨터 | 紙(かみ) 종이 | 傷(きず)つく 상처 받다 | カクテル 칵테일 | 人(ひと) 사람 | 多(おお)い 많다 | 言(い)う 말하다 | 字(じ) 글씨 | 下手(へた)だ 서투르다

DAY 18

～すぎる

너무해 너무해!

강의 및 훈련 MP3

너무 비싸, 너무 아파, 너무 조용해, 너무 많이 먹었어, 드라마 너무 많이 보셨네. 모두 '너무 ～하다', '지나치게 ～하다'라는 표현이죠? 일정 수준을 넘어 도가 지나칠 때 쓰는 표현은 일본어로 ～すぎる입니다. 형용사, 동사 뒤에 붙여서 쓰거나 '과식, 과음'처럼 명사로 바꿔서 쓸 수도 있죠. 과거에는 부정적인 의미일 때 쓰였지만 최근에는 '너무 예뻐, 너무 아름다워, 너무 대단해!'처럼 긍정적인 상황에도 많이 쓰여요. 이번 시간을 통해 다양한 활용법을 꼭 숙지해 두세요.

핵심 매트릭스

い형용사 ~~い~~ な형용사 ~~だ~~ 동사 ます형	+ すぎる	너무 ～하다
～過(す)ぎ		너무 ～함(과식, 과음)

- すぎる는 형용사·동사 뒤에 붙여서 보조 동사로 쓰면 어떤 상태나 동작이 일정 수준을 넘어섰다는 의미로 쓰여요. 우리말 '너무·많이·과하게·지나치게 ～하다'로 해석할 수 있습니다.
- い형용사는 い를 빼고 '痛い 아프다 → 痛すぎる 너무 아프다, な형용사는 だ를 빼고 静かだ 조용하다 → 静かすぎる 너무 조용하다', 동사는 ます형 뒤에 붙여요. '飲む 마시다 → 飲みすぎる 너무 많이 마시다, 食べる → 食べすぎる 너무 많이 먹다, 勉強する 공부하다 → 勉強しすぎる 공부를 너무 많이 하다'처럼 연결해 주세요.
- すぎる를 ます형으로 바꾸면 명사처럼 쓸 수 있어요. 이 경우 ～過ぎ처럼 한자를 그대로 남겨 두는 경우도 많아요. 食べ過ぎ(너무 많이 먹음 = 과식), 飲み過ぎ(너무 많이 마심 = 과음) 이렇게 명사가 된다는 것, 함께 알아둡시다.

어휘 過(す)ぎる (장소를) 지나가다, (때가) 지나다, 정도가 지나치다

집중 훈련 : 듣고 따라 하면서 표현을 내 것으로 만드세요.

	Step 1 한 뭉치씩 늘려서 듣기	Step 2 우리말 뜻 확인하기
01	つらい。	힘들다.
	つらすぎる。	너무 힘들다.
	朝(あさ)がつらすぎます。	아침이 너무 힘들어요.
02	派手(はで)だ。	화려하다.
	派手すぎる。	너무 화려하다.
	この髪型(かみがた)、派手すぎませんか。	이 헤어 스타일, 너무 화려하지 않나요?
03	塗(ぬ)る。	바르다.
	クリームを塗りすぎる。	크림을 너무 많이 바르다.
	クリームを塗りすぎました。	크림을 너무 많이 발랐습니다.
04	しゃべりすぎる。	말을 너무 많이 하다.
	しゃべりすぎて、のどが痛(いた)い。	말을 너무 많이 했더니 목이 아프다.
	しゃべりすぎて、のどが痛いです。	말을 너무 많이 했더니 목이 아파요.
05	アイスを食(た)べすぎる。	아이스크림을 너무 많이 먹다.
	アイスを食(た)べすぎて、お腹(なか)を壊(こわ)した。	아이스크림을 너무 많이 먹어서 배탈이 났다.
	アイスを食べすぎて、お腹を壊しました。	아이스크림을 너무 많이 먹어서 배탈이 났어요.
06	嬉(うれ)しすぎる。	너무 기쁘다.
	嬉しすぎて、涙(なみだ)が止(と)まらない。	너무 기뻐서 눈물이 멈추지 않는다.
	嬉しすぎて、涙が止まりません。	너무 기뻐서 눈물이 멈추지 않아요.
07	飲(の)み過(す)ぎだ。	과음이다.
	飲み過ぎです。	과음이에요.
	お酒(さけ)飲み過ぎですよ。	술 너무 많이 마시는 거 아니에요?
08	食(た)べ過(す)ぎだ。	과식이다.
	食べ過ぎは、良(よ)くない。	과식은 좋지 않다.
	食べ過ぎは、体(からだ)に良くないですよ。	과식은 몸에 안 좋아요.

어휘 朝(あさ) 아침 | つらい 힘들다, 괴롭다 | この 이 | 髪型(かみがた) 머리 모양, 헤어 스타일 | 派手(はで)だ 화려하다 | クリーム 크림 | 塗(ぬ)る 바르다 | 嬉(うれ)しい 기쁘다 | 涙(なみだ) 눈물 | 止(と)まる 멈추다 | しゃべる 말하다, 수다 떨다 | のど 목

In18-1.mp3

Step 3 듣고 따라 하기	Step 4 일본어로 말하기
통문장 듣고 따라 말하기 ☐ 반복 듣기 ☐☐☐	아침이 너무 힘들어요.
통문장 듣고 따라 말하기 ☐ 반복 듣기 ☐☐☐	이 헤어 스타일, 너무 화려하지 않나요?
통문장 듣고 따라 말하기 ☐ 반복 듣기 ☐☐☐	크림을 너무 많이 발랐습니다.
통문장 듣고 따라 말하기 ☐ 반복 듣기 ☐☐☐	말을 너무 많이 했더니 목이 아파요.
통문장 듣고 따라 말하기 ☐ 반복 듣기 ☐☐☐	아이스크림을 너무 많이 먹어서 배탈이 났어요.
통문장 듣고 따라 말하기 ☐ 반복 듣기 ☐☐☐	너무 기뻐서 눈물이 멈추지 않아요.
통문장 듣고 따라 말하기 ☐ 반복 듣기 ☐☐☐	술 너무 많이 마시는 거 아니에요?
통문장 듣고 따라 말하기 ☐ 반복 듣기 ☐☐☐	과식은 몸에 안 좋아요.

| 痛(いた)い 아프다 | アイス 아이스크림(바 종류) | 食(た)べる 먹다 | お腹(なか) 배 | 壊(こわ)す 탈내다, 부수다 | お腹(なか)を壊(こわ)す 배탈 나다 | お酒(さけ) 술 | 飲(の)み過(す)ぎ 과음 | 食(た)べ過(す)ぎ 과식 | 体(からだ) 몸 | 良(よ)い 좋다

응용 말하기 : 앞에서 배운 내용을 응용해서 말해 봅시다.

In18-2.mp3

먼저 우리말을 보면서 음성을 들은 후 오른쪽 문장을 완성해 보세요. 빈칸에 써넣어도 좋고 눈으로 채워 넣어도 좋아요. 중요한 것은 '소리 내서 말하기'입니다. 익숙해지면 속도를 조금씩 올려 가며 반복해 보세요.

	Step 1 우리말 보면서 듣기	Step 2 10초 안에 말해 보기
01	일이 너무 힘들어요.	仕事(しごと)が__________。
02	이 색깔, 너무 화려하지 않나요?	この色(いろ)、__________。
03	오일을 너무 많이 발랐어요.	オイルを__________。
04	너무 슬퍼서 눈물이 멈추지 않아요.	悲(かな)し______、涙(なみだ)が__________。
05	수다를 너무 떨었더니 머리가 아파요.	__________、頭(あたま)が痛(いた)いです。
06	빙수를 너무 많이 먹어서 배탈이 났어요.	かき氷(ごおり)を__________、お腹(なか)を壊(こわ)しました。
07	사토 씨, 커피 너무 많이 마시는 거 아니에요?	佐藤(さとう)さん、コーヒー__________。
08	지나친 흡연은 몸에 안 좋아요.	タバコの__________、体(からだ)に良(よ)くないですよ。

▶ 정답은 248쪽을 확인해 주세요.

어휘 仕事(しごと) 일 | 色(いろ) 색깔 | オイル 오일 | 悲(かな)しい 슬프다 | 頭(あたま) 머리 | かき氷(ごおり) 빙수 | 佐藤(さとう) 사토 | コーヒー 커피 | タバコ 담배 | 吸(す)う 피우다 | 吸(す)い過(す)ぎ 지나친 흡연

DAY 19

~てみる・~ておく

해 보다 & 해 두다

강의 및 훈련 MP3

한국어처럼 일본어 역시 말끝을 약간만 변화시도 뉘앙스가 달라져요. '제가 먹을게요, 제가 한번 먹어 볼게요'처럼 '~해 보다'라는 말이 가미되면 뭔가를 시도한다는 뉘앙스가 강해지죠? 한편 '이미 예약했어요'보다는 '이미 예약해 두었어요' 쪽이 어떤 일을 대비해 준비한다는 뉘앙스가 가미돼죠. 시도를 나타내는 '해 보다', 준비를 나타내는 '해 두다', 일본어로는 어떻게 말하면 좋을까요? 이번 시간을 통해 알아보겠습니다.

핵심 매트릭스

동사 て형 + てみる	~해 보다
동사 て형 + ておく	~해 두다, ~해 놓다

* て형을 만드는 방법은 부록 287~290쪽을 참조해 주세요.

- 흥미롭게도 '~해 보다, ~해 두다'는 동사는 て형으로 바꾸고 뒤에 '보다' みる를 붙이면 ~てみる '해 보다', '두다' おく를 붙이면 ~ておく '해 두다'가 돼요.
- ~てみる는 2그룹 형태로, ~ておく는 1그룹 형태로 활용됩니다.
- 見(み)る, 置(お)く를 본래 의미로 단독으로 쓸 때는 한자로 쓰지만 ~てみる와 ~ておく로 쓸 때는 앞 동사의 보조적인 역할을 하는 것이기 때문에 히라가나로 쓴답니다.

어휘 見(み)る (눈으로) 보다 | ~てみる ~해 보다(시도하다) | 置(お)く (~에) 두다, 설치하다 | ~ておく ~해 두다(준비하다)

집중 훈련 : 듣고 따라 하면서 표현을 내 것으로 만드세요.

	Step 1 한 뭉치씩 늘려서 듣기	Step 2 우리말 뜻 확인하기
01	考(かんが)える。	생각하다.
	考えてみる。	생각해 보다.
	ちょっと考えてみます。	좀 생각해 보겠습니다.
02	やる。	하다.
	やってみる。	해 보다.
	なんとかやってみます。	어떻게든 해 볼게요.
03	行(い)く。	가다.
	行ってみる。	가 보다.
	初(はじ)めて行ってみました。	처음 가 봤어요.
04	食(た)べてみる。	먹어 보다.
	食べてみたい。	먹어 보고 싶다.
	一度(いちど)食べてみたいですね。	한번 먹어 보고 싶네요.
05	調(しら)べてみる。	알아보다.
	調べてみた。	알아봤다.
	調べてみたんですが、よく分(わ)かりません。	알아봤는데 잘 모르겠어요.
06	入(い)れる。	넣다.
	入れておく。	넣어 두다.
	冷蔵庫(れいぞうこ)に入れておきますね。	냉장고에 넣어 둘게요.
07	予約(よやく)する。	예약하다.
	予約しておく。	예약해 두다.
	ネットで予約しておきました。	인터넷으로 예약해 놨어요.
08	知(し)っておく。	알아 두다.
	知っておくと便利(べんり)だ。	알아 두면 편리하다.
	これは知っておくと便利ですよ。	이건 알아 두면 편리해요.

어휘 ちょっと 조금, 잠깐 | 考(かんが)える 생각하다 | 一度(いちど) 한 번, 한번 | 食(た)べる 먹다 | 初(はじ)めて 처음 | 行(い)く 가다 | よく 잘 | 分(わ)かる 알다, 이해하다 | 冷蔵庫(れいぞうこ) 냉장고 | 入(い)れる 넣다 | ネット 인터넷 |

In19-1.mp3

Step 3 듣고 따라 하기	Step 4 일본어로 말하기
통문장 듣고 따라 말하기 ☐ 반복 듣기 ☐☐☐	좀 생각해 보겠습니다.
통문장 듣고 따라 말하기 ☐ 반복 듣기 ☐☐☐	어떻게든 해 볼게요.
통문장 듣고 따라 말하기 ☐ 반복 듣기 ☐☐☐	처음 가 봤어요.
통문장 듣고 따라 말하기 ☐ 반복 듣기 ☐☐☐	한번 먹어 보고 싶네요.
통문장 듣고 따라 말하기 ☐ 반복 듣기 ☐☐☐	알아봤는데 잘 모르겠어요.
통문장 듣고 따라 말하기 ☐ 반복 듣기 ☐☐☐	냉장고에 넣어 둘게요.
통문장 듣고 따라 말하기 ☐ 반복 듣기 ☐☐☐	인터넷으로 예약해 놨어요.
통문장 듣고 따라 말하기 ☐ 반복 듣기 ☐☐☐	이건 알아 두면 편리해요.

予約(よやく)する 예약하다 | これ 이것 | 知(し)る 알다 | ～と ~하면 | 便利(べんり)だ 편리하다

응용 말하기 : 앞에서 배운 내용을 응용해서 말해 봅시다.

In19-2.mp3

먼저 우리말을 보면서 음성을 들은 후 오른쪽 문장을 완성해 보세요. 빈칸에 써넣어도 좋고 눈으로 채워 넣어도 좋아요. 중요한 것은 '소리 내서 말하기'입니다. 익숙해지면 속도를 조금씩 올려 가며 반복해 보세요.

	Step 1 우리말 보면서 듣기	Step 2 10초 안에 말해 보기
01	잠깐 인터넷으로 알아볼게요.	______ネットで________。
02	처음 써 봤어요.	_____使(つか)っ_______。
03	한번 가 보고 싶네요.	___行(い)っ________ね。
04	다섯 명으로 예약해 둘게요.	5人(にん)で__________ね。
05	생각해 봤는데요, 잘 모르겠어요.	_______んですが、 よく分(わ)かりません。
06	해 봤는데요, 잘 안 됐어요.	___________、 うまくできませんでした。
07	다운로드 폴더에 넣어 뒀어요.	ダウンロードフォルダーに __________。
08	이건 익혀 두면 편리해요.	これは覚(おぼ)えて_________。

▶ 정답은 250쪽을 확인해 주세요.

어휘 使(つか)う 쓰다 | 5人(ごにん) 다섯 명 | ~で ~으로 | ダウンロードフォルダー 다운로드 폴더 | 覚(おぼ)える 외우다, 익히다

DAY 20

~てしまう

아차차 ~해 버렸다!

강의 및 훈련 MP3

난 그만 울어 버렸어, 사랑에 빠져 버렸지, 나는 취해 버렸네. 화자의 의도와는 반대되는 상황이 일어났을 때 '~해 버리다', '~하고 말다'를 쓰는데요. 일본어로는 ~てしまう를 쓸 수 있어요. ~てしまう를 써서 결과에 대한 후회와 당혹감을 전달하는 방법을 알아봅시다.

핵심 매트릭스

동사 て형	+てしまう(=ちゃう)	~해 버리다 ~하고 말다
つい ついつい	동사 て형+てしまう	무심코 · 그만 · 자꾸 ~하게 되다

- しまう는 원래 '끝나다, 치우다'라는 종료의 의미가 있어요. 동사 뒤에 붙여서 앞의 동작이나 작용이 완료되었다는 의미를 나타내죠. 동사에 따라서는 그 동작이나 작용으로 인해 유감, 후회, 당혹, 곤란함을 느낀다는 뉘앙스를 전달할 수 있습니다.
- 그래서 나쁜 습관을 쓸 때도 유용해요. 앞에 つい를 넣어서 무심코 '~해 버리다, 자꾸 ~하게 된다'고 말하면 된답니다. つい를 두 번 말해서 강조하는 ついつい를 쓰면 우리말 '자꾸자꾸'라는 어감을 전달할 수 있어요.
- 단, ~てしまう가 부정적인 의미로만 쓰이는 건 아니에요. '반해 버리다' 같은 긍정적인 의미에도 쓸 수 있고 단순히 '완료됐다, 해치웠다'는 뉘앙스로도 쓸 수 있어요. 결국 중요한 건 맥락이라 생각하면 됩니다.
- 회화 때는 ~てしまう를 줄여서 ~ちゃう라고 말해요.
- ~てしまう · ~ちゃう 모두 1그룹 동사 형태로 활용됩니다.

어휘 しまう 끝나다, 치우다 | つい 무심코, 자꾸, 그만 | ついつい 자꾸자꾸, 나도 모르게

집중 훈련 : 듣고 따라 하면서 표현을 내 것으로 만드세요.

	Step 1 한 뭉치씩 늘려서 듣기	Step 2 우리말 뜻 확인하기
01	日焼(ひや)けする。	햇볕에 타다.
	日焼けしてしまう。	햇볕에 타 버리다.
	日焼けしてしまいました。	햇볕에 타 버렸어요.
02	指(ゆび)を切(き)る。	손가락을 베이다.
	指を切ってしまう。	손가락을 베이고 말다.
	指を切ってしまいました。	손가락을 베이고 말았어요.
03	捨(す)てる。	버리다.
	結婚指輪(けっこんゆびわ)を捨ててしまう。	결혼반지를 버려 버리다.
	間違(まちが)えて結婚指輪を捨ててしまいました。	잘못해서 결혼반지를 버려 버렸어요.
04	伸(の)びる。	자라다.
	すぐ伸びてしまう。	금방 자라 버린다.
	髪(かみ)の毛(け)がすぐ伸びてしまいます。	머리가 금방 자라 버려요.
05	一目惚(ひとめぼ)れする。	첫눈에 반하다.
	一目惚れしてしまう。	첫눈에 반해 버리다.
	一目惚れしちゃいました。	첫눈에 반해 버렸어요.
06	飲(の)む。	마시다.
	全部(ぜんぶ)飲んでしまう。	다 마셔 버리다.
	スープも全部飲んじゃいました。	국물도 다 마셔 버렸어요.
07	つい食(た)べてしまう。	자꾸 먹게 된다.
	つい食べてしまいます。	자꾸 먹게 돼요.
	おいしくて、つい食べてしまいます。	맛있어서 자꾸 먹게 돼요.
08	ついつい買(か)ってしまう。	자꾸자꾸 사게 된다.
	ついつい買ってしまいます。	자꾸자꾸 사게 돼요.
	安(やす)くて、ついつい買ってしまいます。	싸서 자꾸자꾸 사게 돼요.

어휘 日焼(ひや)けする 살이 타다 | 指(ゆび) 손가락 | 切(き)る 자르다, 베다 | 一目惚(ひとめぼ)れする 첫눈에 반하다 | スープ 국물 | 全部(ぜんぶ) 전부, 다 | 飲(の)む 마시다 | 間違(まちが)える 잘못하다 | 結婚(けっこん) 결혼 | 指輪(ゆびわ) 반지 |

In20-1.mp3

Step 3 듣고 따라 하기	Step 4 일본어로 말하기
통문장 듣고 따라 말하기 □ 반복 듣기 □□□	햇볕에 타 버렸어요.
통문장 듣고 따라 말하기 □ 반복 듣기 □□□	손가락을 베이고 말았어요.
통문장 듣고 따라 말하기 □ 반복 듣기 □□□	잘못해서 결혼반지를 버려 버렸어요.
통문장 듣고 따라 말하기 □ 반복 듣기 □□□	머리가 금방 자라 버려요.
통문장 듣고 따라 말하기 □ 반복 듣기 □□□	첫눈에 반해 버렸어요.
통문장 듣고 따라 말하기 □ 반복 듣기 □□□	국물도 다 마셔 버렸어요.
통문장 듣고 따라 말하기 □ 반복 듣기 □□□	맛있어서 자꾸 먹게 돼요.
통문장 듣고 따라 말하기 □ 반복 듣기 □□□	싸서 자꾸자꾸 사게 돼요.

捨(す)てる 버리다 | おいしい 맛있다 | 食(た)べる 먹다 | 安(やす)い 싸다 | 買(か)う 사다

응용 말하기 : 앞에서 배운 내용을 응용해서 말해 봅시다.

In20-2.mp3

먼저 우리말을 보면서 음성을 들은 후 오른쪽 문장을 완성해 보세요. 빈칸에 써넣어도 좋고 눈으로 채워 넣어도 좋아요. 중요한 것은 '소리 내서 말하기'입니다. 익숙해지면 속도를 조금씩 올려 가며 반복해 보세요.

	Step 1 우리말 보면서 듣기	Step 2 10초 안에 말해 보기
01	또 사 버렸어요.	また＿＿＿＿＿＿。
02	단숨에 다 읽어 버렸어요.	一気(いっき)に＿＿＿読(よ)ん＿＿＿＿＿＿。
03	모르고 결혼사진을 버려 버렸어요.	＿＿＿＿結婚写真(けっこんしゃしん)を＿＿＿＿＿＿＿＿＿＿。
04	머리를 부딪히고 말았어요.	頭(あたま)を打(う)っ＿＿＿＿＿＿。
05	티셔츠가 늘어나고 말았어요.	Tシャツが＿＿＿＿＿＿。
06	앞머리를 너무 많이 잘라 버렸어요.	前髪(まえがみ)を＿＿＿＿＿＿。
07	맛있어서 자꾸 많이 마시게 되는데요.	＿＿＿＿、つい＿＿＿＿てしまいます。
08	집에 있으면 자꾸자꾸 과식하게 돼요.	家(いえ)にいると、＿＿＿＿食(た)べ過(す)ぎ＿＿＿＿＿＿。

▶ 정답은 252쪽을 확인해 주세요.

어휘 一気(いっき)に 단숨에, 한번에 | 読(よ)む 읽다 | 頭(あたま) 머리 | 打(う)つ 때리다, 부딪히다 | Tシャツ・ティーシャツ 티셔츠 | 前髪(まえがみ) 앞머리 | 切(き)りすぎる 너무 많이 자르다 | 写真(しゃしん) 사진 | 飲(の)み過(す)ぎる 많이 마시다, 과음하다 | 食(た)べ過(す)ぎる 과식하다 | 家(いえ)にいる 집에 있다 | ～と ~하면

DAY 21

오노마토페

의성어 · 의태어로 말하기

강의 및 훈련 MP3

'피부가 마치 물기를 머금은 듯하다' 이 말을 간략하게 줄인다면? 맞아요, '촉촉하다'를 떠올린 분들이 많으시죠? 이런 의성어 · 의태어를 일본에서는 '오노마토페'라 불러요. 우리는 살면서 수많은 의성어 · 의태어에 노출되고 사회적으로 학습해 갑니다. 때문에 같은 언어 사용자들이라면 특정 의성어 · 의태어를 들었을 때 대개 비슷한 이미지를 떠올리게 되죠. 긴 설명 없이 의미를 효율적으로 전달할 수 있고 말에 생동감을 불어넣는 일본어의 의성어 · 의태어 활용법을 연습해 봅시다.

핵심 매트릭스

■ 오노마토페를 부사로 쓰기

오노마토페 + 동사·형용사 ~하게

■ 오노마토페를 동사로 쓰기

오노마토페 + する ~하다

■ 오노마토페를 단독 또는 です와 쓰기

오노마토페 + です ~입니다

- 오노마토페는 부사처럼 쓸 수 있어요. [잘 + 먹다]처럼 뒤에 나오는 서술어를 꾸며 주고 설명해 주는 것이죠.
- [오노마토페 + する] 형태로 동사로 쓸 수도 있어요. [따끔따끔 + 하다] 형태가 해당되죠.
- 오노마토페로 문장을 끝내거나 です와 붙여 쓸 수도 있어요. [준비 + 끝!](←이 부분이 오노마토페) 이렇게 말이에요.
- 모든 오노마토페가 세 가지 용법을 다 가지는 것은 아니에요. 어휘별, 의미별로 쓰임새가 다르기 때문이죠. 또 오노마토페는 직역했을 때 한국어로 일대일 대응이 되지 않는 경우가 많기 때문에 막상 쓰려고 하면 잘 안 나올 수 있어요. 그래서 어떤 상황에 쓰이는지 여러 문장을 통해 감각을 익히는 게 중요해요. 이번 시간을 통해 기본적인 콘셉트를 익혀 본 후 오노마토페가 나올 때마다 유심히 살펴보고 문장을 통으로 외우는 방법을 추천합니다.

집중 훈련 : 듣고 따라 하면서 표현을 내 것으로 만드세요.

	Step 1 한 뭉치씩 늘려서 듣기	Step 2 우리말 뜻 확인하기
01	ちゃんと食(た)べる。	잘 먹다.
	ちゃんと食べていますか。	잘 먹고 있어요?
	ご飯(はん)、ちゃんと食べていますか。	밥 잘 챙겨 먹고 있어요?
02	しっかり食べる。	든든하게 먹다.
	しっかり食べています。	든든하게 먹고 있어요.
	毎朝(まいあさ)しっかり食べています。	매일 아침 든든하게 먹고 있어요.
03	バッチリ！	완벽!
	準備(じゅんび)バッチリ！	준비 완벽!
	準備バッチリです！	준비 다 됐어요!
04	ペラペラだ。	술술이다.
	日本語(にほんご)がペラペラだ。	일본어가 술술이다.
	日本語、ペラペラですね。	일본어 유창하네요.
05	びっくりする。	깜짝 놀라다.
	びっくりしました。	깜짝 놀랐어요.
	ニュースを見(み)て、びっくりしました。	뉴스를 보고 깜짝 놀랐어요.
06	バタバタする。	허둥대다.
	バタバタしちゃう。	허둥대고 만다.
	朝(あさ)からバタバタしちゃいました。	아침부터 정신없었어요.
07	ヒリヒリする。	얼얼하다.
	辛(から)くて、ヒリヒリする。	매워서 얼얼하다.
	辛くて、口(くち)の中(なか)がヒリヒリしました。	매워서 입안이 얼얼했습니다.
08	わいわいする。	왁자지껄하다.
	皆(みんな)でわいわいする。	다 같이 왁자지껄하다.
	皆でわいわいするのが好(す)きです。	다 같이 왁자지껄하는 걸 좋아해요.

어휘 毎朝(まいあさ) 매일 아침 | しっかり 든든하게, 똑똑히 | 食(た)べる 먹다 | ご飯(はん) 밥 | ちゃんと 잘, 충분히, 제대로 | 準備(じゅんび) 준비 | バッチリ 딱, 완벽하게, 빈틈 없이 | 日本語(にほんご) 일본어 | ペラペラ 술술, 나불나불 | ニュース 뉴스 |

In21-1.mp3

Step 3 듣고 따라 하기	Step 4 일본어로 말하기
통문장 듣고 따라 말하기 □ 반복 듣기 □□□	밥 잘 챙겨 먹고 있어요?
통문장 듣고 따라 말하기 □ 반복 듣기 □□□	매일 아침 든든하게 먹고 있어요.
통문장 듣고 따라 말하기 □ 반복 듣기 □□□	준비 다 됐어요!
통문장 듣고 따라 말하기 □ 반복 듣기 □□□	일본어 유창하네요.
통문장 듣고 따라 말하기 □ 반복 듣기 □□□	뉴스를 보고 깜짝 놀랐어요.
통문장 듣고 따라 말하기 □ 반복 듣기 □□□	아침부터 정신없었어요.
통문장 듣고 따라 말하기 □ 반복 듣기 □□□	매워서 입안이 얼얼했습니다.
통문장 듣고 따라 말하기 □ 반복 듣기 □□□	다 같이 왁자지껄하는 걸 좋아해요.

見(み)る 보다 | びっくり 깜짝 | びっくりする 놀라다 | 朝(あさ) 아침 | ～から ~부터 | バタバタ 허둥지둥 | バタバタする 허둥대다, 정신없다 | 辛(から)い 맵다 | 口(くち) 입 | 中(なか) 안 | ヒリヒリ 얼얼, 따끔따끔 | ヒリヒリする 얼얼하다, 쓰라리다 | 皆(みな·みんな) 모두, 다 | わいわい 왁자지껄, 시끌벅적 | わいわいする 왁자지껄하다, 떠들썩하게 놀다 | 好(す)きだ 좋다

응용 말하기 : 앞에서 배운 내용을 응용해서 말해 봅시다.

In21-2.mp3

먼저 우리말을 보면서 음성을 들은 후 오른쪽 문장을 완성해 보세요. 빈칸에 써넣어도 좋고 눈으로 채워 넣어도 좋아요. 중요한 것은 '소리 내서 말하기'입니다. 익숙해지면 속도를 조금씩 올려 가며 반복해 보세요.

	Step 1 우리말 보면서 듣기	Step 2 10초 안에 말해 보기
01	일도 열심히 하고 있어요.	仕事(しごと)も＿＿＿＿していますよ。
02	친구들과 신나게 마셨습니다.	友達(ともだち)と＿＿＿＿飲(の)みました。
03	항상 혼자 나불나불 떠들잖아요.	いつも一人(ひとり)で＿＿＿＿しゃべるんですよね。
04	정신 차리세요.	＿＿＿＿してください。
05	노래를 너무 잘해서 좀 놀랐어요.	歌(うた)がうますぎて、ちょっと＿＿＿＿＿＿＿＿。
06	이걸로 외출 준비도 끝!	これでお出(で)かけ＿＿も＿＿＿＿！
07	정신없어서 잊어버렸어요.	＿＿＿＿しちゃって、忘(わす)れてしまいました。
08	햇볕에 그을려서 따끔따끔 아파요.	日焼(ひや)けしちゃって、＿＿＿＿します。

▶ 정답은 254쪽을 확인해 주세요.

어휘 仕事(しごと) 일 | 友達(ともだち) 친구 | 飲(の)む 마시다 | いつも 항상 | 一人(ひとり) 혼자 | しゃべる 떠들다, 수다 떨다 | 歌(うた) 노래 | うまい 잘하다, 능숙하다 | ちょっと 조금 | これで 이것으로 | お出(で)かけ 외출 | 忘(わす)れる 잊다 | 日焼(ひや)けする 타다

DAY 22

~に行く・~に来る

~하러 가다 · ~하러 오다

강의 및 훈련 MP3

이번 주말 여러분은 무엇을 할 예정이세요? 친구들과 영화를 보러 가시나요? 가족끼리 외식하러 가시나요? 부모님이 놀러 오신다고요? 이렇게 목적을 가지고 이동을 할 때 '~하러 가다 · ~하러 오다'라는 말을 쓰죠? 일본어로는 ～に行(い)く · 来(く)る 형태로 표현할 수 있어요. 한 가지 더! 일본어는 동작성 명사 뒤에도 ～に行く · 来るを 붙일 수 있다는 것. 이번 시간을 통해 네이티브들이 쓰는 자연스러운 목적성 이동 표현을 익혀 봅시다.

핵심 매트릭스

동사 ます형 +	に行(い)く に来(く)る	~하러 가다 ~하러 오다
동작성 명사 +	に行く に来る	~하러 가다 ~하러 오다

- 일본어로는 목적성 이동을 두 가지 방법으로 표현할 수 있어요.
- 첫 번째는 [동사 ます형 + に行く · に来る] 형태예요. [보다 見る → 見に行く 보러 가다], [사다 買(か)う → 買いに行く 사러 가다] 이렇게 활용하시면 됩니다.
- 두 번째는 [동작성 명사 + に行く · に来る] 방법이에요. 동작성 명사는 뒤에 する를 붙였을 때 말이 되는 명사를 말해요. [드라이브 ドライブ + に行く 드라이브 하러 가다] 이렇게 만들어서 쓸 수 있습니다.

어휘 ～に ~에 | 行(い)く 가다 | 来(く)る 오다

집중 훈련 : 듣고 따라 하면서 표현을 내 것으로 만드세요.

	Step 1 한 뭉치씩 늘려서 듣기	Step 2 우리말 뜻 확인하기
01	会(あ)う。	만나다.
	会いに行(い)く。	만나러 가다.
	友達(ともだち)に会いに行きます。	친구를 만나러 갑니다.
02	見(み)る。	보다.
	見に行く。	보러 가다.
	今日(きょう)、映画(えいが)を見に行きます。	오늘 영화를 보러 가요.
03	取(と)る。	가지다.
	取りに行く。	가지러 가다.
	傘(かさ)を取りに行ってきます。	우산 가지러 갔다 올게요.
04	一人旅(ひとりたび)する。	혼자 여행하다.
	一人旅に来(く)る。	혼자 여행하러 오다.
	一人旅に来(き)ています。	혼자 여행하러 왔어요.
05	ドライブする。	드라이브하다.
	ドライブに行く。	드라이브하러 가다.
	ドライブに行くつもりです。	드라이브하러 갈 생각이에요.
06	買(か)い物(もの)する。	쇼핑하다.
	買い物に行く。	쇼핑하러 가다.
	これから買い物に行きます。	지금부터 쇼핑하러 가요.
07	スノボする。	스노보드 타다.
	スノボに行く。	스노보드 타러 가다.
	娘(むすめ)はスノボに行っています。	딸은 스노보드 타러 갔어요.
08	食(た)べに行く。	먹으러 가다.
	食べに行きませんか。	먹으러 안 갈래요?
	今度(こんど)、焼肉(やきにく)食べに行きませんか。	다음에 고기 먹으러 안 갈래요?

어휘 友達(ともだち) 친구 | 会(あ)う 만나다 | 今日(きょう) 오늘 | 映画(えいが) 영화 | 見(み)る 보다 | 傘(かさ) 우산 | 取(と)る 가지다, 잡다 | 一人旅(ひとりたび) 혼자 여행 | ドライブ 드라이브 | つもり 생각, 예정 | これから 지금부터 |

In22-1.mp3

Step 3 듣고 따라 하기	Step 4 일본어로 말하기
통문장 듣고 따라 말하기 □ 반복 듣기 □□□	친구를 만나러 갑니다.
통문장 듣고 따라 말하기 □ 반복 듣기 □□□	오늘 영화를 보러 가요.
통문장 듣고 따라 말하기 □ 반복 듣기 □□□	우산 가지러 갔다 올게요.
통문장 듣고 따라 말하기 □ 반복 듣기 □□□	혼자 여행하러 왔어요.
통문장 듣고 따라 말하기 □ 반복 듣기 □□□	드라이브하러 갈 생각이에요.
통문장 듣고 따라 말하기 □ 반복 듣기 □□□	지금부터 쇼핑하러 가요.
통문장 듣고 따라 말하기 □ 반복 듣기 □□□	딸은 스노보드 타러 갔어요.
통문장 듣고 따라 말하기 □ 반복 듣기 □□□	다음에 고기 먹으러 안 갈래요?

買(か)い物(もの) 장보기, 쇼핑 | 娘(むすめ) 딸 | スノボ 스노보드 : スノーボード의 줄임말 | 今度(こんど) 다음에 | 焼肉(やきにく) (불에 구워 먹는) 고기 | 食(た)べる 먹다

응용 말하기 : 앞에서 배운 내용을 응용해서 말해 봅시다.

In22-2.mp3

먼저 우리말을 보면서 음성을 들은 후 오른쪽 문장을 완성해 보세요. 빈칸에 써넣어도 좋고 눈으로 채워 넣어도 좋아요. 중요한 것은 '소리 내서 말하기'입니다. 익숙해지면 속도를 조금씩 올려 가며 반복해 보세요.

	Step 1 우리말 보면서 듣기	Step 2 10초 안에 말해 보기
01	내일 친구와 마시러 가요.	明日(あした)、______飲(の)み________。
02	동물원에 판다를 보러 갈 생각이에요.	動物園(どうぶつえん)にパンダを________ ________。
03	열쇠 가지러 갔어요.	カギを__________います。
04	케이크를 사러 갔다 왔어요.	ケーキを買(か)い____________。
05	조카(여)가 놀러 와 있었어요.	めいっ子(こ)が遊(あそ)び__________。
06	아들은 낚시하러 갔어요.	息子(むすこ)は釣(つ)り____________。
07	가족끼리 외식하러 갈 예정이에요.	______外食(がいしょく)______予定(よてい)です。
08	다음에 커피 마시러 안 갈래요?	____、コーヒー______________。

▶ 정답은 255쪽을 확인해 주세요.

어휘 明日(あした) 내일 | 飲(の)む 마시다 | 動物園(どうぶつえん) 동물원 | パンダ 판다 | カギ 열쇠 | ケーキ 케이크 | 買(か)う 사다 | めいっ子(こ) 여자 조카 | 遊(あそ)ぶ 놀다 | 息子(むすこ) 아들 | 釣(つ)り 낚시 | 家族(かぞく) 가족 | 外食(がいしょく) 외식 | 予定(よてい) 예정 | コーヒー 커피

DAY 23

～てはいけない・～ないといけない

~하면 안 돼 vs. ~해야 돼

강의 및 훈련 MP3

이번 시간에는 금지와 의무 표현을 알아볼게요. 아무한테도 말하면 안 돼, 어혀 뛰면 안 돼요~ 이렇게 금지를 할 때 쓰는 표현이 바로 '~하면 안 돼'라는 표현이죠? 반대로 의무 사항은 어떻게 말하면 좋을까요? 학교 가야 되는데, 과제 해야 되는데, 회사 가야 되는데, 전화해야 되는데, 슬슬 집에 가야 되는데. 하루에도 '~해야 된다'는 말을 습관처럼 하는 분들도 많을 거예요. 이번 시간에는 네이티브들도 입버릇처럼 말하는 '~하면 안 돼, ~해야 돼' 표현을 알아볼게요.

핵심 매트릭스

동사 て형 + てはいけない (=ちゃいけない)	~하면 안 되다 ~하면 안 돼
동사 ない형 + ないといけない	~해야 하다 ~해야 돼

＊ いけない는 い형용사입니다. 과거, 부정 등 활용법은 부록 286쪽을 참조해 주세요.

- いけない는 '안 되다'란 뜻이에요. 「あっ！いけない~」 '앗! 안 돼~'처럼 단독으로 쓸 수 있어요.
- 금지를 나타낼 때 쓰는 '~하면 안 되다'는 [동사 ては + いけない]를 붙여서 만들어요. ～ては는 회화에서 ～ちゃ로 줄일 수 있어요.
- 의무를 나타낼 때는 [동사 ないと + いけない]로 연결해요. 직역하면 '~하지 않으면 안 된다'인데, 우리말 '~해야 된다'에 제일 가까운 표현이에요. 일본어에도 의무를 나타내는 표현들이 있어요. 법조문에서나 볼 법한 격식 있는 표현부터 일상적이고 개인적인 의무를 표현할 수 있는 방법까지 그 층위도 다양한데, [ないと + いけない]는 평소 대화에서 쓸 수 있는 회화체이면서 일상적·개인적인 의무 사항까지 모두 커버할 수 있는 표현이에요.

어휘 いけない 안 되다

집중 훈련 : 듣고 따라 하면서 표현을 내 것으로 만드세요.

	Step 1 한 뭉치씩 늘려서 듣기	Step 2 우리말 뜻 확인하기
01	タバコを吸(す)う。	담배를 피우다.
	タバコを吸ってはいけない。	담배를 피우면 안 된다.
	駐車場(ちゅうしゃじょう)でタバコを吸ってはいけません。	주차장에서 담배를 피우면 안 돼요.
02	悪口(わるくち)を言(い)う。	험담을 하다.
	悪口を言ってはいけない。	험담을 하면 안 된다.
	人(ひと)の悪口は言ってはいけません。	다른 사람 험담은 하면 안 돼요.
03	無理(むり)する。	무리하다.
	無理してはいけない。	무리하면 안 된다.
	あんまり無理しちゃいけませんよ。	너무 무리하면 안 돼요.
04	帰(かえ)る。	집에 가다.
	帰らないといけない。	집에 가야 된다.
	そろそろ帰らないといけません。	슬슬 집에 가야 돼요.
05	プレゼンをする。	프레젠테이션을 하다.
	プレゼンをしないといけない。	프레젠테이션을 해야 된다.
	英語(えいご)でプレゼンをしないといけません。	영어로 프레젠테이션을 해야 돼요.
06	食(た)べる。	먹다.
	食べないといけない。	먹어야 된다.
	野菜(やさい)も食べないといけませんよ。	채소도 먹어야 돼요.
07	守(まも)る。	지키다.
	守らないといけない。	지켜야 한다.
	ルールだから、守らないといけません。	룰이니까 지켜야 돼요.
08	免許(めんきょ)を取(と)る。	면허를 따다.
	免許を取らないといけない。	면허를 따야 된다.
	免許は必(かなら)ず取らないといけないんですか。	면허는 꼭 따야 되나요?

어휘 駐車場(ちゅうしゃじょう) 주차장 | タバコ 담배 | 吸(す)う 피우다 | ～で ~에서 | 人(ひと) 다른 사람 | 悪口(わるくち) 험담, 막말, 욕 | 言(い)う 말하다 | 無理(むり)する 무리하다 | そろそろ 슬슬 | 帰(かえ)る 돌아가다 | プレゼン 프레젠테이션 |

In23-1.mp3

Step 3 듣고 따라 하기	Step 4 일본어로 말하기
통문장 듣고 따라 말하기 □ 반복 듣기 □□□	주차장에서 담배를 피우면 안 돼요.
통문장 듣고 따라 말하기 □ 반복 듣기 □□□	다른 사람 험담은 하면 안 돼요.
통문장 듣고 따라 말하기 □ 반복 듣기 □□□	너무 무리하면 안 돼요.
통문장 듣고 따라 말하기 □ 반복 듣기 □□□	슬슬 집에 가야 돼요.
통문장 듣고 따라 말하기 □ 반복 듣기 □□□	영어로 프레젠테이션을 해야 돼요.
통문장 듣고 따라 말하기 □ 반복 듣기 □□□	채소도 먹어야 돼요.
통문장 듣고 따라 말하기 □ 반복 듣기 □□□	룰이니까 지켜야 돼요.
통문장 듣고 따라 말하기 □ 반복 듣기 □□□	면허는 꼭 따야 되나요?

英語(えいご) 영어 | 食(た)べる 먹다 | 野菜(やさい) 채소 | ルール 룰 | ~から ~이니까 | 守(まも)る 지키다 | 免許(めんきょ) 면허 | 取(と)る 따다 | 必(かなら)ず 반드시, 꼭

응용 말하기 : 앞에서 배운 내용을 응용해서 말해 봅시다.

In23-2.mp3

먼저 우리말을 보면서 음성을 들은 후 오른쪽 문장을 완성해 보세요. 빈칸에 써넣어도 좋고 눈으로 채워 넣어도 좋아요. 중요한 것은 '소리 내서 말하기'입니다. 익숙해지면 속도를 조금씩 올려 가며 반복해 보세요.

	Step 1 우리말 보면서 듣기	Step 2 10초 안에 말해 보기
01	아무한테도 말하면 안 돼요.	誰(だれ)にも ＿＿＿＿＿＿＿＿ よ。
02	그거, 다운로드 하면 안 돼요.	それ、ダウンロード＿＿＿＿ ＿＿＿＿＿＿よ。
03	영어로 메일을 써야 돼요.	＿＿＿＿メールを書(か)か＿＿＿＿＿＿＿＿。
04	먹기 싫은데 먹어야 돼요.	食(た)べたくないけど、＿＿＿＿＿＿ ＿＿＿＿＿＿。
05	슬슬 가야 돼요.	＿＿＿＿行(い)か＿＿＿＿＿＿＿＿。
06	이유를 꼭 말해야 되나요?	理由(りゆう)を＿＿＿＿＿＿＿＿ ＿＿＿＿んですか。
07	약속이니까 지켜야 돼요.	約束(やくそく)だから、＿＿＿＿＿＿＿＿＿＿。
08	컴퓨터 업데이트 해야 돼요.	パソコンをアップデート＿＿＿＿ ＿＿＿＿＿＿。

▶ 정답은 257쪽을 확인해 주세요.

어휘 誰(だれ) 누구 | 誰(だれ)にも 누구에게도, 아무한테도 | それ 그것 | ダウンロードする 다운로드 하다 | メール 메일 | 書(か)く 쓰다 | 行(い)く 가다 | 理由(りゆう) 이유 | 約束(やくそく) 약속 | パソコン 컴퓨터 | アップデート 업데이트

DAY 24

~ながら

~하면서

강의 및 훈련 MP3

음악 들으면서 공부해요. 맥주 마시면서 드라마 봐요. 침 흘리면서 자요. 이 세 문장의 공통점은 앞뒤의 동작을 동시에 한다는 것이죠? 이럴 때는 ～ながら라는 표현으로 연결해 주면 됩니다. 이번 시간에는 두 가지 이상의 동작을 동시에 하는 상황을 말할 때, 동시 동작을 금지할 때의 표현을 알아보도록 하겠습니다.

핵심 매트릭스

동사 ます형 + ながら ～하면서

ながら + 동사 ない형 + ないでください ～하면서 ～하지 마세요

* ます형, 동사 ない형 활용법은 부록 287～290쪽을 참조해 주세요.

- 동사를 ます형으로 바꾸고 ～ながら를 붙여 주세요. 동시 동작이므로 [맥주를 마시면서 + 드라마를 보다]와 같이 '～하면서 ～하다' 표현에 씁니다.
- 동시 동작을 금지할 때는 [동사 + ないでください]를 붙이면 돼요. [음악을 들으면서 + 공부하지 마세요], [공부하면서 + 음악 듣지 마세요]로 순서를 바꿔 쓸 수 있습니다.

집중 훈련 : 듣고 따라 하면서 표현을 내 것으로 만드세요.

	Step 1 한 뭉치씩 늘려서 듣기	Step 2 우리말 뜻 확인하기
01	泣(な)く。 泣きながら話(はな)す。 泣きながら話しました。	울다. 울면서 이야기하다. 울면서 이야기했어요.
02	ビールを飲(の)む。 ビールを飲みながらドラマを見(み)る。 ビールを飲みながらドラマを見ています。	맥주를 마시다. 맥주를 마시면서 드라마를 보다. 맥주를 마시면서 드라마를 보고 있어요.
03	ラジオを聞(き)く。 ラジオを聞きながら運転(うんてん)する。 ラジオを聞きながら運転しています。	라디오를 듣다. 라디오를 들으면서 운전하다. 라디오를 들으면서 운전하고 있습니다.
04	働(はたら)く。 働きながら子育(こそだ)てをする。 働きながら子育てをしています。	일하다. 일하면서 아이를 키우다. 일하면서 아이를 키우고 있어요.
05	食(た)べる。 食べながら電話(でんわ)する。 食べながら電話しないでください。	먹다. 먹으면서 전화하다. 먹으면서 전화하지 마세요.
06	あくびする。 あくびしながらしゃべる。 あくびしながらしゃべらないでください。	하품하다. 하품하면서 말하다. 하품하면서 말하지 마세요.
07	コーヒーでも飲む。 コーヒーでも飲みながら話す。 コーヒーでも飲みながら話しましょうか。	커피라도 마시다. 커피라도 마시면서 이야기하다. 커피라도 마시면서 이야기할까요?
08	ちょっと歩(ある)く。 ちょっと歩きながら話す。 ちょっと歩きながら話しませんか。	좀 걷다. 좀 걸으면서 이야기하다. 좀 걸으면서 얘기하지 않을래요?

어휘 泣(な)く 울다 | 話(はな)す 말하다 | ビール 맥주 | 飲(の)む 마시다 | ドラマ 드라마 | 見(み)る 보다 | ラジオ 라디오 | 聞(き)く 듣다 | 運転(うんてん)する 운전하다 | 働(はたら)く 일하다 | 子育(こそだ)てする 육아하다, 아이를 키우다 |

Step 3 듣고 따라 하기	Step 4 일본어로 말하기
통문장 듣고 따라 말하기 □ 반복 듣기 □□□	울면서 이야기했어요.
통문장 듣고 따라 말하기 □ 반복 듣기 □□□	맥주를 마시면서 드라마를 보고 있어요.
통문장 듣고 따라 말하기 □ 반복 듣기 □□□	라디오를 들으면서 운전하고 있습니다.
통문장 듣고 따라 말하기 □ 반복 듣기 □□□	일하면서 아이를 키우고 있어요.
통문장 듣고 따라 말하기 □ 반복 듣기 □□□	먹으면서 전화하지 마세요.
통문장 듣고 따라 말하기 □ 반복 듣기 □□□	하품하면서 말하지 마세요.
통문장 듣고 따라 말하기 □ 반복 듣기 □□□	커피라도 마시면서 이야기할까요?
통문장 듣고 따라 말하기 □ 반복 듣기 □□□	좀 걸으면서 얘기하지 않을래요?

食(た)べる 먹다 | 電話(でんわ)する 전화하다 | あくびする 하품하다 | しゃべる 말하다, 수다 떨다 | コーヒー 커피 | ～でも ~이라도 | ちょっと 좀, 잠깐 | 歩(ある)く 걷다

응용 말하기 : 앞에서 배운 내용을 응용해서 말해 봅시다.

In24-2.mp3

먼저 우리말을 보면서 음성을 들은 후 오른쪽 문장을 완성해 보세요. 빈칸에 써넣어도 좋고 눈으로 채워 넣어도 좋아요. 중요한 것은 '소리 내서 말하기'입니다. 익숙해지면 속도를 조금씩 올려 가며 반복해 보세요.

	Step 1 우리말 보면서 듣기	Step 2 10초 안에 말해 보기
01	TV를 보면서 아이스크림을 먹고 있어요.	テレビを＿＿＿＿アイスを＿＿＿＿＿＿＿。
02	아이를 키우면서 공부도 하고 있어요.	子育(こそだ)て＿＿＿＿勉強(べんきょう)も＿＿＿＿。
03	노트를 보면서 발표를 했습니다.	ノートを＿＿＿＿発表(はっぴょう)をしました。
04	대학에 다니면서 일하고 있습니다.	大学(だいがく)に通(かよ)い＿＿＿＿＿＿＿＿。
05	걸으면서 스마트폰 보지 마세요.	＿＿＿＿スマホ＿＿＿＿ください。
06	먹으면서 말하지 마세요.	食(た)べながら＿＿＿＿＿＿＿＿。
07	운전하면서 전화하지 마세요.	＿＿＿＿電話(でんわ)＿＿＿＿＿＿＿＿。
08	차라도 마시면서 기다릴까요?	お茶(ちゃ)＿＿＿＿＿＿待(ま)ちましょうか。

▶ 정답은 259쪽을 확인해 주세요.

어휘 テレビ TV, 텔레비전 | アイス 아이스크림 | 勉強(べんきょう)する 공부하다 | ノート 노트 | 発表(はっぴょう)する 발표하다 | 大学(だいがく) 대학 | 通(かよ)う 다니다 | お茶(ちゃ) 차 | 待(ま)つ 기다리다

DAY 25

とき

~할 때, ~했을 때

강의 및 훈련 MP3

어렸을 때, 중학교 때, 신입 사원 때, 결혼했을 때, 아플 때…. '~ 때'는 특정 시점에 일어난, 혹은 일어날 일을 이야기할 때 필수적인 표현이죠. 일본어로 '~ 때'는 とき라고 합니다. 명사, 형용사, 동사, 현재형, 과거형 모두 とき를 붙여서 쓸 수 있어요. 말하는 내용의 전제가 되기 때문에 시간 표현은 꼭 정확하게 알아 두어야 합니다. 이번 시간을 통해 반드시 숙지해 보도록 해요.

핵심 매트릭스

い형용사 な형용사 동사	+とき	~할 때
명사+の+とき		~할 때

- 명사는 中学のとき '중학교 때'처럼 [명사+の+とき]로 연결합니다. とき가 명사이기 때문에 の라는 연결고리가 필요하기 때문이죠.
- い형용사는 [~い+とき]로 연결합니다. 부정형, 과거형, 과거 부정형 모두 그대로 연결할 수 있습니다.
- な형용사는 현재형만 [~な+とき]로 연결합니다. 부정형, 과거형, 과거 부정형은 그대로 연결할 수 있습니다.
- 동사는 현재형, 과거형, 진행형, 과거 진행형, 부정형 등 앞에서 배운 동사의 모든 형태 뒤에 연결할 수 있습니다.

집중 훈련 : 듣고 따라 하면서 표현을 내 것으로 만드세요.

	Step 1 한 뭉치씩 늘려서 듣기	Step 2 우리말 뜻 확인하기
01	嬉(うれ)しい、悲(かな)しい。	기쁘다, 슬프다.
	嬉しいとき、悲しいとき。	기쁠 때, 슬플 때.
	嬉しいときも、悲しいときも。	기쁠 때도, 슬플 때도.
02	体調(たいちょう)が悪(わる)い。	컨디션이 안 좋다.
	体調が悪いとき。	컨디션이 안 좋을 때.
	体調が悪いときは、おかゆを食(た)べます。	컨디션이 안 좋을 때는 죽을 먹어요.
03	面倒(めんどう)だ。	귀찮다.
	面倒なとき。	귀찮을 때.
	何(なに)もかも面倒なときがあります。	이도 저도 다 귀찮을 때가 있어요.
04	暇(ひま)だ。	한가하다.
	暇なとき。	한가한 때.
	暇なとき、いつでも連絡(れんらく)ください。	한가할 때 언제든 연락 주세요.
05	買(か)い物(もの)する。	쇼핑하다.
	買い物するとき。	쇼핑할 때.
	買い物するとき便利(べんり)です。	쇼핑할 때 편리합니다.
06	人前(ひとまえ)で話(はな)す。	사람들 앞에서 말하다.
	人前で話すとき。	사람들 앞에서 말할 때.
	人前で話すときは、いつも緊張(きんちょう)します。	사람들 앞에서 말할 때는 항상 긴장돼요.
07	何(なに)をしている。	무엇을 하고 있다.
	何をしているとき。	무엇을 하고 있을 때.
	何をしているときが一番幸(いちばんしあわ)せですか。	뭘 하고 있을 때가 제일 행복해요?
08	新入社員(しんにゅうしゃいん)。	신입 사원.
	新入社員のとき。	신입 사원 때.
	新入社員のとき、タイに行(い)ったことがあります。	신입 사원 때 태국에 가 본 적이 있어요.

어휘 嬉(うれ)しい 기쁘다 | 悲(かな)しい 슬프다 | 体調(たいちょう) 컨디션 | 悪(わる)い 나쁘다 | おかゆ 죽 | 食(た)べる 먹다 | 何(なに)もかも 이도 저도 다 | 面倒(めんどう)だ 귀찮다 | ある 있다 | 暇(ひま)だ 한가하다 | いつでも 언제든 |

Step 3 듣고 따라 하기	Step 4 일본어로 말하기
통문장 듣고 따라 말하기 □ 반복 듣기 □□□	기쁠 때도 슬플 때도.
통문장 듣고 따라 말하기 □ 반복 듣기 □□□	컨디션이 안 좋을 때는 죽을 먹어요.
통문장 듣고 따라 말하기 □ 반복 듣기 □□□	이도 저도 다 귀찮을 때가 있어요.
통문장 듣고 따라 말하기 □ 반복 듣기 □□□	한가할 때 언제든 연락 주세요.
통문장 듣고 따라 말하기 □ 반복 듣기 □□□	쇼핑할 때 편리합니다.
통문장 듣고 따라 말하기 □ 반복 듣기 □□□	사람들 앞에서 말할 때는 항상 긴장돼요.
통문장 듣고 따라 말하기 □ 반복 듣기 □□□	뭘 하고 있을 때가 제일 행복해요?
통문장 듣고 따라 말하기 □ 반복 듣기 □□□	신입 사원 때 태국에 가 본 적이 있어요.

連絡(れんらく) 연락 | 買(か)い物(もの)する 장 보다, 쇼핑하다 | 便利(べんり)だ 편리하다 | 人前(ひとまえ)で 사람들 앞에서 | 話(はな)す 이야기하다 | いつも 언제나 | 緊張(きんちょう)する 긴장하다 | 何(なに)をする 무엇을 하다 | 一番(いちばん) 가장, 제일 | 幸(しあわ)せだ 행복하다 | 新入社員(しんにゅうしゃいん) 신입 사원

응용 말하기 : 앞에서 배운 내용을 응용해서 말해 봅시다.

🎧 In25-2.mp3

먼저 우리말을 보면서 음성을 들은 후 오른쪽 문장을 완성해 보세요. 빈칸에 써넣어도 좋고 눈으로 채워 넣어도 좋아요. 중요한 것은 '소리 내서 말하기'입니다. 익숙해지면 속도를 조금씩 올려 가며 반복해 보세요.

	Step 1 우리말 보면서 듣기	Step 2 10초 안에 말해 보기
01	밥하기 귀찮을 때가 있어요.	ご飯作(はんづく)りが________があります。
02	장 볼 때 에코백을 써요.	________、エコバッグを使(つか)います。
03	한가할 때 전화 주세요.	________、電話(でんわ)ください。
04	속이 안 좋을 때는 이 약을 드세요.	気分(きぶん)が________、この薬(くすり)を飲(の)んでください。
05	자고 있을 때가 제일 행복해요.	寝(ね)ている______一番(いちばん)______。
06	운전할 때는 항상 긴장돼요.	運転(うんてん)________、いつも________。
07	기쁠 때도 슬플 때도 옆에 있을게요.	________も、________もそばにいます。
08	대학생 때 일본에 가 본 적 있어요.	大学生(だいがくせい)______に、日本(にほん)に________________。

▶ 정답은 260쪽을 확인해 주세요.

어휘 ご飯作(はんづく)り 밥하기 | エコバッグ 에코백 | 使(つか)う 쓰다 | 電話(でんわ) 전화 | 気分(きぶん)が悪(わる)い 속이 안 좋다 | この 이 | 薬(くすり) 약 | 飲(の)む 마시다 | 寝(ね)る 자다 | 運転(うんてん) 운전 | そば 옆 | いる 있다 | 大学生(だいがくせい) 대학생 | 日本(にほん) 일본

이제 일본어의 기본 골격이 보이나요?
그럼 다음 단계로 가셔도 좋습니다.

{ INPUT }

30초 일본어 말하기

상황별 핵심 표현

아는 만큼 말할 수 있다

〈30초 말하기〉를 위한 기본 뼈대, 튼튼하게 잘 만들고 오셨나요? 지금부터는 그 뼈대에 살을 입혀 볼 거예요. 우리가 일상생활에서 주로 접할 수 있는 상황에서 일본 사람들이 어떤 어휘와 표현을 자주 쓰는지에 초점을 맞춰 배워 볼 거예요. "같은 상황, 같은 의미인데 일본어는 조금 다르게 말하네?"하는 부분들이 발견될 거예요. 예를 들면 우리말 '아침잠이 많다'라는 말을 일본 사람들은 '아침에 약하다'라고 한다든가, '깼다가 다시 잤다'는 말을 '두 번 자기'라고 한다든가 말이죠. 이렇게 같은 의미인데, 전혀 다른 표현을 쓰는 경우, 우리말을 직역해서 말하면 일본 사람이 듣기에 전혀 자연스럽지도 않고, 목표한 뉘앙스 전달도 실패하게 되죠. 어찌어찌 소통이 되더라도 결코 유창한 느낌은 들지 않을 거예요. 일본어는 구조나 어순, 어휘가 비슷하다 해도 엄연히 외국어입니다. 원어민들이 각각의 상황에서 쓰는 핵심 표현을 중점적으로 살펴보면서 일본어다운 말하기 감각을 익혀 보도록 합시다.

DAY 26

하루에 표현 8개

내 소개하기

강의 및 훈련 MP3

핵심 표현

In26-1.mp3

01 ～といいます

02 今年(ことし)(で)～(歳(さい))

03 ～の仕事(しごと)をしている

04 ～に住(す)んでいる

05 ～が好(す)きで～が趣味(しゅみ)

06 ～が好きで～性格(せいかく)

07 ～たい方(かた)は言(い)ってください

08 ～を紹介(しょうかい)する

01 ～이라고 합니다
02 올해(로) ～(살)
03 ～ 일을 하고 있다
04 ～에 살고 있다
05 ～을 좋아해서 ～이 취미
06 ～을 좋아해서 ～ 성격
07 ～하고 싶은 분은 말씀해 주세요
08 ～을 소개하다

집중 훈련 : 듣고 따라 하면서 표현을 내 것으로 만드세요.

	Step 1 한 뭉치씩 늘려서 듣기	Step 2 우리말 뜻 확인하기
01	～という。	～이라고 한다.
	イ・ヒョンという。	이현이라고 한다.
	イ・ヒョンといいます。	이현이라고 합니다.
02	今年(ことし)32。	올해 서른 둘.
	イ・ヒョンで、今年32です。	이현이고 올해 서른 둘입니다.
	名前(なまえ)はイ・ヒョンで、今年32です。	이름은 이현이고 올해 서른 둘입니다.
03	仕事(しごと)をしている。	일을 하고 있다.
	仕事をしています。	일을 하고 있어요.
	営業(えいぎょう)の仕事をしています。	영업 일을 하고 있어요.
04	住(す)んでいる。	살고 있다.
	今(いま)はスウォンに住んでいます。	지금은 수원에 살고 있어요.
	出身(しゅっしん)はクァンジュですが、今はスウォンに住んでいます。	고향은 광주지만, 지금은 수원에 살고 있어요.

어휘 ～という ~이라고 하다 | 営業(えいぎょう) 영업

ln26-2.mp3

Step 3 듣고 따라 하기	Step 4 일본어로 말하기
통문장 듣고 따라 말하기 □ 반복 듣기 □□□	이현이라고 합니다.
통문장 듣고 따라 말하기 □ 반복 듣기 □□□	이름은 이현이고 올해 서른 둘입니다.
통문장 듣고 따라 말하기 □ 반복 듣기 □□□	영업 일을 하고 있어요.
통문장 듣고 따라 말하기 □ 반복 듣기 □□□	고향은 광주지만, 지금은 수원에 살고 있어요.

Step 1 한 뭉치씩 늘려서 듣기	Step 2 우리말 뜻 확인하기
05	
趣味(しゅみ)です。	취미예요.
キャンプが趣味です。	캠핑이 취미예요.
アウトドアが好(す)きで、キャンプが趣味です。	아웃도어를 좋아하고 캠핑이 취미예요.
06	
性格(せいかく)です。	성격이에요.
負(ま)けず嫌(ぎら)いな性格です。	지기 싫어하는 성격이에요.
スポーツが好(す)きで、負けず嫌いな性格です。	스포츠를 좋아해서 지기 싫어하는 성격입니다.
07	
見(み)たい方(かた)は言(い)ってください。	보고 싶은 분은 말씀해 주세요.
ドラマを見たい方は言ってください。	드라마를 보고 싶은 분은 말씀해 주세요.
面白(おもしろ)いドラマを見たい方は言ってください。	재미있는 드라마를 보고 싶은 분은 말씀해 주세요.
08	
紹介(しょうかい)する。	소개하다.
紹介します。	소개할게요.
おすすめのドラマを紹介します。	볼 만한 드라마를 소개할게요.

어휘 負(ま)けず嫌(ぎら)いだ 지기 싫어하다 | 面白(おもしろ)い 재미있다 | ドラマ 드라마 | 方(かた) 분 | おすすめ 추천, ~할 만한 | 紹介(しょうかい)する 소개하다

Step 3 듣고 따라 하기	Step 4 일본어로 말하기
통문장 듣고 따라 말하기 □ 반복 듣기 □□□	아웃도어를 좋아하고 캠핑이 취미예요.
통문장 듣고 따라 말하기 □ 반복 듣기 □□□	스포츠를 좋아해서 지기 싫어하는 성격입니다.
통문장 듣고 따라 말하기 □ 반복 듣기 □□□	재미있는 드라마를 보고 싶은 분은 말씀해 주세요.
통문장 듣고 따라 말하기 □ 반복 듣기 □□□	볼 만한 드라마를 소개할게요.

응용 말하기 : 이제 일본어로 자신 있게 말해 보세요.

In26-3.mp3

Step 1 우리말 보면서 듣기		Step 2 10초 안에 말해 보기
01	안녕하세요, 김진이라고 합니다.	こんにちは。キム・ジン ________。
02	이름은 오치영이고 올해 만 스무살이에요.	名前(なまえ)はオ・チヨンで、____ 二十歳(はたち)です。
03	패션 관련 일을 하고 있어요.	ファッション関係(かんけい)の ________。
04	고향은 부산이지만 지금은 인천에 살고 있어요.	______プサンですが、____インチョンに ________。
05	라면을 좋아해서 맛집 가는 게 취미예요.	ラーメンが______、食(た)べ歩(ある)きが ______。
06	캠핑이 취미고 적극적인 성격이에요.	キャンプが______、積極的(せっきょくてき)な______。
07	한국 음식을 먹어 보고 싶은 분은 말씀해 주세요.	韓国料理(かんこくりょうり)を______みたい ________ ______。
08	가 볼 만한 가게를 소개할게요.	________お店(みせ)を________。

▶ 정답은 262쪽을 확인해 주세요.

DAY 27

하루에 표현 8개

매일 아침

강의 및 훈련 MP3

핵심 표현

In27-1.mp3

01 起(お)きる ⇔ 寝(ね)る

02 朝(あさ)に弱(よわ)い ⇔ 朝(あさ)に強(つよ)い

03 早起(はやお)きする

04 寝坊(ねぼう)する

05 アラームをかける ⇔ アラームを止(と)める

06 目(め)が覚(さ)める

07 朝型(あさがた) ⇔ 夜型(よるがた)

08 二度寝(にどね)する

01 일어나다 ⇔ 자다

02 아침잠이 많다 ⇔ 아침잠이 없다

03 일찍 일어나다

04 늦잠 자다

05 알람을 맞추다 ⇔ 알람을 끄다

06 눈이 떠지다

07 아침형 ⇔ 저녁형

08 일어났다가 다시 자다

집중 훈련 : 듣고 따라 하면서 표현을 내 것으로 만드세요.

	Step 1 한 뭉치씩 늘려서 듣기	Step 2 우리말 뜻 확인하기
01	寝(ね)て、起(お)きる。 11時(じ)に寝て、７時(じ)に起きています。 平日(へいじつ)は11時に寝て、７時に起きています。	자고 일어나다. 11시에 자고 7시에 일어납니다. 평일에는 11시에 자고 7시에 일어납니다.
02	朝(あさ)に弱(よわ)い。 朝に弱いです。 私(わたし)は朝に弱いです。	아침잠이 많다. 아침잠이 많아요. 저는 아침잠이 많아요.
03	早起(はやお)きが苦手(にがて)だ。 早起きが苦手です。 夫(おっと)は早起きが苦手です。	아침에 잘 못 일어나다. 아침에 잘 못 일어나요. 남편은 아침에 잘 못 일어나요.
04	アラームをかける。 アラームを７時半(じはん)にかけています。 アラームはいつも７時半にかけています。	알람을 맞추다. 알람을 7시 반에 맞춰요. 알람은 항상 7시 반에 맞춰요.

어휘 平日(へいじつ) 평일 | 早起(はやお)き 빨리 일어나기

Step 3 듣고 따라 하기	Step 4 일본어로 말하기
통문장 듣고 따라 말하기 □ 반복 듣기 □□□	평일에는 11시에 자고 7시에 일어납니다.
통문장 듣고 따라 말하기 □ 반복 듣기 □□□	저는 아침잠이 많아요.
통문장 듣고 따라 말하기 □ 반복 듣기 □□□	남편은 아침에 잘 못 일어나요.
통문장 듣고 따라 말하기 □ 반복 듣기 □□□	알람은 항상 7시 반에 맞춰요.

Step 1 한 뭉치씩 늘려서 듣기		Step 2 우리말 뜻 확인하기
05	目(め)が覚(さ)める。	잠이 깨다.
	夜中(よなか)に目が覚めました。	한밤중에 잠이 깼어요.
	夜中に目が覚めてしまいました。	한밤중에 잠이 깨 버렸어요.
06	寝坊(ねぼう)する。	늦잠 자다.
	バイトなのに寝坊しました。	알바 있는데 늦잠 잤어요.
	今日(きょう)バイトなのに寝坊しちゃいました。	오늘 알바 있는데 늦잠 자 버렸어요.
07	夜型(よるがた)だ。	저녁형이다.
	完全(かんぜん)に夜型です。	완전히 저녁형이에요.
	私(わたし)、完全に夜型なんです。	저, 완전 저녁형이거든요.
08	アラームを止(と)めて、二度寝(にどね)する。	알람을 끄고 다시 자다.
	アラームを止めて、二度寝します。	알람을 끄고 다시 자요.
	ついアラームを止めて、二度寝してしまいます。	자꾸 알람을 끄고 다시 자 버려요.

어휘 夜中(よなか) 한밤중 | バイト 아르바이트 | ～なのに ~인데, ~에도 불구하고 | 完全(かんぜん)に 완전히

Step 3 듣고 따라 하기	Step 4 일본어로 말하기
통문장 듣고 따라 말하기 ☐ 반복 듣기 ☐☐☐	한밤중에 잠이 깨 버렸어요.
통문장 듣고 따라 말하기 ☐ 반복 듣기 ☐☐☐	오늘 알바 있는데 늦잠 자 버렸어요.
통문장 듣고 따라 말하기 ☐ 반복 듣기 ☐☐☐	저, 완전 저녁형이거든요.
통문장 듣고 따라 말하기 ☐ 반복 듣기 ☐☐☐	자꾸 알람을 끄고 다시 자 버려요.

응용 말하기 : 이제 일본어로 자신 있게 말해 보세요.

In27-3.mp3

Step 1 우리말 보면서 듣기		Step 2 10초 안에 말해 보기
01	몇 시에 자고 몇 시에 일어나요?	何時(なんじ)に＿＿、何時に＿＿んですか。
02	아침잠이 많아서 매일 아침 힘들어요.	＿＿て、毎朝(まいあさ)つらいです。
03	일찍 일어나는 게 잘 안 돼서 힘들어요.	＿＿が＿＿、つらいです。
04	저는 아침에 잘 일어나요.	私(わたし)は＿＿が得意(とくい)です。
05	아침형과 저녁형, 어느 쪽이에요?	朝型(あさがた)と＿＿、どちらですか。
06	저녁형이라서 아침잠이 많아요.	＿＿なので＿＿です。
07	오늘 아침에는 일찍 눈이 떠지고 말았어요.	今朝(けさ)は早(はや)く＿＿＿＿。
08	다시 잠들어서 늦잠 자 버렸어요.	＿＿して、＿＿＿＿。

▶ 정답은 263쪽을 확인해 주세요.

어휘 何時(なんじ) 몇 시 | つらい 괴롭다, 힘들다 | どちら 어느 쪽 | ~なので ~이라서

DAY 28

하루에 표현 8개

아침에 하는 일

강의 및 훈련 MP3

핵심 표현

In28-1.mp3

01	シャワーを浴(あ)びる
02	顔(かお)を洗(あら)う
03	歯磨(はみが)きをする = 歯(は)を磨(みが)く
04	うがいをする
05	軽(かる)く食(た)べる ⇔ しっかり食べる
06	パン派(は) / ご飯(はん)派(は)
07	バタバタする
08	急(いそ)いで～する

01 샤워를 하다
02 얼굴을 닦다, 세수하다
03 양치하다 = 이를 닦다
04 가글을 하다
05 가볍게 먹다 ⇔ 든든하게 먹다
06 빵파 / 밥파
07 정신없다, 허둥대다
08 서둘러 ～하다

집중 훈련 : 듣고 따라 하면서 표현을 내 것으로 만드세요.

	Step 1 한 뭉치씩 늘려서 듣기	Step 2 우리말 뜻 확인하기
01	シャワーを浴(あ)びる。	샤워를 하다.
	シャワーを浴びます。	샤워를 해요.
	急(いそ)いでシャワーを浴びました。	서둘러 샤워를 했어요.
02	顔(かお)を洗(あら)う。	세수를 하다.
	顔だけ洗います。	세수만 합니다.
	朝(あさ)は顔だけ洗います。	아침에는 세수만 합니다.
03	歯磨(はみが)きをする。	양치를 하다.
	歯磨きをします。	양치를 해요.
	顔を洗って、歯磨きをしました。	세수를 하고 양치를 했어요.
04	うがいをする。	가글을 하다.
	ちゃんとうがいをします。	꼼꼼히 가글을 합니다.
	ちゃんとうがいもしました。	꼼꼼히 가글도 했습니다.

어휘 急(いそ)ぐ 서두르다 | ~だけ ~만 | ちゃんと 잘, 꼼꼼히, 잊지 않고

Step 3 듣고 따라 하기	Step 4 일본어로 말하기
통문장 듣고 따라 말하기 □ 반복 듣기 □□□	서둘러 샤워를 했어요.
통문장 듣고 따라 말하기 □ 반복 듣기 □□□	아침에는 세수만 합니다.
통문장 듣고 따라 말하기 □ 반복 듣기 □□□	세수를 하고 양치를 했어요.
통문장 듣고 따라 말하기 □ 반복 듣기 □□□	꼼꼼히 가글도 했습니다.

	Step 1 한 뭉치씩 늘려서 듣기	Step 2 우리말 뜻 확인하기
05	バタバタする。	정신이 없다.
	朝(あさ)はバタバタしています。	아침엔 정신이 없어요.
	朝はいつもバタバタしています。	아침엔 항상 정신이 없어요.
06	パン派(は)で、ご飯派(はんは)だ。	빵파이고 밥파다.
	僕(ぼく)はパン派で、妻(つま)はご飯派です。	전 빵파이고 아내는 밥파예요.
	僕はパン派ですが、妻はご飯派です。	전 빵파인데, 아내는 밥파예요.
07	軽(かる)く食(た)べる。	가볍게 먹다.
	朝(あさ)ご飯は軽く食べます。	아침밥은 가볍게 먹습니다.
	忙(いそが)しくて、朝ご飯は軽く食べています。	바빠서 아침밥은 가볍게 먹습니다.
08	朝ご飯をしっかり食べる。	아침밥을 든든히 먹다.
	朝ご飯をしっかり食べます。	아침밥을 든든히 먹어요.
	早起(はやお)きして、朝ご飯をしっかり食べました。	일찍 일어나서 아침밥을 든든히 먹었어요.

어휘 忙(いそが)しい 바쁘다 | しっかり 든든히, 단단히, 꼭

Step 3 듣고 따라 하기	Step 4 일본어로 말하기
통문장 듣고 따라 말하기 □ 반복 듣기 □□□	아침엔 항상 정신이 없어요.
통문장 듣고 따라 말하기 □ 반복 듣기 □□□	전 빵파인데, 아내는 밥파예요.
통문장 듣고 따라 말하기 □ 반복 듣기 □□□	바빠서 아침밥은 가볍게 먹습니다.
통문장 듣고 따라 말하기 □ 반복 듣기 □□□	일찍 일어나서 아침밥을 든든히 먹었어요.

응용 말하기 : 이제 일본어로 자신 있게 말해 보세요.

In28-3.mp3

	Step 1 우리말 보면서 듣기	Step 2 10초 안에 말해 보기
01	샤워하면서 이를 닦았어요.	________を____ながら、___を __________。
02	서둘러 아침밥을 먹어요.	______朝(あさ)ご飯(はん)を________。
03	세수만 하고 회사에 갑니다.	__だけ______、仕事(しごと)に行(い)きます。
04	꼼꼼히 양치하고 가글도 했어요.	ちゃんと__________、______も しました。
05	늦잠 자서 오늘 아침은 정신 없었어요.	____して、今朝(けさ)は____________ しまいました。
06	양치도 했는데, 뭔가 냄새 나는 거 같네.	______もしているのに、なんか臭(くさ)いなぁ。
07	아침은 가볍게 먹고, 점심은 든든히 먹어요.	朝(あさ)は____食(た)べて、昼(ひる)は______________ ______。
08	저는 밥파라서 아침은 든든히 먹어요(= 먹고 싶어요).	私は______で、朝(あさ)は________ 食(た)べたいです。

▶ 정답은 265쪽을 확인해 주세요.

어휘 ~のに ~인데, ~에도 불구하고 | なんか 뭔가, 왠지 | 臭(くさ)い 냄새 나다, 구리다 | ~なぁ ~이구나, ~이구만 : 주로 혼잣말할 때 쓰고, 문장 제일 끝에 사용 | 昼(ひる) 점심

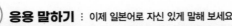

DAY 29

하루에 표현 8개

화장하기

강의 및 훈련 MP3

핵심 표현

In29-1.mp3

01	化粧(けしょう)をする = メイクをする
02	日焼(ひや)け止(ど)めを塗(ぬ)る
03	リップを塗る
04	まゆ毛(げ)を書(か)く
05	アイラインを引(ひ)く
06	マスカラをつける
07	手(て)が滑(すべ)る
08	落(お)とす

01 화장을 하다 = 메이크업을 하다
02 선크림을 바르다
03 립스틱을 바르다
04 눈썹을 그리다
05 아이라인을 그리다
06 마스카라를 하다
07 손이 미끄러지다
08 지우다

집중 훈련 : 듣고 따라 하면서 표현을 내 것으로 만드세요.

	Step 1 한 뭉치씩 늘려서 듣기	Step 2 우리말 뜻 확인하기
01	化粧する。	화장하다.
	化粧しています。	화장하고 있어요.
	音楽を聴きながら、化粧しています。	음악을 들으면서 화장해요.
02	日焼け止めを塗る。	선크림을 바르다.
	日焼け止めをちゃんと塗る。	선크림을 잘 챙겨 바르다.
	毎日日焼け止めをちゃんと塗っています。	매일 선크림을 잘 챙겨 발라요.
03	まゆ毛を書く。	눈썹을 그리다.
	まゆ毛を薄く書く。	눈썹을 연하게 그리다.
	まゆ毛を薄く書きます。	눈썹을 연하게 그립니다.
04	アイラインを引く。	아이라인을 그리다.
	アイラインをうまく引く。	아이라인을 잘 그리다.
	アイラインをうまく引くことができません。	아이라인을 잘 못 그려요.

어휘 音楽(おんがく) 음악 | 聴(き)く 듣다 | 日焼(ひや)け止(ど)め 선크림 | 薄(うす)く 연하게 : 원형은 薄(うす)い 연하다

Step 3 듣고 따라 하기	Step 4 일본어로 말하기
통문장 듣고 따라 말하기 □ 반복 듣기 □□□	음악을 들으면서 화장해요.
통문장 듣고 따라 말하기 □ 반복 듣기 □□□	매일 선크림을 잘 챙겨 발라요.
통문장 듣고 따라 말하기 □ 반복 듣기 □□□	눈썹을 연하게 그립니다.
통문장 듣고 따라 말하기 □ 반복 듣기 □□□	아이라인을 잘 못 그려요.

	Step 1 한 뭉치씩 늘려서 듣기	Step 2 우리말 뜻 확인하기
05	マスカラをつける。	마스카라를 바르다.
	マスカラをつけてみる。	마스카라를 발라 보다.
	久しぶりにマスカラをつけてみました。	오랜만에 마스카라를 발라 봤어요.
06	リップを塗る。	립스틱을 바르다.
	このリップは塗りやすい。	이 립스틱은 바르기 쉽다.
	このリップは塗りやすいですね。	이 립스틱은 바르기 쉽네요.
07	手が滑る。	손이 미끄러지다.
	手が滑っちゃう。	손이 미끄러지고 말다.
	おっとおおお、手が滑っちゃいました。	어이쿠, 손이 미끄러지고 말았어요.
08	メイクを落とす。	메이크업을 지우다.
	メイクを落とすのが面倒だ。	메이크업 지우는 게 귀찮다.
	毎晩メイクを落とすのが面倒です。	매일 밤 화장 지우는 게 귀찮아요.

어휘 久(ひさ)しぶりに 오랜만에 | おっとおおお 아차차, 어이쿠야 : 원형은 おっと 아차, 아이코 | 面倒(めんどう)だ 귀찮다, 번거롭다

Step 3 듣고 따라 하기	Step 4 일본어로 말하기
통문장 듣고 따라 말하기 □ 반복 듣기 □□□	오랜만에 마스카라를 발라 봤어요.
통문장 듣고 따라 말하기 □ 반복 듣기 □□□	이 립스틱은 바르기 쉽네요.
통문장 듣고 따라 말하기 □ 반복 듣기 □□□	어이쿠, 손이 미끄러지고 말았어요.
통문장 듣고 따라 말하기 □ 반복 듣기 □□□	매일 밤 화장 지우는 게 귀찮아요.

응용 말하기 : 이제 일본어로 자신 있게 말해 보세요.

In29-3.mp3

Step 1 우리말 보면서 듣기		Step 2 10초 안에 말해 보기
01	오늘은 선크림을 잘 챙겨 발랐어요.	今日(きょう)は＿＿＿＿ちゃんと＿＿＿＿。
02	눈썹을 잘 못 그리겠어요.	＿＿＿＿うまく＿＿ことができません。
03	오랜만에 아이라인을 그려 봤어요.	久(ひさ)しぶりに＿＿＿＿を＿＿＿＿。
04	마스카라를 바를 때 손이 미끄러졌어요.	＿＿＿＿ときに、手(て)が滑(すべ)っちゃいました。
05	화장을 지워야 돼요.	＿＿＿を落(お)とさ＿＿＿＿。
06	손이 미끄러져서 판다 눈이 되고 말았어요.	手(て)が＿＿＿、パンダ目(め)になっちゃいました。
07	이 선크림은 잘 안 지워지네요.	この＿＿＿＿は＿＿＿＿ですね。
08	매일 아침 메이크업하는 게 귀찮아요.	＿＿＿＿のが＿＿＿。

▶ 정답은 266쪽을 확인해 주세요.

어휘 パンダ目(め) (비유해서) 판다 눈 | パンダ目(め)になる 판다 눈이 되다

DAY 30

하루에 표현 8개

면도하기

강의 및 훈련 MP3

핵심 표현

In30-1.mp3

01 ヒゲが伸(の)びる

02 ヒゲを剃(そ)る = ヒゲ剃(そ)りをする

03 ヒゲが似合(にあ)う

04 シェービングクリームを塗(ぬ)る

05 やわらかくなる

06 あごを切(き)る

07 ヒリヒリする

08 カミソリ / 電気(でんき)シェーバー

01 수염이 자라다
02 수염을 깎다 = 면도를 하다
03 수염이 어울리다
04 쉐이빙 크림을 바르다
05 부드러워지다
06 턱을 베다
07 쓰라리다, 따끔따끔하다
08 날면도기 / 전기면도기

집중 훈련 : 듣고 따라 하면서 표현을 내 것으로 만드세요.

	Step 1 한 뭉치씩 늘려서 듣기	Step 2 우리말 뜻 확인하기
01	ヒゲが伸(の)びる。	수염이 자라다.
	ヒゲが伸びてしまう。	수염이 자라 버리다.
	ヒゲがだいぶ伸びてしまいました。	수염이 꽤 자랐어요.
02	ヒゲが似合(にあ)う。	수염이 어울리다.
	ヒゲが似合いません。	수염이 안 어울려요.
	私(わたし)はヒゲが全然(ぜんぜん)似合いません。	저는 수염이 전혀 안 어울려요.
03	ヒゲを剃(そ)る。	면도를 하다.
	ヒゲを剃ります。	면도를 합니다.
	カミソリでヒゲを剃ります。	(날)면도기로 면도를 합니다.
04	シェービングクリームを塗(ぬ)る。	쉐이빙 크림을 바르다.
	シェービングクリームを顔(かお)に塗る。	쉐이빙 크림을 얼굴에 바르다.
	シェービングクリームを顔に塗ります。	쉐이빙 크림을 얼굴에 바릅니다.

어휘 全然(ぜんぜん) 전혀

Step 3 듣고 따라 하기	Step 4 일본어로 말하기
통문장 듣고 따라 말하기 □ 반복 듣기 □□□	수염이 꽤 자랐어요.
통문장 듣고 따라 말하기 □ 반복 듣기 □□□	저는 수염이 전혀 안 어울려요.
통문장 듣고 따라 말하기 □ 반복 듣기 □□□	(날)면도기로 면도를 합니다.
통문장 듣고 따라 말하기 □ 반복 듣기 □□□	쉐이빙 크림을 얼굴에 바릅니다.

	Step 1 한 뭉치씩 늘려서 듣기	Step 2 우리말 뜻 확인하기
05	やわらかい。	부드럽다.
	やわらかくなる。	부드러워지다.
	ヒゲがやわらかくなります。	수염이 부드러워집니다.
06	あごを切(き)る。	턱을 베다.
	あごを切ってしまう。	턱을 베어 버리다.
	今朝(けさ)あごを切ってしまいました。	오늘 아침 턱을 베었어요.
07	ヒリヒリする。	쓰라리다.
	ヒリヒリしてつらい。	쓰라려서 괴롭다.
	ヒリヒリしてつらいです。	쓰라려서 괴로워요.
08	剃(そ)りやすい。	면도하기 쉽다.
	電気(でんき)シェーバーが剃りやすい。	전기면도기가 면도하기 쉽다.
	カミソリより電気シェーバーが剃りやすいです。	날면도기보다 전기면도기가 면도하기 쉬워요.

어휘 ～より ~보다

Step 3 듣고 따라 하기

Step 4 일본어로 말하기

통문장 듣고 따라 말하기 ☐
반복 듣기 ☐☐☐

수염이 부드러워집니다.

통문장 듣고 따라 말하기 ☐
반복 듣기 ☐☐☐

오늘 아침 턱을 베어 버렸어요.

통문장 듣고 따라 말하기 ☐
반복 듣기 ☐☐☐

쓰라려서 괴로워요.

통문장 듣고 따라 말하기 ☐
반복 듣기 ☐☐☐

날면도기보다 전기면도기가 면도하기 쉬워요.

응용 말하기 : 이제 일본어로 자신 있게 말해 보세요.

In30-3.mp3

Step 1 우리말 보면서 듣기		Step 2 10초 안에 말해 보기
01	슬슬 면도를 해야 돼요.	そろそろ______をしないといけません。
02	뜨거운 물로 닦으면 수염이 부드러워져요.	お湯(ゆ)で洗(あら)うと、____が______ ______。
03	배우 조니 뎁은 수염이 잘 어울려요.	俳優(はいゆう)のジョニー・デップさんは、____が よく______。
04	손이 미끄러져서 턱을 베어 버렸어요.	__が滑(すべ)って、あごを________。
05	저는 전기면도기보다 날면도기가 쓰기 편해요.	僕(ぼく)は、______より______が 剃(そ)りやすいです。
06	면도할 때는 항상 긴장돼요.	____を______、いつも緊張(きんちょう)します。
07	입술을 베었는데 피가 멈추지 않아요.	くちびるを____、血(ち)が止(と)まりません。
08	쓰라려서 눈물이 났어요.	______、涙(なみだ)が出(で)ました。

▶ 정답은 267쪽을 확인해 주세요.

어휘 そろそろ 슬슬 | お湯(ゆ) 뜨거운 물 | 俳優(はいゆう) 배우 | 血(ち) 피 | 止(と)まる 멈추다 | 涙(なみだ) 눈물 | 出(で)る 나오다

DAY 31

하루에 표현 8개

운전하기

강의 및 훈련 MP3

핵심 표현

In31-1.mp3

01 車(くるま)で通勤(つうきん)する / 車で通学(つうがく)する

02 片道(かたみち) / 往復(おうふく)

03 AからBまで～キロ

04 ～くらいかかる

05 免許(めんきょ)を取(と)る

06 ペーパードライバー

07 運転(うんてん)が下手(へた) / 駐車(ちゅうしゃ)が苦手(にがて)

08 カーブを曲(ま)がる

01 차로 출퇴근하다 / 차로 학교에 다니다

02 편도 / 왕복

03 A에서 B까지 ～킬로미터

04 ～정도 걸리다

05 면허를 따다

06 장롱면허

07 운전을 못함 / 주차가 서툶

08 커브를 돌다

집중 훈련 : 듣고 따라 하면서 표현을 내 것으로 만드세요.

	Step 1 한 뭉치씩 늘려서 듣기	Step 2 우리말 뜻 확인하기
01	車(くるま)で通勤(つうきん)する。	차로 출퇴근하다.
	車で通勤している。	차로 출퇴근하고 있다.
	車で通勤しています。	차로 출퇴근합니다.
02	職場(しょくば)まで10キロだ。	직장까지 10킬로다.
	職場まで10キロくらいです。	직장까지 10킬로 정도입니다.
	自宅(じたく)から職場まで10キロくらいです。	집에서 직장까지 10킬로 정도예요.
03	往復(おうふく)40分(ぷん)かかる。	왕복 40분 걸리다.
	往復40分くらいかかります。	왕복 40분 정도 걸려요.
	職場までは往復40分くらいかかります。	직장까지는 왕복 40분 정도 걸려요.
04	免許(めんきょ)を取(と)る。	면허를 따다.
	免許は取りました。	면허는 땄어요.
	免許は10年前(ねんまえ)に取りました。	면허는 10년 전에 땄어요.

어휘 自宅(じたく) 집 | 職場(しょくば) 직장 | 10年前(じゅうねんまえ)に 10년 전에

Step 3 듣고 따라 하기	Step 4 일본어로 말하기
통문장 듣고 따라 말하기 □ 반복 듣기 □□□	차로 출퇴근합니다.
통문장 듣고 따라 말하기 □ 반복 듣기 □□□	집에서 직장까지 10킬로 정도예요.
통문장 듣고 따라 말하기 □ 반복 듣기 □□□	직장까지는 왕복 40분 정도 걸려요.
통문장 듣고 따라 말하기 □ 반복 듣기 □□□	면허는 10년 전에 땄어요.

	Step 1 한 뭉치씩 늘려서 듣기	Step 2 우리말 뜻 확인하기
05	ペーパードライバーだ。	장롱면허다.
	ペーパードライバーなんです。	장롱면허예요.
	ペーパードライバー歴(れき)10年(ねん)なんです。	장롱면허 10년 차예요.
06	駐車(ちゅうしゃ)が下手(へた)だ。	주차를 못하다.
	駐車が下手すぎる。	주차를 너무 못하다.
	駐車が下手すぎて、困(こま)っています。	주차를 너무 못해서 고민이에요.
07	運転(うんてん)が苦手(にがて)だ。	운전이 서투르다.
	運転が苦手で、高速道路(こうそくどうろ)が怖(こわ)い。	운전이 서툴러서 고속도로가 무섭다.
	運転が苦手で、高速道路が怖いです。	운전이 서툴러서 고속도로가 무서워요.
08	カーブを曲(ま)がる。	커브를 돌다.
	カーブをうまく曲がる。	커브를 잘 돌다.
	カーブをうまく曲がることができません。	커브를 잘 못 돌겠어요.

어휘 高速道路(こうそくどうろ) 고속도로

Step 3 듣고 따라 하기	Step 4 일본어로 말하기
통문장 듣고 따라 말하기 ☐ 반복 듣기 ☐☐☐	장롱면허 10년 차예요.
통문장 듣고 따라 말하기 ☐ 반복 듣기 ☐☐☐	주차를 너무 못해서 고민이에요.
통문장 듣고 따라 말하기 ☐ 반복 듣기 ☐☐☐	운전이 서툴러서 고속도로가 무서워요.
통문장 듣고 따라 말하기 ☐ 반복 듣기 ☐☐☐	커브를 잘 못 돌겠어요.

응용 말하기 : 이제 일본어로 자신 있게 말해 보세요.

In31-3.mp3

	Step 1 우리말 보면서 듣기	Step 2 10초 안에 말해 보기
01	다음 달부터 차로 통학해야 해요.	来月(らいげつ)から___で___しないといけません。
02	집에서 직장까지 차로 1시간 반 걸려요.	自宅(じたく)___職場(しょくば)___車(くるま)で１時間半(じかんはん)_______。
03	대학교까지 편도 1시간 넘게 걸려요.	大学(だいがく)まで_______以上(いじょう)_______。
04	비 오는 날은 더 걸릴 때도 있어요.	雨(あめ)の日(ひ)は、もっと_____ときも_____。
05	주차를 너무 못해서 엄청 시간이 걸려요.	___が_____、すごく___が_______。
06	주차를 잘 못하겠어요.	___が_________。
07	면허를 딴 지 5년인데, 장롱면허예요.	___を_____５年(ねん)ですが、_________です。
08	장롱면허라서 운전이 무서워요.	_________なので、_______。

▶ 정답은 269쪽을 확인해 주세요.

어휘 来月(らいげつ) 다음 달 | 雨(あめ)の日(ひ) 비 오는 날 | ~ときもある ~때도 있다

DAY 32

하루에 표현 8개

대중교통 이용하기

강의 및 훈련 MP3

핵심 표현

In32-1.mp3

01 ～で通(かよ)う / ～で行(い)く

02 ～に乗(の)る / ～を(から)降(お)りる

03 満員電車(まんいんでんしゃ) / 満員バス

04 カードをチャージする

05 乗(の)り換(か)える

06 人(ひと)でいっぱいだ

07 ～に夢中(むちゅう)になる

08 乗(の)り過(す)ごす

01 ～으로 다니다 / ～으로 가다
02 ～을 타다 / ～에서 내리다
03 만원 전철 / 만원 버스
04 카드를 충전하다
05 갈아타다, 환승하다
06 사람으로 가득하다
07 ～에 푹 빠지다, ～에 열중하다
08 (내릴 곳을) 지나치다

집중 훈련 : 듣고 따라 하면서 표현을 내 것으로 만드세요.

	Step 1 한 뭉치씩 늘려서 듣기	Step 2 우리말 뜻 확인하기
01	バスで通(かよ)う。	버스로 다니다.
	バスで通っている。	버스로 다니고 있다.
	学校(がっこう)にはバスで通っています。	학교에는 버스로 다니고 있습니다.
02	電車(でんしゃ)に乗(の)る。	전철을 타다.
	電車に乗っています。	전철을 타고 있습니다.
	毎日(まいにち)７時台(じだい)の電車に乗っています。	매일 7시대 전철을 타고 있습니다.
03	満員(まんいん)電車に乗る。	만원 전철을 타다.
	満員電車に乗りたくない。	만원 전철을 타고 싶지 않다.
	満員電車には乗りたくありません。	만원 전철은 타고 싶지 않아요.
04	カードをチャージする。	카드를 충전하다.
	カードをチャージしておく。	카드를 충전해 두다.
	カードをチャージしておきました。	카드를 충전해 두었어요.

어휘 バス 버스 | 電車(でんしゃ) 전철 | ７時台(しちじだい) 7시대

Step 3 듣고 따라 하기	Step 4 일본어로 말하기
통문장 듣고 따라 말하기 □ 반복 듣기 □□□	학교에는 버스로 다니고 있습니다.
통문장 듣고 따라 말하기 □ 반복 듣기 □□□	매일 7시대 전철을 타고 있습니다.
통문장 듣고 따라 말하기 □ 반복 듣기 □□□	만원 전철은 타고 싶지 않아요.
통문장 듣고 따라 말하기 □ 반복 듣기 □□□	카드를 충전해 두었어요.

	Step 1 한 뭉치씩 늘려서 듣기	Step 2 우리말 뜻 확인하기
05	乗(の)り換(か)える。 乗り換えないといけない。 2回(かい)も乗り換えないといけません。	갈아타다. 갈아타야 한다. 두 번이나 갈아타야 해요.
06	人(ひと)でいっぱいだ。 見(み)ている人でいっぱいです。 スマホを見ている人でいっぱいです。	사람으로 가득하다. 보고 있는 사람으로 가득합니다. 스마트폰을 보고 있는 사람들로 가득합니다.
07	夢中(むちゅう)になる。 読書(どくしょ)に夢中になっている。 読書に夢中になっています。	푹 빠지다. 독서에 푹 빠지다. 독서에 푹 빠져 있어요.
08	乗(の)り過(す)ごす。 乗り過ごしてしまう。 ゲームに夢中(むちゅう)になって、乗り過ごしてしまいました。	지나치다. 지나쳐 버리다. 게임하다가 내릴 역을 지나쳤어요.

어휘 2回(にかい) 두 번 | 2回(にかい)も 두 번이나 | 読書(どくしょ) 독서

Step 3 듣고 따라 하기	Step 4 일본어로 말하기
통문장 듣고 따라 말하기 ☐ 반복 듣기 ☐☐☐	두 번이나 갈아타야 해요.
통문장 듣고 따라 말하기 ☐ 반복 듣기 ☐☐☐	스마트폰을 보고 있는 사람들로 가득합니다.
통문장 듣고 따라 말하기 ☐ 반복 듣기 ☐☐☐	독서에 푹 빠져 있어요.
통문장 듣고 따라 말하기 ☐ 반복 듣기 ☐☐☐	게임하다가 내릴 역을 지나쳤어요.

응용 말하기 : 이제 일본어로 자신 있게 말해 보세요.

In32-3.mp3

Step 1 우리말 보면서 듣기		Step 2 10초 안에 말해 보기
01	이번에 처음으로 신칸센을 타요.	今度(こんど)初(はじ)めて新幹線(しんかんせん)＿＿＿＿。
02	전철로도 버스로도 갈 수 있어요.	電車(でんしゃ)でもバスでも＿＿ことが＿＿＿＿。
03	독서하는 사람들로 가득해요.	読書(どくしょ)をしている＿＿＿＿＿です。
04	카드는 편의점에서 충전할 수 있어요.	カードは、コンビニで＿＿＿＿＿＿。
05	버스를 타면 속이 안 좋아져요.	＿＿＿＿と気分(きぶん)が悪(わる)くなります。
06	지하철 내려서 버스로 갈아탔어요.	地下鉄(ちかてつ)＿＿＿＿、バス＿＿＿＿＿＿。
07	만원 버스는 절대로 타고 싶지 않아요.	満員(まんいん)バスには絶対(ぜったい)に＿＿＿＿＿＿。
08	스마트폰에 푹 빠져서 지나쳐 버렸어요.	スマホに夢中(むちゅう)＿＿＿＿、＿＿＿＿＿＿＿＿。

▶ 정답은 270쪽을 확인해 주세요.

어휘 今度(こんど) 이번에 | 初(はじ)めて 처음으로 | コンビニ 편의점 | 地下鉄(ちかてつ) 지하철 | 気分(きぶん)が悪(わる)い 컨디션이 나쁘다 | 絶対(ぜったい)に 절대로

DAY 33

하루에 표현 8개

다이어트

강의 및 훈련 MP3

핵심 표현

In33-1.mp3

01 ダイエット / リバウンド

02 太(ふと)る ⇔ やせる

03 体重(たいじゅう)が増(ふ)える ⇔ 体重が減(へ)る

04 飽(あ)きる

05 ポッコリお腹(なか) / 二重(にじゅう)あご

06 ヤケ食(ぐ)い

07 ついつい食(た)べてしまう

08 プチ断食(だんじき)をする

01 다이어트 / 요요

02 살찌다 ⇔ 살빠지다, 날씬하다

03 체중이 늘다 ⇔ 체중이 줄다

04 질리다

05 불룩 나온 배 / 이중턱

06 (스트레스성) 폭식

07 자꾸자꾸 먹게 된다

08 간헐적 단식을 하다

집중 훈련 : 듣고 따라 하면서 표현을 내 것으로 만드세요.

	Step 1 한 뭉치씩 늘려서 듣기	Step 2 우리말 뜻 확인하기
01	リバウンドする。 ３キロリバウンドしました。 ５キロやせて、３キロリバウンドしました。	요요가 오다. 3킬로 요요가 왔어요. 5킬로 빼고 3킬로 요요가 왔어요.
02	太(ふと)る。 急(きゅう)に太(ふと)りました。 急に８キロも太りました。	살찌다. 갑자기 살이 쪘어요. 갑자기 8킬로나 살이 쪘어요.
03	体重(たいじゅう)が増(ふ)える。 体重が３キロも増える。 １週間(しゅうかん)で体重が３キロも増えました。	체중이 늘다. 체중이 3킬로나 늘다. 일주일 동안 체중이 3킬로나 늘었어요.
04	飽(あ)きる。 野菜(やさい)は飽きてしまう。 野菜はもう飽きてしまいました。	질리다. 채소는 질려 버리다. 채소는 이제 질렸어요.

어휘 キロ 킬로 | １週間(いっしゅうかん)で 일주일 동안, 일주일만에 | 野菜(やさい) 채소

Step 3 듣고 따라 하기 | Step 4 일본어로 말하기

통문장 듣고 따라 말하기 ☐

반복 듣기 ☐☐☐

5킬로 빼고 3킬로 요요가 왔어요.

통문장 듣고 따라 말하기 ☐

반복 듣기 ☐☐☐

갑자기 8킬로나 살이 쪘어요.

통문장 듣고 따라 말하기 ☐

반복 듣기 ☐☐☐

일주일 동안 체중이 3킬로나 늘었어요.

통문장 듣고 따라 말하기 ☐

반복 듣기 ☐☐☐

채소는 이제 질렸어요.

	Step 1 한 뭉치씩 늘려서 듣기	Step 2 우리말 뜻 확인하기
05	二重(にじゅう)あご。	이중턱.
	二重あごが気(き)になる。	이중턱이 신경 쓰이다.
	二重あごが気になります。	이중턱이 신경 쓰여요.
06	ヤケ食(ぐ)いする。	폭식하다.
	またヤケ食いしちゃう。	또 폭식해 버리다.
	またヤケ食いしちゃいました。	또 폭식해 버렸어요.
07	ついつい食(た)べてしまう。	자꾸 먹게 된다.
	ついつい夜食(やしょく)を食べてしまう。	자꾸 야식을 먹게 된다.
	ついつい夜食を食べてしまうんです。	자꾸 야식을 먹게 돼요.
08	プチ断食(だんじき)をする。	간헐적 단식을 하다.
	プチ断食をするつもりだ。	간헐적 단식을 할 생각이다.
	明日(あした)からプチ断食をするつもりです。	내일부터 간헐적 단식을 할 거예요.

어휘 夜食(やしょく) 야식 | 明日(あした)から 내일부터

Step 3 듣고 따라 하기	Step 4 일본어로 말하기
통문장 듣고 따라 말하기 ☐ 반복 듣기 ☐☐☐	이중턱이 신경 쓰여요.
통문장 듣고 따라 말하기 ☐ 반복 듣기 ☐☐☐	또 폭식해 버렸어요.
통문장 듣고 따라 말하기 ☐ 반복 듣기 ☐☐☐	자꾸 야식을 먹게 돼요.
통문장 듣고 따라 말하기 ☐ 반복 듣기 ☐☐☐	내일부터 간헐적 단식을 할 거예요.

응용 말하기 : 이제 일본어로 자신 있게 말해 보세요.

In33-3.mp3

Step 1 우리말 보면서 듣기		Step 2 10초 안에 말해 보기
01	다이어트해서 5킬로나 살을 뺐어요.	＿＿＿＿して、５キロも＿＿＿＿。
02	단식 다이어트는 요요가 오기 쉬워요.	断食(だんじき)ダイエットは、＿＿＿＿しやすいです。
03	자꾸 과자를 먹고 말아요.	＿＿＿＿お菓子を＿＿＿＿。
04	토마토는 이제 질렸어요.	トマトはもう＿＿＿＿。
05	갑자기 체중이 3킬로나 늘었어요.	急(きゅう)に＿＿＿＿３キロも＿＿＿＿。
06	불룩 나온 배가 신경 쓰여요.	ポッコリお腹(なか)が＿＿＿＿。
07	스트레스 때문에 폭식해 버렸어요.	ストレスで＿＿＿＿。
08	다음 주부터 간헐적 단식을 할 생각이에요.	来週(らいしゅう)から＿＿＿＿をする＿＿＿＿。

▶ 정답은 271쪽을 확인해 주세요.

어휘 お菓子(かし) 과자 | 来週(らいしゅう)から 다음 주부터

DAY 34

하루에 표현 8개

온라인 쇼핑

강의 및 훈련 MP3

핵심 표현

In34-1.mp3

01	ネットで買(か)う
02	買(か)い物(もの)
03	手軽(てがる)にできる
04	クーポンを使(つか)う / ポイントを使う
05	カートに入(い)れる
06	商品(しょうひん)が届(とど)く
07	まとめ買(が)いする
08	衝動買(しょうどうが)い

01 인터넷으로 사다

02 물건 사기, 장보기, 쇼핑

03 간편하게 할 수 있다

04 쿠폰을 쓰다 / 포인트를 쓰다

05 카트에 담다

06 상품이 도착하다

07 한꺼번에 사다, 대량 구매하다

08 충동구매

집중 훈련 : 듣고 따라 하면서 표현을 내 것으로 만드세요.

	Step 1 한 뭉치씩 늘려서 듣기	Step 2 우리말 뜻 확인하기
01	買(か)う。 ネットで買う。 ネットでコートを買いました。	사다. 인터넷으로 사다. 인터넷으로 코트를 샀어요.
02	買(か)い物(もの)をする。 買い物をしています。 買い物はほとんどネットでしています。	쇼핑을 하다. 쇼핑을 하고 있어요. 쇼핑은 대부분 인터넷으로 하고 있어요.
03	手軽(てがる)にできる。 手軽にできます。 スマホ一(ひと)つで、手軽にできます。	편하게 할 수 있다. 편하게 할 수 있어요. 스마트폰 하나로 편하게 할 수 있어요.
04	カートに入(い)れる。 カートに入れます。 欲(ほ)しいものをカートに入れます。	카트에 담다. 카트에 담습니다. 사고 싶은 것을 카트에 담아요.

어휘 コート 코트 | ほとんど 대부분, 거의 다 | 一(ひと)つで 하나로 | 手軽(てがる)に 간편하게, 손쉽게

Step 3 듣고 따라 하기	Step 4 일본어로 말하기
통문장 듣고 따라 말하기 □ 반복 듣기 □□□	인터넷으로 코트를 샀어요.
통문장 듣고 따라 말하기 □ 반복 듣기 □□□	쇼핑은 대부분 인터넷으로 하고 있어요.
통문장 듣고 따라 말하기 □ 반복 듣기 □□□	스마트폰 하나로 편하게 할 수 있어요.
통문장 듣고 따라 말하기 □ 반복 듣기 □□□	사고 싶은 것을 카트에 담아요.

Step 1 한 뭉치씩 늘려서 듣기		Step 2 우리말 뜻 확인하기
05	クーポンを使(つか)う。	쿠폰을 쓰다.
	クーポンとか使いやすい。	쿠폰 같은 걸 쓰기 쉽다.
	クーポンとかポイントとかも使いやすいです。	쿠폰이나 포인트 같은 것도 쓰기 쉬워요.
06	商品(しょうひん)が届(とど)く。	상품이 도착하다.
	商品が届きました。	상품이 도착했어요.
	商品が１日(いちにち)で届きました。	상품이 하루만에 도착했어요.
07	まとめ買(が)いする。	한꺼번에 사다.
	まとめ買いするとき。	한꺼번에 살 때.
	まとめ買いするとき、便利(べんり)です。	한꺼번에 살 때 편리해요.
08	衝動買(しょうどうが)い。	충동구매.
	衝動買いに注意(ちゅうい)する。	충동구매에 주의하다.
	衝動買いに注意しましょう。	충동구매에 주의합시다.

어휘 ～とか ~이라든가 | 商品(しょうひん) 상품 | １日(いちにち)で 하루만에 | 注意(ちゅうい)する 주의하다

Step 3 듣고 따라 하기	Step 4 일본어로 말하기
통문장 듣고 따라 말하기 □ 반복 듣기 □□□	쿠폰이나 포인트 같은 것도 쓰기 쉬워요.
통문장 듣고 따라 말하기 □ 반복 듣기 □□□	상품이 하루만에 도착했어요.
통문장 듣고 따라 말하기 □ 반복 듣기 □□□	한꺼번에 살 때 편리해요.
통문장 듣고 따라 말하기 □ 반복 듣기 □□□	충동구매에 주의합시다.

응용 말하기 : 이제 일본어로 자신 있게 말해 보세요.

In34-3.mp3

Step 1 우리말 보면서 듣기	Step 2 10초 안에 말해 보기
01 장은 전부 다 인터넷으로 봐요.	______ 全部(ぜんぶ) ______ しています。
02 간편하게 물건 사기(쇼핑) 할 수 있어요.	______ 買(か)い物(もの)が ______。
03 상품이 아직 안 도착했어요.	______ がまだ ______ いません。
04 인터넷은 대량구매할 때 편리해요.	ネットは ______ 便利(べんり)です。
05 싸서 충동구매해 버렸어요.	安(やす)くて、______ しちゃいました。
06 얼마 전 인터넷으로 책을 샀어요.	この間(あいだ) ______ 本(ほん)を ______。
07 포인트도 쿠폰도 쓰기 쉬워요.	______ もクーポンも ______ です。
08 자꾸자꾸 카트에 담게 돼요.	ついつい ______ しまいます。

▶ 정답은 273쪽을 확인해 주세요.

어휘 まだ 아직 | この間(あいだ) 얼마 전 | 本(ほん) 책

DAY 35

하루에 표현 8개

영화 보기

강의 및 훈련 MP3

핵심 표현

In35-1.mp3

01	映画(えいが)を見(み)に行(い)く
02	題材(だいざい)
03	チケットを予約(よやく)する
04	ジャンル
05	一番(いちばん)良(よ)かった映画
06	つまらない ⇔ 面白(おもしろ)い
07	ネタバレ
08	～時(とき)(に)おすすめ

01 영화를 보러 가다
02 소재
03 티켓을 예약하다
04 장르
05 가장 좋았던 영화
06 재미없다 ⇔ 재미있다
07 스포일러
08 ~때 추천

집중 훈련 : 듣고 따라 하면서 표현을 내 것으로 만드세요.

	Step 1 한 뭉치씩 늘려서 듣기	Step 2 우리말 뜻 확인하기
01	映画(えいが)を見(み)に行(い)く。	영화를 보러 가다.
	映画を見に行きます。	영화를 보러 갑니다.
	デートで映画を見に行きます。	데이트로 영화를 보러 가요.
02	題材(だいざい)とする。	소재로 하다.
	題材とした映画(えいが)。	소재로 한 영화.
	夢(ゆめ)を題材とした映画です。	꿈을 소재로 한 영화예요.
03	チケットを予約(よやく)する。	티켓을 예약하다.
	チケットを予約してみる。	티켓을 예약해 보다.
	アプリでチケットを予約してみました。	어플로 티켓을 예약해 봤어요.
04	ジャンルは何(なん)ですか。	장르는 뭐예요?
	好(す)きなジャンルは何ですか。	좋아하는 장르는 뭐예요?
	好きな映画(えいが)のジャンルは何ですか。	좋아하는 영화 장르는 뭐예요? (= 어떤 장르의 영화를 좋아해요?)

어휘 デート 데이트 | 夢(ゆめ) 꿈 | アプリ 어플

Step 3 듣고 따라 하기	Step 4 일본어로 말하기
통문장 듣고 따라 말하기 □ 반복 듣기 □□□	데이트로 영화를 보러 가요.
통문장 듣고 따라 말하기 □ 반복 듣기 □□□	꿈을 소재로 한 영화예요.
통문장 듣고 따라 말하기 □ 반복 듣기 □□□	어플로 티켓을 예약해 봤어요.
통문장 듣고 따라 말하기 □ 반복 듣기 □□□	좋아하는 영화 장르는 뭐예요? (= 어떤 장르의 영화를 좋아해요?)

	Step 1 한 뭉치씩 늘려서 듣기	Step 2 우리말 뜻 확인하기
05	良(よ)かった映画(えいが)。 一番(いちばん)良かった映画。 今(いま)まで見(み)た中(なか)で、一番良かった映画です。	좋았던 영화. 제일 좋았던 영화. 지금까지 본 것 중에서 제일 좋았던 영화예요.
06	つまらない。 つまらなくて、あくびが出(で)る。 つまらなくて、途中(とちゅう)からあくびが出ました。	재미없다. 재미없어서 하품이 나다. 재미없어서 중간부터 하품이 났어요.
07	ネタバレする。 ネタバレしない。 ネタバレしないでください。	스포일러 하다. 스포일러 하지 않다. 스포일러 하지 말아 주세요.
08	おすすめです。 泣(な)きたい時(とき)におすすめです。 泣きたい時におすすめの映画(えいが)です。	추천해요. 울고 싶을 때 추천해요. 울고 싶을 때 보면 좋은 영화예요.

어휘 今(いま)まで 지금까지 | ～た中(なか)で ~한 (것) 중에서 | 途中(とちゅう) 중간, 도중 | 途中(とちゅう)から 중간부터

Step 3 듣고 따라 하기

Step 4 일본어로 말하기

통문장 듣고 따라 말하기 □
반복 듣기 □□□

지금까지 본 것 중에서 제일 좋았던 영화예요.

통문장 듣고 따라 말하기 □
반복 듣기 □□□

재미없어서 중간부터 하품이 났어요.

통문장 듣고 따라 말하기 □
반복 듣기 □□□

스포일러 하지 말아 주세요.

통문장 듣고 따라 말하기 □
반복 듣기 □□□

울고 싶을 때 보면 좋은 영화예요.

응용 말하기 : 이제 일본어로 자신 있게 말해 보세요.

In35-3.mp3

Step 1 우리말 보면서 듣기		Step 2 10초 안에 말해 보기
01	티켓은 이미 예약해 뒀죠.	チケットはもう＿＿＿＿＿＿＿＿よ。
02	혼자 영화를 보러 가요.	一人(ひとり)で＿＿＿を＿＿＿＿＿＿。
03	웃고 싶을 때 보면 좋은 영화예요.	笑(わら)いたい＿＿＿＿＿＿の＿＿＿です。
04	스포 하지 말아 주세요.	＿＿＿＿しないでください。
05	사랑을 소재로 한 영화예요.	恋愛(れんあい)を＿＿＿＿＿＿＿です。
06	제일 좋았던 영화는 스타워즈였어요.	＿＿＿＿＿＿＿はスターウォーズでした。
07	오늘 밤 볼 거니까 스포 하지 말아 주세요.	今晩(こんばん)見(み)るから、＿＿＿＿しないでください。
08	지금까지 본 것 중에서 제일 재미있는 영화예요.	＿＿＿＿＿＿＿、一番面白(いちばんおもしろ)かった＿＿＿＿。

▶ 정답은 274쪽을 확인해 주세요.

어휘 一人(ひとり)で 혼자(서) | 笑(わら)いたい 웃고 싶다 : 원형 笑(わら)う 웃다 | 恋愛(れんあい) 사랑 | 今晩(こんばん) 오늘 밤

DAY 36

하루에 표현 8개

TV 보기

강의 및 훈련 MP3

핵심 표현

In36-1.mp3

01 テレビをつける ⇔ テレビを消(け)す

02 ～ばかり見(み)ている

03 ～にハマる

04 チャンネルを変(か)える

05 チャンネル権(けん)が～にある

06 盛(も)り上(あ)がる

07 気(き)になる

08 一気(いっき)に見(み)る

01 TV를 켜다 ⇔ TV를 끄다
02 ~만 보고 있다
03 ~에 푹 빠지다
04 채널을 돌리다
05 채널권이 ~에게 있다
06 흥이 나다, 신나다, 분위기가 고조되다
07 신경 쓰이다, 궁금하다
08 몰아 보다, 한번에 보다

집중 훈련 : 듣고 따라 하면서 표현을 내 것으로 만드세요.

	Step 1 한 뭉치씩 늘려서 듣기	Step 2 우리말 뜻 확인하기
01	テレビをつける。	TV를 켜다.
	テレビをつけてしまいます。	TV를 켜게 돼요.
	家(いえ)に帰(かえ)ると、すぐテレビをつけてしまいます。	집에 가면 바로 TV를 켜게 돼요.
02	テレビを見(み)る。	TV를 보다.
	テレビばかり見ています。	TV만 보고 있어요.
	一日中(いちにちじゅう)テレビばかり見ています。	하루 종일 TV만 보고 있어요.
03	ハマる。	빠지다.
	ハマっています。	빠져 있어요.
	バラエティー番組(ばんぐみ)にハマっています。	예능 프로그램에 빠져 있어요.
04	チャンネルを変(か)える。	채널을 돌리다.
	チャンネルを変えています。	채널을 돌리고 있어요.
	チャンネルをコロコロ変えています。	채널을 여기저기 돌리고 있어요.

어휘 一日中(いちにちじゅう) 하루 종일 | バラエティー番組(ばんぐみ) 예능 프로그램 | コロコロ 이리저리

Step 3 듣고 따라 하기	Step 4 일본어로 말하기
통문장 듣고 따라 말하기 □ 반복 듣기 □□□	집에 가면 바로 TV를 켜게 돼요.
통문장 듣고 따라 말하기 □ 반복 듣기 □□□	하루 종일 TV만 보고 있어요.
통문장 듣고 따라 말하기 □ 반복 듣기 □□□	예능 프로그램에 빠져 있어요.
통문장 듣고 따라 말하기 □ 반복 듣기 □□□	채널을 여기저기 돌리고 있어요.

	Step 1	Step 2
05	チャンネル権(けん)がある。	채널권이 있다.
	チャンネル権が母(はは)にあります。	채널권이 엄마한테 있어요.
	テレビのチャンネル権が母にあります。	TV 채널권이 엄마한테 있어요.
06	盛(も)り上(あ)がる。	흥이 나다.
	盛り上がります。	흥이 나요.
	一緒(いっしょ)に見(み)る方(ほう)が盛り上がります。	함께 보는 게 흥이 나요.
07	気(き)になる。	궁금하다.
	気になります。	궁금해요.
	続(つづ)きが気になります。	다음 내용이 궁금해요.
08	一気(いっき)に見る。	한번에 다 보다.
	一気に見てしまいました。	한번에 다 봐 버렸어요.
	面白(おもしろ)すぎて、一気に見てしまいました。	너무 재미있어서 한번에 다 봐 버렸어요.

어휘 母(はは) 엄마, 어머니 | 一緒(いっしょ)に 함께 | 続(つづ)き 다음 (내용) : 원형은 続(つづ)く 계속되다

Step 3 듣고 따라 하기	Step 4 일본어로 말하기
통문장 듣고 따라 말하기 □ 반복 듣기 □□□	TV 채널권이 엄마한테 있어요.
통문장 듣고 따라 말하기 □ 반복 듣기 □□□	함께 보는 게 흥이 나요.
통문장 듣고 따라 말하기 □ 반복 듣기 □□□	다음 내용이 궁금해요.
통문장 듣고 따라 말하기 □ 반복 듣기 □□□	너무 재미있어서 한번에 다 봐 버렸어요.

응용 말하기 : 이제 일본어로 자신 있게 말해 보세요.

In36-3.mp3

Step 1 우리말 보면서 듣기		Step 2 10초 안에 말해 보기
01	외로워서 바로 TV를 틀게 돼요.	寂(さび)しくて、すぐ＿＿＿を＿＿＿＿＿＿。
02	우리집은 채널권이 아내한테 있어요.	うちは、＿＿＿＿＿が妻(つま)＿＿＿＿＿。
03	다 같이 보는 게 흥이 나요.	皆(みんな)で見(み)る方(ほう)が＿＿＿＿＿。
04	요즘 미드에 빠졌어요.	最近(さいきん)、アメリカドラマ＿＿＿＿＿。
05	보고 싶었던 드라마를 몰아보기 할 생각이에요.	＿＿＿＿ドラマを＿＿＿＿＿つもりです。
06	하루 종일 드라마만 보고 있어요.	一日中(いちにちじゅう)ドラマ＿＿＿＿＿。
07	금방 채널을 여기저기로 돌려 버려요.	すぐ＿＿＿＿をコロコロ＿＿＿＿＿＿。
08	오디션 프로그램에 빠져 있어요.	オーディション＿＿に＿＿＿＿＿＿。

▶ 정답은 276쪽을 확인해 주세요.

어휘 寂(さび)しい 외롭다 | うち 우리집 | 皆(みんな)で 같이, 다 같이 | アメリカドラマ 미드 | オーディション番組(ばんぐみ) 오디션 프로그램

DAY 37

하루에 표현 8개

외식하기

강의 및 훈련 MP3

핵심 표현

In37-1.mp3

01	外食(がいしょく)に行(い)く / 外食する
02	奮発(ふんぱつ)する
03	注文(ちゅうもん)する / 頼(たの)む
04	～抜(ぬ)きでお願(ねが)いする
05	好(す)き嫌(きら)い
06	食(た)べ放題(ほうだい)に行(い)く
07	とろける
08	通(かよ)いたくなる

01 외식하러 가다 / 외식하다
02 큰맘 먹다, 큰맘 먹고 돈을 쓰다
03 주문하다 / 시키다
04 ~을 빼 달라고 부탁하다
05 호불호, (음식을) 가리다
06 무한리필 먹으러 가다, 뷔페에 가다
07 (입에서 살살) 녹다
08 다니고 싶다, 가고 싶다

집중 훈련 : 듣고 따라 하면서 표현을 내 것으로 만드세요.

	Step 1 한 뭉치씩 늘려서 듣기	Step 2 우리말 뜻 확인하기
01	外食(がいしょく)に行(い)く。 外食に行く予定(よてい)です。 家族(かぞく)で外食に行く予定です。	외식하러 가다. 외식하러 갈 예정입니다. 가족끼리 외식하러 갈 예정이에요.
02	奮発(ふんぱつ)する。 奮発して頼(たの)みました。 奮発して６千円(せんえん)のコースを頼みました。	큰맘 먹다. 큰맘 먹고 시켰어요. 큰맘 먹고 6천엔짜리 코스를 시켰어요.
03	注文(ちゅうもん)する。 ランチを注文しました。 お子(こ)さまランチを注文しました。	주문하다. 런치를 주문했어요. 키즈 런치를 주문했어요.
04	お願(ねが)いする。 抜(ぬ)きでお願いしました。 サビ抜きでお願いしました。	부탁하다. 빼 달라고 부탁했어요. 고추냉이 빼 달라고 부탁했어요.

어휘 家族(かぞく)で 가족끼리 | ６千円(ろくせんえん) 6천엔 | コース 코스 | サビ抜(ぬ)き (초밥집에서) 와사비 빼고 : サビ는 ワサビ의 줄임말

Step 3 듣고 따라 하기	Step 4 일본어로 말하기
통문장 듣고 따라 말하기 □ 반복 듣기 □□□	가족끼리 외식하러 갈 예정이에요.
통문장 듣고 따라 말하기 □ 반복 듣기 □□□	큰맘 먹고 6천엔짜리 코스를 시켰어요.
통문장 듣고 따라 말하기 □ 반복 듣기 □□□	키즈 런치를 주문했어요.
통문장 듣고 따라 말하기 □ 반복 듣기 □□□	고추냉이 빼 달라고 부탁했어요.

	Step 1 한 뭉치씩 늘려서 듣기	Step 2 우리말 뜻 확인하기
05	好き嫌いがない。	가리지 않는다.
	好き嫌いがありません。	가리지 않아요.
	食べ物の好き嫌いが全くありません。	음식을 전혀 가리지 않아요.
06	とろける。	녹다.
	口の中でとろけました。	입안에서 살살 녹았어요.
	マグロが口の中でとろけました。	참치가 입에서 살살 녹았어요.
07	食べ放題に行く。	무한리필집에 가다.
	食べ放題に行くつもりです。	무한리필집에 갈 거예요.
	焼き肉の食べ放題に行くつもりです。	고기 무한리필집에 갈 거예요.
08	通いたくなる。	다니고 싶다.
	毎日通いたくなる。	매일 다니고 싶다.
	毎日通いたくなるお店です。	매일 가고 싶은 가게예요.

어휘 食(た)べ物(もの) 음식 | 全(まった)く 전혀 | マグロ 참치 | 口(くち)の中(なか) 입안 | 焼(や)き肉(にく) (구워 먹는) 고기

Step 3 듣고 따라 하기	Step 4 일본어로 말하기
통문장 듣고 따라 말하기 ☐ 반복 듣기 ☐☐☐	음식을 전혀 가리지 않아요.
통문장 듣고 따라 말하기 ☐ 반복 듣기 ☐☐☐	참치가 입에서 살살 녹았어요.
통문장 듣고 따라 말하기 ☐ 반복 듣기 ☐☐☐	고기 무한리필집에 갈 거예요.
통문장 듣고 따라 말하기 ☐ 반복 듣기 ☐☐☐	매일 가고 싶은 가게예요.

응용 말하기 : 이제 일본어로 자신 있게 말해 보세요.

ln37-3.mp3

Step 1 우리말 보면서 듣기		Step 2 10초 안에 말해 보기
01	생일이라서 가족끼리 외식하러 가요.	誕生日(たんじょうび)なので、＿＿で＿＿＿＿＿＿。
02	큰맘 먹고 오마카세 코스를 주문했어요.	＿＿＿＿、おまかせコースを＿＿＿＿＿＿。
03	고수 빼고 시켰어요.	パクチー＿＿＿＿＿＿＿＿。
04	음식은 딱히 안 가리는데요 ….	＿＿＿＿＿特(とく)にないんですが…。
05	피자 뷔페에 다녀왔어요.	ピザ＿＿＿＿に＿＿＿＿＿＿。
06	주 7일 오고 싶은 맛이에요.	週(しゅう)7で＿＿＿＿＿＿味(あじ)です。
07	크리스마스라서 큰맘 먹었어요.	クリスマスだから、＿＿＿＿しまいました。
08	고기가 입안에서 살살 녹았어요.	肉(にく)が口(くち)の中(なか)で＿＿＿＿＿＿。

▶ 정답은 278쪽을 확인해 주세요.

어휘 ので ~이라서, ~이므로 : な형용사와 명사 뒤에 쓸 때는 ～なので | おまかせコース 오마카세 코스 : '오마카세'는 '맡긴다'는 뜻으로 주방장이 알아서 추천 메뉴로 코스를 구성해 주는 것 | 特(とく)に 딱히, 특별히 | ピザ 피자 | 週(しゅう)7で 주 7일로 | クリスマス 크리스마스 | ～だから ~이라서, ~이니까 : な형용사와 명사 뒤에 쓸 때는 だから | 肉(にく) 고기

DAY 38

하루에 표현 8개

친구들과 한잔

강의 및 훈련 MP3

핵심 표현

In38-1.mp3

01 飲(の)み会(かい)をする

02 ～で乾杯(かんぱい)する

03 お酒(さけ)に弱(よわ)い ⇔ お酒に強(つよ)い

04 ～と楽(たの)しい

05 ～の話(はなし)で盛(も)り上(あ)がる

06 終電(しゅうでん)を逃(のが)す

07 二日酔(ふつかよ)い

08 気持(きも)ちが悪(わる)い

01 술자리를 갖다, 회식을 하다
02 ～으로 건배하다
03 술이 약하다 ⇔ 술이 세다
04 ～하면 즐겁다
05 ～ 이야기로 꽃을 피우다
06 막차를 놓치다
07 숙취
08 속이 안 좋다

집중 훈련 : 듣고 따라 하면서 표현을 내 것으로 만드세요.

	Step 1 한 뭉치씩 늘려서 듣기	Step 2 우리말 뜻 확인하기
01	飲(の)み会(かい)をする。	술자리를 가지다.
	友達(ともだち)と飲み会をする。	친구들과 술자리를 가지다.
	高校時代(こうこうじだい)の友達と飲み会をしました。	고등학교 때 친구들과 술자리를 가졌어요.
02	乾杯(かんぱい)する。	건배하다.
	ビールで乾杯する。	맥주로 건배하다.
	とりあえずビールで乾杯しました。	일단 맥주로 건배했어요.
03	お酒(さけ)に弱(よわ)い。	술이 약하다.
	お酒に弱くて、酔(よ)ってしまう。	술이 약해서 취해 버린다.
	お酒に弱くて、すぐ酔ってしまいます。	술이 약해서 금방 취해요.
04	一緒(いっしょ)にいると楽(たの)しい。	함께 있으면 즐겁다.
	一緒にいると楽しいです。	함께 있으면 즐거워요.
	友達(ともだち)と一緒にいると楽しいです。	친구들과 함께 있으면 즐거워요.

어휘 高校時代(こうこうじだい) 고등학교 시절, 고등학교 때 | 友達(ともだち) 친구 | とりあえず 일단, 우선 | ビールで 맥주로

Step 3 듣고 따라 하기	Step 4 일본어로 말하기
통문장 듣고 따라 말하기 □ 반복 듣기 □□□	고등학교 때 친구들과 술자리를 가졌어요.
통문장 듣고 따라 말하기 □ 반복 듣기 □□□	일단 맥주로 건배했어요.
통문장 듣고 따라 말하기 □ 반복 듣기 □□□	술이 약해서 금방 취해요.
통문장 듣고 따라 말하기 □ 반복 듣기 □□□	친구들과 함께 있으면 즐거워요.

	Step 1	Step 2
05	話(はなし)で盛(も)り上(あ)がる。	이야기로 꽃을 피우다.
	思(おも)い出話(でばなし)で盛り上がる。	추억 이야기로 꽃을 피우다.
	思い出話で盛り上がりました。	추억 이야기로 꽃을 피웠어요.
06	終電(しゅうでん)を逃(のが)す。	막차를 놓치다.
	終電を逃してしまう。	막차를 놓쳐 버리다.
	結局(けっきょく)終電を逃してしまいました。	결국 막차를 놓쳤어요.
07	二日酔(ふつかよ)い。	숙취.
	二日酔いがひどい。	숙취가 심하다.
	二日酔いがひどいです。	숙취가 심해요.
08	気持(きも)ち悪(わる)い。	속이 안 좋다.
	飲(の)みすぎて気持ち悪い。	과음해서 속이 안 좋다.
	飲みすぎて気持ち悪いです。	과음했더니 속이 안 좋아요.

어휘 思(おも)い出(で) 추억 | 思(おも)い出話(でばなし) 추억 이야기 | 結局(けっきょく) 결국 | ひどい 심하다

Step 3 듣고 따라 하기	Step 4 일본어로 말하기
통문장 듣고 따라 말하기 ☐ 반복 듣기 ☐☐☐	추억 이야기로 꽃을 피웠어요.
통문장 듣고 따라 말하기 ☐ 반복 듣기 ☐☐☐	결국 막차를 놓쳤어요.
통문장 듣고 따라 말하기 ☐ 반복 듣기 ☐☐☐	숙취가 심해요.
통문장 듣고 따라 말하기 ☐ 반복 듣기 ☐☐☐	과음했더니 속이 안 좋아요.

응용 말하기 : 이제 일본어로 자신 있게 말해 보세요.

In38-3.mp3

Step 1 우리말 보면서 듣기		Step 2 10초 안에 말해 보기
01	다 같이 맥주로 건배를 했어요.	みんなで＿＿＿で＿＿を＿＿＿。
02	사랑 이야기로 꽃을 피웠어요.	恋愛(れんあい)の＿＿＿＿＿＿。
03	또 막차를 놓치고 말았어요.	また＿＿＿＿＿しまいました。
04	친구들을 만나면 즐거워요.	＿＿に会(あ)うと＿＿＿です。
05	숙취 때문에 속이 안 좋아요.	＿＿＿で＿＿＿＿です。
06	술이 약해서 금세 얼굴이 빨개져요.	＿＿＿＿＿、すぐ顔(かお)が赤(あか)くなります。
07	친구들과 오랜만에 술자리를 가졌어요.	友達(ともだち)と久(ひさ)しぶりに＿＿＿＿＿＿。
08	친구들은 다 술이 세요.	＿＿＿みんな、＿＿＿強(つよ)いです。

▶ 정답은 280쪽을 확인해 주세요.

어휘 恋愛(れんあい)の話(はなし) 사랑 이야기 | 会(あ)う 만나다

DAY 39

하루에 표현 8개

SNS 활동

강의 및 훈련 MP3

핵심 표현

In39-1.mp3

01 アカウントを作(つく)る

02 写真(しゃしん)をアップする

03 フォローする

04 フォロワーが増(ふ)える ⇔ フォロワーが減(へ)る

05 いいね！

06 ～映(ば)え

07 ハッシュタグをつける

08 人生(じんせい)のムダ / 時間(じかん)のムダ

01 계정을 만들다

02 사진을 업로드 하다, 사진을 올리다

03 팔로우 하다

04 팔로워가 늘다 ⇔ 팔로워가 줄다

05 좋아요

06 (SNS, 인스타) 감성 돋다

07 해시태그를 달다

08 인생 낭비 / 시간 낭비

집중 훈련 : 듣고 따라 하면서 표현을 내 것으로 만드세요.

	Step 1 한 뭉치씩 늘려서 듣기	Step 2 우리말 뜻 확인하기
01	アカウントを作(つく)る。	계정을 만들다.
	ツイッターのアカウントを作る。	트위터 계정을 만들다.
	この前(まえ)ツイッターのアカウントを作りました。	얼마 전 트위터 계정을 만들었어요.
02	写真(しゃしん)をアップする。	사진을 올리다.
	猫(ねこ)の写真をアップしている。	고양이 사진을 올리고 있다.
	猫の写真ばかりアップしています。	고양이 사진만 올리고 있어요.
03	フォローする。	팔로우 하다.
	アカウントをフォローしている。	계정을 팔로우 하고 있다.
	芸能人(げいのうじん)のアカウントをフォローしています。	연예인 계정을 팔로우 하고 있어요.
04	フォロワーが増(ふ)える。	팔로워가 늘다.
	フォロワーが増えました。	팔로워가 늘었어요.
	フォロワーが一気(いっき)に増えました。	팔로워가 확 늘었어요.

어휘 この前(まえ) 얼마 전 | 猫(ねこ) 고양이 | 芸能人(げいのうじん) 연예인

In39-2.mp3

Step 3 듣고 따라 하기	Step 4 일본어로 말하기
통문장 듣고 따라 말하기 □ 반복 듣기 □□□	얼마 전 트위터 계정을 만들었어요.
통문장 듣고 따라 말하기 □ 반복 듣기 □□□	고양이 사진만 올리고 있어요.
통문장 듣고 따라 말하기 □ 반복 듣기 □□□	연예인 계정을 팔로우 하고 있어요.
통문장 듣고 따라 말하기 □ 반복 듣기 □□□	팔로워가 확 늘었어요.

	Step 1 한 뭉치씩 늘려서 듣기	Step 2 우리말 뜻 확인하기
05	いいね！ 「いいね！」を押(お)す。 動画(どうが)に「いいね！」を押しました。	좋아요. '좋아요'를 누르다. 동영상에 '좋아요'를 눌렀어요.
06	インスタ映(ば)え。 インスタ映えするカフェ。 インスタ映えするカフェに行(い)きます。	인스타 감성 돋다. 인스타 감성 돋는 카페. 인스타 감성 돋는 카페에 가요.
07	ハッシュタグをつける。 ハッシュタグをつけました。 「おうち時間(じかん)」とハッシュタグをつけました。	해시태그를 달다. 해시태그를 달았어요. '집콕'이라고 해시태그를 달았어요.
08	人生(じんせい)のムダ。 人生のムダです。 SNSは人生のムダです。	인생 낭비. 인생 낭비예요. SNS는 인생 낭비예요.

어휘 動画(どうが) 동영상 | 押(お)す 누르다 | インスタ 인스타 | おうち時間(じかん) 집콕, 집에서 보내는 시간

Step 3 듣고 따라 하기	Step 4 일본어로 말하기
통문장 듣고 따라 말하기 ☐ 반복 듣기 ☐☐☐	동영상에 '좋아요'를 눌렀어요.
통문장 듣고 따라 말하기 ☐ 반복 듣기 ☐☐☐	인스타 감성 돋는 카페에 가요.
통문장 듣고 따라 말하기 ☐ 반복 듣기 ☐☐☐	'집콕'이라고 해시태그를 달았어요.
통문장 듣고 따라 말하기 ☐ 반복 듣기 ☐☐☐	SNS는 인생 낭비예요.

응용 말하기 : 이제 일본어로 자신 있게 말해 보세요.

In39-3.mp3

Step 1 우리말 보면서 듣기		Step 2 10초 안에 말해 보기
01	인스타그램 계정을 만들었어요.	インスタグラムの＿＿＿＿＿＿＿＿。
02	꽃 사진만 잔뜩 업로드 하고 있어요.	花(はな)の＿＿ばかり＿＿＿＿＿＿。
03	예전부터 팔로우 하고 있었어요.	前(まえ)から＿＿＿＿＿＿いました。
04	팔로워가 확 줄었어요.	＿＿＿＿＿が＿＿に減(へ)りました。
05	잘못해서 '좋아요' 눌렀어요.	間違(まちが)えて「＿＿＿！」＿＿＿＿＿。
06	SNS 감성 돋는 사진이네요.	SNS＿＿＿＿写真(しゃしん)ですね。
07	카페 탐방 해시태그를 달았어요.	カフェ巡(めぐ)りの＿＿＿＿＿を＿＿＿＿。
08	SNS는 시간 낭비예요.	＿＿＿＿時間(じかん)の＿＿ですよ。

▶ 정답은 282쪽을 확인해 주세요.

어휘 花(はな) 꽃 | 間違(まちが)えて 잘못해서

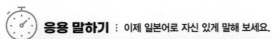

DAY 40

하루에 표현 8개

매일 저녁

강의 및 훈련 MP3

핵심 표현

In40-1.mp3

01	へとへとに疲(つか)れる
02	ゆっくりする・ゆっくり過(す)ごす
03	のんびりする・のんびり過ごす
04	お風呂(ふろ)に入(はい)る
05	息抜(いきぬ)き
06	横(よこ)になる
07	ゴロゴロする
08	おうち時間(じかん)を楽(たの)しむ

01 녹초가 되다, 기진맥진하다
02 푹 쉬다
03 느긋하게 보내다
04 목욕하다, 욕조에 들어가다
05 기분전환, 숨통이 트임, 한숨 돌림
06 눕다
07 뒹굴거리다, 뒹굴뒹굴하다
08 집콕을 즐기다

집중 훈련 : 듣고 따라 하면서 표현을 내 것으로 만드세요.

Step 1 한 뭉치씩 늘려서 듣기 🎧	Step 2 우리말 뜻 확인하기 👁

01

へとへとに疲(つか)れる。

へとへとに疲れてしまう。

今日(きょう)もへとへとに疲れてしまいました。

녹초가 되다.

녹초가 되어 버리다.

오늘도 녹초가 됐어요.

02

ゆっくりする。

ゆっくりしたい。

早(はや)く帰(かえ)ってゆっくりしたいです。

푹 쉬다.

푹 쉬고 싶다.

일찍 퇴근해서 푹 쉬고 싶어요.

03

のんびり過(す)ごす。

のんびり過ごしたい。

たまにはのんびり過ごしたいです。

느긋하게 보내다.

느긋하게 보내고 싶다.

가끔은 느긋하게 보내고 싶어요.

04

お風呂(ふろ)に入(はい)る。

お風呂に入って、ハーブティーを飲(の)む。

お風呂に入って、ハーブティーを飲みます。

욕조에 들어가다. = 목욕하다.

목욕하면서 허브차를 마시다.

목욕하면서 허브차를 마실 거예요.

어휘 へとへとに 몹시 : 疲(つか)れる와 붙여 쓰면 '녹초가 되다'라는 뜻 ┃ たまには 가끔은 ┃ ハーブティー 허브티, 허브차

Step 3 듣고 따라 하기	Step 4 일본어로 말하기
통문장 듣고 따라 말하기 □ 반복 듣기 □□□	오늘도 녹초가 됐어요.
통문장 듣고 따라 말하기 □ 반복 듣기 □□□	일찍 퇴근해서 푹 쉬고 싶어요.
통문장 듣고 따라 말하기 □ 반복 듣기 □□□	가끔은 느긋하게 보내고 싶어요.
통문장 듣고 따라 말하기 □ 반복 듣기 □□□	목욕하면서 허브차를 마실 거예요.

	Step 1	Step 2
05	横(よこ)になる。	눕다.
	横になっています。	누워 있어요.
	ソファーに横になっています。	소파에 누워 있어요.
06	ゴロゴロする。	뒹굴대다.
	ゴロゴロしました。	뒹굴댔어요.
	一日中家(いちにちじゅういえ)でゴロゴロしました。	하루 종일 집에서 뒹굴댔어요.
07	息抜(いきぬ)きになる。	숨통이 트이다.
	忙(いそが)しい日々(ひび)の息抜きになる。	바쁜 일상에 숨통이 트이다.
	忙しい日々の息抜きになります。	바쁜 일상에 숨통이 트여요.
08	楽(たの)しむ。	즐기다.
	おうち時間(じかん)を楽しむ。	집콕을 즐기다.
	おうち時間を楽しむつもりです。	집콕을 즐길 생각이에요.

어휘 ソファー 소파 | 日々(ひび) 나날, 일상 | 息抜(いきぬ)きになる 숨통이 트이다

Step 3 듣고 따라 하기	Step 4 일본어로 말하기
통문장 듣고 따라 말하기 ☐ 반복 듣기 ☐☐☐	소파에 누워 있어요.
통문장 듣고 따라 말하기 ☐ 반복 듣기 ☐☐☐	하루 종일 집에서 뒹굴댔어요.
통문장 듣고 따라 말하기 ☐ 반복 듣기 ☐☐☐	바쁜 일상에 숨통이 트여요.
통문장 듣고 따라 말하기 ☐ 반복 듣기 ☐☐☐	집콕을 즐길 생각이에요.

응용 말하기 : 이제 일본어로 자신 있게 말해 보세요.

In40-3.mp3

Step 1 우리말 보면서 듣기		Step 2 10초 안에 말해 보기
01	이번주도 녹초가 돼 버렸어요 (= 됐어요).	今週(こんしゅう)も＿＿＿＿＿＿しまいました。
02	소파에 누워서 뒹굴대고 있어요.	＿＿＿＿＿＿、ゴロゴロしています。
03	집에서 뒹굴뒹굴하는 게 좋아요.	家(いえ)で＿＿＿＿＿＿のが好(す)きです。
04	TV를 보면서 푹 쉬고 있어요.	テレビを見(み)ながら、のんびり＿＿＿＿＿＿。
05	혼자 느긋하게 보내고 싶어요.	一人(ひとり)でゆっくり＿＿＿＿＿＿。
06	목욕하는 게 귀찮아요.	＿＿＿＿＿＿が面倒(めんどう)です。
07	일하느라 바쁜 일상에 기분전환이 돼요.	仕事(しごと)で忙(いそが)しい日々(ひび)の＿＿＿＿＿＿。
08	이번 주말에는 집콕을 즐길 생각이에요.	今週末(こんしゅうまつ)は、＿＿＿＿＿＿つもりです。

▶ 정답은 283쪽을 확인해 주세요.

{ INPUT } 정답과 주요 표현 정리

Day별 〈응용 말하기〉의 정답, 그리고 INPUT에 나온 주요 표현을 해설과 함께 정리했습니다. 비슷한 표현의 미묘한 뉘앙스 차이나 알아 두면 스피킹에 큰 도움이 되는 용법, 각 단어의 뜻이 자세히 정리되어 있습니다. 모르는 표현은 표시해 뒀다가 나중에 다시 복습하는 것도 추천합니다.

☐ 명사＋です 명사＋입니다 / 이에요

가장 기본이 되는 일본어 문장 구조예요. 무엇에 대해 말할 것인지는 우리말처럼 앞에 주어를 써서 제시해 주면 돼요.

☐ 명사＋は＋명사＋です 명사＋는＋명사＋입니다

전달하고 싶은 내용을 가장 간결하게 말하는 공식이에요. 자기소개를 할 경우에는 '이름은, 직업은, 고향은, 취미는 ~' 이렇게 문장을 시작해 주세요. 일본어 자기소개는 모든 문장을 私(わたし)は '저는', 私の '저의'로 시작하지 않는 것이 훨씬 자연스러워요. 말하는 사람도 듣는 사람도 지금 '누구의' 이야기를 하는지 이미 서로 알고 있기 때문이죠. 여섯 문장 정도를 말한다고 한다면 私は는 한 번 정도만 써 주면 됩니다.

☐ 今年(ことし)で○○歳(さい)です 올해로 ○○살입니다

나이를 말할 때 유용하게 쓸 수 있는 표현이에요. 물론 今年で 없이 ○○歳です처럼 나이만 말해도 문제없어요. 일본은 서양처럼 만 나이를 써요. 만약 한국 나이로 소개한다면 韓国(かんこく)の年(とし)で '한국 나이로'라고 말해도 좋아요. 단 일본은 한국만큼 스스럼없이 나이를 묻고 말하는 문화는 아니에요. 한국은 호칭과 경어 문제 때문에 누가 손위인지 명확히 하려는 문화가 있잖아요? 어린 시절부터 나이를 묻고 답하는 일에 익숙한 편이죠. 그런데 일본은 나이가 호칭이나 경어에 상대적으로 영향을 덜 미치다 보니 나이 소개는 필수도 아니고, 상대의 나이를 굳이 묻지도 않는 문화예요. 열 살, 스무 살, 쉰 살 차이가 나는 손윗사람도 모두 ～さん(상)으로 부를 수 있거든요. 본인 나이를 소개하는 것은 자유지만 초면에 상대방의 나이를 대뜸 물어보지 않도록 주의해 주세요.

☐ 1982年生(ねんう)まれ 82년생

한국에서는 82(팔이)년생, 92(구이)년생처럼 끝 연도 두 개, 숫자는 '팔이'처럼 개별적으로 말할 때도 많죠? 일본어로 말할 때는 전체 연도를 말하는 경우가 많고, 두 개만 말하더라도 '팔십이년생'처럼 단위를 넣어 주는 일도 많답니다. 또 '~년생'을 그대로 年生(ねんせい)로 쓰지 않도록 주의해 주세요. '학년'이라는 의미니까요.

☐ 出身(しゅっしん)はチェジュ島(とう)です 고향은 제주도입니다

일본인들은 자기소개를 할 때 고향이 어딘지 말하는 경우가 정말 많아요. '제 고향은 아름다운 바다로 유명한 ○○입니다', '사과가 맛있기로 유명한 ○○ 출신입니다' 이렇게 고향의 장점을 덧붙여 소개하기도 하죠. 첫 만남에서 대화의 물꼬를 트는 마중물이 되어준답니다.

☐ 普通の会社員(ふつうのかいしゃいん) 평범한 직장인

한자를 직역하면 '보통'이지만 우리말로는 '평범한 ㅇㅇ이에요'라고 말할 때와 뉘앙스가 비슷해요. 겸손하게 말할 때, 본인이 다니는 회사나 업계, 업무 등을 구체적으로 소개하고 싶지 않을 때 활용하면 좋습니다.

☐ 명사の명사

の의 용법에는 크게 1) 소유, 2) 명사 연결이 있어요.

1) 소유 : 私(わたし)の本(ほん) 나의 책

2) 명사 연결 : 日本語(にほんご)の先生(せんせい) 일본어 선생님

1)은 한국어의 '의'와 같은 용법이에요. 2)는 명사와 명사를 연결할 때 쓰죠.

일본어는 명사끼리 결속력이 약해서 명사와 명사 사이에 の로 연결해 줘야 해요. 普通の会社員(ふつうのかいしゃいん)도 普通 '보통'이라는 명사와 会社員 '회사원'이라는 명사를 연결하기 위해 の를 쓴 것이랍니다.

☐ 大学3年生(だいがくねんせい) 대학교 3학년

대학교는 일반적으로 大学 '대학'이라고 해요. 우리가 생각하는 일반 국공립사립대는 모두 大学라고 해 주시면 됩니다. 일본에도 大学校(だいがっこう) '대학교'란 말이 있기는 하지만 개념이 조금 달라요. 한국의 육사 같은 방위대학교나 경찰대학교, 해상보안대학교 등이 大学校에 해당되거든요. 잘 구분해서 써 주세요. '학년'은 年生(ねんせい)라고 합니다. '92년생, 00년생'이라고 말할 때의 ㅇㅇㅇㅇ年生(ねんう)まれ와 혼동하지 않도록 주의해 주세요.

응용 말하기 정답

01 名前(なまえ)はムン・ジンウです。

02 今年(ことし)で38です。

03 1982年生(ねんう)まれです。

04 出身(しゅっしん)はソウルです。

05 今就活生(いましゅうかつせい)です。

06 私(わたし)は、公務員(こうむいん)です。

07 フリーランスのデザイナーです。

08 今(いま)は休学中(きゅうがくちゅう)です。

| DAY 02 | 명사 연결하기 취미와 특기 말하기 25쪽

☐ 일본어의 조사 : 취미는, 취미가, 취미도

우리말에도 기본적인 조사라 하면 주어에 붙는 '은 / 는, 이 / 가, 도'가 있죠? 일본어로는 이렇게 씁니다.

は = 은 / 는 ：ㅇㅇはㅇㅇです ㅇㅇ은 ㅇㅇ이에요

が = 이 / 가 ：ㅇㅇがㅇㅇです ㅇㅇ이 ㅇㅇ이에요

も = 도 ：ㅇㅇもㅇㅇです ㅇㅇ도 ㅇㅇ이에요

우리말은 앞에 받침이 있는지 없는지에 따라 은 / 는, 이 / 가를 구분해서 쓰지만 일본어는 한 가지로만 쓴다는 점도 기억해 두세요.

☐ 취미이고, 특기이고

문장을 나열하기 위한 [명사 + 이고]는 일본어로 [명사 + で]예요. ～です 자리에 ～で를 넣으면 됩니다. ～では '~이고' 외에도 이유를 나타내는 '~이어서'라는 뜻도 가지고 있어요. 내가 쓸 때는 구분 없이 써 주시면 되고, 들을 때는 맥락에 따라서 나열인지, 이유인지를 구분하면 됩니다.

예 スポーツが趣味(しゅみ)で 스포츠가 취미이고

스포츠가 취미여서

'스포츠가 취미이고'로 해석될 때는 뒤에 '볼링이 특기입니다'가 오면 잘 어울릴 것이고, '스포츠가 취미여서'로 해석될 때는 '매주 축구를 합니다' 이런 조합이 잘 어울리겠죠? 맥락에 따라 구분해서 해석하면 됩니다.

☐ '나'라는 주어를 넣고 싶다면?

내 취미임을 명확하게 밝히고 싶다면 이렇게 말하면 됩니다.

예 私(わたし)の趣味はㅇㅇです。 제 취미는 ㅇㅇ입니다.

私はㅇㅇが趣味です。 저는 ㅇㅇ가 취미입니다.

'제 취미, 내 취미'는 私の趣味 '저의 취미'라고 합니다. の를 써서 연결해 주세요. 참고로 私는 일본어에서 '저'도 되고 '나'도 됩니다.

私は로 시작했더라도 다시 趣味は, 特技(とくぎ)は를 연결해서 말할 수 있어요.

예 私は、趣味はㅇㅇで、特技はㅇㅇです。

저는(잠깐 쉬고) 취미는 ㅇㅇ고, 특기는 ㅇㅇ이에요.

이렇게 강조해 줘도 자연스러워요.

단, 취미와 특기를 말할 때도 私は라는 주어는 필수가 아니에요. 자기소개를 할 때 이미 내 이름을 말했다면 더더욱 주어를 빼고 말하는 것을 추천합니다. 이 취미의 주체가 이미 '나'라는 걸 상대방도 알고 있는 상황이기 때문이죠. 일본어는 생략 가능한 주어는 모두 생략하는 것이 더 자연스럽다는 것을 기억해 주세요.

☐ パン作(づく)り 빵 + 만들기

パン作り는 '빵' パン과 동사 作る '만들다'가 합쳐져서 만들어진 말이에요. 作る가 作り(づく)가 된 이유는 '만들다 → 만들기'처럼 명사형으로 바뀌었기 때문이죠. 또 원래 발음은 つくり지만 앞 명사와 붙으면서 발음하기 쉽도록 つ → づ 탁음으로 바뀌었어요. 作り 앞에는 다양한 만들기 대상을 넣어서 쓸 수 있어요. 액세서리, 프라모델, 쿠키 등 명사라면 뭐든 가능하답니다.

☐ **カフェめぐり** 카페 다니기, 카페 탐방

カフェめぐり 역시 '카페' カフェ와 동사 めぐる '돌다, 순례하다'가 합쳐져서 만들어진 말이에요. めぐり는 우리말 [장소 + 다니기]에 쓸 수 있어요. 앞에는 장소와 관련된 명사를 넣어 주면 돼요. '라면집, 고깃집, 뷔페' 같은 먹거리 공간은 물론, '온천, 미술관, 서점, 꽃집, 핫플레이스' 등도 모두 가능하답니다. 요즘 은어로 '카페뽀개기, 카페뿌시기'라는 말도 있는데, 이럴 때도 カフェめぐり를 쓸 수 있답니다.

☐ **趣味(しゅみ)も釣(つ)り、特技(とくぎ)も釣(つ)りです** 취미도 낚시, 특기도 낚시입니다

앞뒤에 말할 내용이 동일할 때는 조사 も(도)를 써서 말해 보세요. 방법은 두 가지예요.

예 Aも ○○、Bも ○○です。 A도 ○○, B도 ○○이에요.

Aも Bも○○です。 A도 B도 ○○이에요.

둘 사이에 뜻 차이는 없어요. 강조하고 싶을 때는 첫 번째 문장이 잘 어울리고, 간결하게 말하고 싶을 때는 두 번째 문장이 더 잘 어울리는 정도예요.

☐ **私(わたし) 대신 다른 가족의 취미를 말해 볼까요?**

일본어는 내 가족을 부르는 호칭과 남의 가족을 부르는 호칭이 다르니 주의해 주세요.

	우리 가족	다른 사람의 가족
아빠	父(ちち)	お父(とう)さん
엄마	母(はは)	お母(かあ)さん
누나 / 언니	姉(あね)	お姉(ねえ)さん
형 / 오빠	兄(あに)	お兄(にい)さん
여동생	妹(いもうと)	妹(いもうと)さん
남동생	弟(おとうと)	弟(おとうと)さん

응용 말하기 정답

01 趣味(しゅみ)はボウリングです。

02 私(わたし)の趣味は自転車(じてんしゃ)です。

03 妹(いもうと)の特技(とくぎ)はアクセサリー作(づく)りです。

04 母(はは)の趣味は温泉(おんせん)めぐりです。

05 父(ちち)は一人(ひとり)飲(の)みが趣味です。

06 趣味がスポーツで、サッカーが特技です。

07 弟(おとうと)の趣味はダイエット、特技はリバウンドです。

08 彼(かれ)は趣味もゲーム、特技もゲームです。

| DAY 03 | な형용사 잘하는 것 vs. 못하는 것 29쪽

☐ 일본어의 형용사

형용사는 '좋다, 싫다, 춥다, 덥다, 밝다, 어둡다'처럼 사물·사람의 상태, 성질, 가치 판단, 감정, 감각 등을 나타내는 말이에요. 우리말에는 형용사가 모두 '~다'로 끝나기 때문에 한 종류밖에 없지만 일본어에는 모양에 따라 な형용사와 い형용사로 나뉘어요. Day 03과 Day 04에서는 な형용사를 먼저 배워 보도록 할게요.

☐ な형용사

な형용사는 끝 글자가 모두 ～だ로 끝나는 형용사를 말해요. 이번 시간에 배울 잘한다 ↔ 못한다와 관련된 말들은 모두 な형용사예요. な형용사라 불리는 이유는 '잘한다 → 잘하는 사람'처럼 명사를 수식할 때 끝 글자 だ가 な로 바뀌기 때문이죠. な형용사의 명사 수식은 Day 04에서 알아보도록 할게요. な형용사의 긍정, 부정 등 몇 가지 활용을 알아볼까요.

예 上手(じょうず)だ 잘하다 ↔ 上手ではない 잘 못하다

上手です 잘해요 ↔ 上手ではありません 잘 못해요

잘 보면 명사와 비슷한 부분이 많죠? 정중하게 말할 때는 ～だ(~이다)를 없애고 ～です(~입니다)를 붙인다는 점, 부정을 할 때는 ～ではない / ～ではありません을 붙인다는 점이 똑같답니다.

☐ 일본어로 호불호를 말할 때 주의할 점

- 일본어에서는 내가 잘하는 것과 남이 잘하는 것을 말할 때 쓰는 표현이 다르다는 것! 이건 우리말도 비슷할 텐데, '전 영어를 잘해요'보다 '영어엔 자신 있어요' 쪽이 조금 더 호감 가는 인상을 줄 수 있는 것과 같은 이치죠. 내가 잘하는 것은 得意(とくい)だ, 남이 잘하는 것은 上手(じょうず)だ를 써 주세요.
- '잘하고 싶은데 노력해도 안 되는 것'을 한마디로 표현하는 어휘가 있어요. 바로 苦手(にがて)だ! 구구절절 설명할 필요 없이 한마디로 전달할 수 있답니다.

☐ 得意(とくい)だ vs. 上手(じょうず)だ

- 나의 스킬과 기량을 말할 때는 得意だ(능숙하다, 그 결과 잘한다)를 써요. 上手だ를 쓰면 '난 참 음식을 잘해요'처럼 잘난 척 대마왕으로 비춰질 수 있어요. 네이티브가 본인 스킬에 上手だ를 쓰는 경우는 '잘 못해요~(손사래 치면서 上手ではありません~)' 이렇게 부정할 때 뿐이라는 것.
- 반면 타인의 실력과 기량을 칭찬할 때는 上手だ를 써 주세요. 예를 들어 친구 어머니가 요리를 해 주셨다면 上手だ를 써서 '어머님, 음식을 참 잘하시네요'라고 해 주시면 돼요. 得意だ를 쓰면 칭찬인가 비아냥인가 기분이 상할 수 있거든요. 우리말로 치면 '어머님, 참 음식이 능숙하시군요, 자신 있으시군요' 이렇게 말한 셈이 되니까요.
- 물론 得意だ는 남에게도 쓸 수 있어요. 그 자리에 없는 제삼자를 칭찬할 때에 한해서 자연스러워요. '내 동생 드럼 진짜 잘 친다!' 이런 상황 말이죠.

☐ 下手(へた)だ vs. 苦手(にがて)だ

- 못하는 걸 말할 때는 나와 남 구분 없이 모두 下手だ를 써요. 이유 불문, 스킬과 기량이 낮아서 어설프다면 下手だ라고 하면 됩니다.
- 苦手だ는 下手だ처럼 '못한다'는 의미지만 약간의 뉘앙스 차이가 있어요. '노력했는데 + 잘 안 돼서 + 싫다'는 감정이 포함되거든요. 요리를 예로 들어 볼까요? 음식을 잘하고 싶어서 나름 레시피도 찾아보고 연습도 했는데, 막상 만들면 간도 안 맞고 먹는 사람의 반응도 영~ 시원찮다! 그래서 요리할 때마다 부담되고 긴장된다. 이런 경우가 바로 苦手だ인 거죠. 노력해도 결과적으로 서투르니, 그걸 할 때마다 부담스럽고 내키지 않는다는 뉘앙스가 포함되는 거예요. 우리말로는 다양한 말로 해석이 가능해요. '못한다, 서투르다'부터 '내키지 않는다, 꺼려진다, 벅차다' 등의 표현으로 대응될 수 있어요. '못함'과 '싫음'이 결합된 상황이라면 서투를 때도, 벅찰 때도, 내키지 않을 때도 꺼릴 때도 모두 苦手だ 하나로 해결할 수 있답니다.

☐ 苦手(にがて)なんです 서투르거든요

～なんです는 ～です를 강조하는 말이에요. ～です 앞에 붙이는데 붙이는 방법은 조금씩 달라요.

예 명사 / な형용사 + なんです
い형용사 / 동사 + んです

得意(とくい)だ, 上手(じょうず)だ, 下手(へた)だ는 모두 な형용사이니 得意なんです, 上手なんです, 下手なんです로 쓸 수 있어요. 부정문에 쓸 때는 ~ではないんです라고 해 주시면 됩니다. ない가 い로 끝나는 형용사기 때문이에요. 나는 아는 이야기지만 상대방은 처음 듣는 이야기일 때, 강조하고 싶을 때 써요. 苦手です가 단순히 '서툴러요'라면, 苦手なんです는 '서투르거든요, 서툴러서요' 이런 어감이라 보시면 됩니다.

☐ とにかく下手

네이티브들이 苦手나 下手와 함께 자주 붙여 쓰는 표현이에요. 뜻은 '좌우간, 어쨌든, 여하튼'이지만 해석상 특별한 의미가 있다기보다는 苦手나 下手를 보다 맛깔나게 표현하는 역할, 강조하는 역할이라고 생각하면 됩니다.

☐ 日本語(にほんご)が下手で…すみません

일본어로 すみません은 뭔가를 잘못해서 사과하는 뜻이 아니라 Excuse '실례해요, 미안해요' 정도의 뉘앙스예요. 정말 잘못해서 사과해야 할 때는 이렇게 써요.

예 ごめん。	미안해. (친구, 가족끼리)
ごめんなさい。	죄송해요. (손윗사람, 선생님, 가까운 사이라도 존댓말 쓰는 사이)
申(もう)し訳(わけ)ありません。	사과드립니다. (거래처, 어려운 사이, 대외적 관계 + 90도 허리 꺾어 인사)
申し訳ございません。	사죄드립니다. (거래처, 공개 사과, 대국민 사과 + 90도 허리 꺾어 인사 or 석고대죄)

「日本語が下手で…すみません」은 아직 일본어로 내 생각을 충분히 세세하게 전달하지 못하겠다 싶을 때 쓸 수 있는 표현이에요. 下手 대신 苦手를 넣어서 쓸 수도 있죠. 또 순서를 바꿔서 「下手な日本語ですみません」'서투른 일본어라 미안해요'도 가능해요.
日本語 자리에 다른 걸 넣으면 다른 게 서툴러서 미안하다는 의미를 전할 수 있어요. 예를 들면 상대방이 내 글씨를 보고 갸우뚱한다면? 글씨 = 字(じ)를 써서 다음과 같이 활용해 볼 수 있어요.

예 字(じ)が下手ですみません。 악필이라 미안해요 ….

응용 말하기 정답

01 日本語(にほんご)、上手(じょうず)ですね。

02 日本語より英語(えいご)が得意(とくい)です。

03 私(わたし)、カタカナが苦手(にがて)なんです。

04 夫(おっと)はとにかく運転(うんてん)が下手(へた)です。

05 家事(かじ)は苦手ですが、仕事(しごと)は得意です。

06 どうも人間関係(にんげんかんけい)が苦手です。

07 字(じ)が下手で…、すみません。

08 料理(りょうり)はあまり得意ではないんです。

☐ な형용사의 과거, 부정, 명사 수식

Day 03에 이어서 계속해서 な형용사를 살펴볼게요. な형용사의 과거, 부정, 명사 수식을 살펴봅시다.

예 好(す)きだ 좋아하다 ↔ 好きではない ＝ 好きじゃない 안 좋아하다, 좋아하지 않는다
好きです 좋아해요 ↔ 好きではありません ＝ 好きじゃありません 안 좋아해요, 좋아하지 않아요
好きでした 좋아했어요 ↔ 好きではありませんでした ＝ 好きじゃありませんでした 안 좋아했어요, 좋아하지 않았어요
好きだ + 人 → 好きな人 좋아하는 사람

～では는 ～じゃ로 줄일 수 있어요. ～じゃ는 구어체, 친구나 가족 등 가까운 사이, 캐주얼한 상황에서 많이 쓰이죠. な형용사의 활용 형태는 [명사 + です]와 똑같아요. 명사 수식만 다른데, [명사 + 명사]는 普通の会社員처럼 [명사 + の + 명사] 형태였지만 な형용사는 だ를 な로 바꿔서 [好きな + 人]처럼 만들어 준다는 차이점이 있어요. 잘 기억해 두세요.

☐ 苦手(にがて)です 잘 못 ~해요

苦手だ는 호불호를 나타낼 때도 쓸 수 있어요. 앞 과에서 노력해도 서투르고 벅차고 싫은 마음이 들 때 쓸 수 있는 표현이라고 배웠는데요, 호불호를 나타낼 경우에도 비슷해요. 싫은데 노력해서 극복해 보려고 했으나 결국 잘 안 돼서 꺼린다는 뉘앙스가 깔려 있거든요. 음식을 예로 들어 볼까요?

예 カキが苦手です。 굴을 잘 못 먹어요. 굴은 질색이에요.

여기에서는 굴을 잘 먹어 보려고 노력했는데 도저히 안 넘어가서 못 먹겠다, 싫다는 뉘앙스가 되는 거죠. 일본 사람들은 워낙 우회적 표현을 즐겨 쓰다 보니 뭘 싫어해도 단도직입적으로 嫌いです라고 하지 않고 苦手です로 에둘러 말할 때가 많아요.

우리말로 해석할 때는 '잘 못한다', '잘 못 먹는다', '잘 못 부른다' 이렇게 '잘 ~하지 못한다'도 가능하고요, 만약 꺼리고 싫어한다는 뉘앙스를 더 강조하고 싶을 때는 '질색이다'라는 말로 대체할 수 있답니다.

☐ 昔(むかし)から歯医者(はいしゃ)さんが苦手です 옛날부터 치과가 질색이에요

昔から + ○○が + 苦手です
好(す)きです
嫌(きら)いです

이런 조합으로 연결해서 쓰면 오랜 취향을 나타낼 수 있어요. 현재형 ～です 외에도 과거형 ～でした도 쓸 수 있어요. 이성에게 고백할 때도 종종 쓰여요. '옛날부터 좋아했어요'「昔から好きでした。」이렇게 말이죠.

☐ タバコの匂(にお)い 담배의 냄새?

일본어는 명사와 명사 사이에 이렇게 の를 넣어서 연결하기 때문에 [タバコ + 匂い]가 아니라 [タバコ + の + 匂い]라고 해야 자연스럽다는 것을 Day 01에서 살펴봤어요. Day 01에서 배운 の의 기능을 다시 한 번 훑어보고(1, 2번), 한 가지 더 추가 기능(3번)을 알아보도록 할까요?

1) 소유를 나타내는 '~의'

예 父(ちち)の趣味(しゅみ)	아버지의 취미

2) 명사와 명사 연결 : 명사와 명사를 연결해 주는 일종의 연결고리 역할을 해요. 일본어는 명사끼리 결합이 조금 느슨해서 이렇게 풀로 딱 붙여 줘야 하기 때문이죠.

예 일본어 선생님	日本語(にほんご)の先生(せんせい)
역사 책	歴史(れきし)の本(ほん)
플라스틱 쓰레기	プラスチックのゴミ

3) 동급을 나타내는 の : AのB A=B, A인 B

예 犯人(はんにん)の木村氏(きむらし)	범인(인) 기무라 씨
課長(かちょう)の田中(たなか)さん	과장(인) 다나카 씨
俳優(はいゆう)のジョニー・デップさん	배우(인) 조니 뎁

タバコの匂い는 2)번 용법에 해당돼요. 한편 3)의 괄호 안 '인'은 우리말에선 생략 가능하지만 일본어에서는 の가 반드시 들어가야 합니다. 여러 예문을 접하면서 감각을 길러 보세요.

응용 말하기 정답

01 うちの犬(いぬ)は、おやつが大好(だいす)きです。

02 香水(こうすい)の匂(にお)いが苦手(にがて)なんです。

03 昔(むかし)からスイーツが好きです。

04 昔からハトが大嫌(だいきら)いでした。

05 カキは、ちょっと苦手なんです。

06 飲(の)み会(かい)はあまり好きじゃありません。

07 苦手なものは特(とく)にありません。

08 好きな俳優(はいゆう)は誰(だれ)ですか。

| DAY 05 | い형용사·な형용사 성격 말하기 37쪽

☐ い형용사

일본어 형용사는 형태에 따라 い형용사와 な형용사로 구분된다고 배웠는데요, Day 05에서는 い형용사에 대해 알아보도록 할게요. い형용사는 끝 글자가 い로 끝나요. 본문에 등장하는 어휘의 형태를 다시 볼까요?

예 明るい 밝다 / やさしい 자상하다 / おとなしい 얌전하다, 점잖다

모두 い로 끝났기 때문에 い형용사랍니다.

きれい, きらい는 끝 글자가 い로 끝나서 い형용사로 오해하는 분들도 계시는데요, 원형은 きれいだ '예쁘다', きらいだ '싫다'처럼 ～だ(이다)로 끝나기 때문에 な형용사랍니다. 주의해 주세요.

☐ 성격을 묘사하는 재미있는 형용사들

형용사는 사물·사람의 상태, 성질, 가치 판단, 감정, 감각 등을 나타내는 말이라고 소개했죠? 사람의 성격을 묘사할 때는 형용사로 표현을 해요. 성격 표현은 오랜 세월 쓰이면서 변화되고 굳어졌기 때문에 한자어보다는 일본 고유어들이 많아요. 한자만 봐서는 우리말과 일대일 대응이 되지 않거나, 상상이 잘 안 되는 몇 가지 재미있는 표현들을 한번 훑어 볼까요? 내 성격에, 내 주변 사람들의 성격에 대입해 보면서 익혀 두면 좋을 것 같아요.

- まじめだ : '성실하다'. 한자로는 흥미롭게도 真面目だ. '진면목이다'예요. 그 사람의 '진면목을 보다'라는 뜻인가? 싶지만 아니에요. '진(진지한) 면(얼굴) 목(눈)' 즉 '진지한 얼굴로 눈을 크게 뜨거나 깜박거리며 뭔가에 집중한다'는 뜻에서 왔어요. '눈을 크게 뜬다 / 깜박댄다'는 뜻이 포함되기 때문에, 중후한 느낌은 아니고 약간 모범생이나 속된 말로 FM이라는 이미지가 포함돼요. 때로는 맥락에 따라 '융통성 없다'는 말로도 쓰여요.
- まっすぐだ : '바르다, 올바르다, 올곧다'. 한자로는 真っ直ぐ. 직역한다면 '똑바르다'는 뜻. 우리말 '올곧다'와 딱 떨어지는 법 없이도 살 사람들, 심지가 굳고, 숨김이 없고, 바른 생활을 하는 직진형 스타일을 떠올리면 됩니다.
- 素直だ : '솔직하다, 순수하다'. 한자는 ['소박하다'의 소 素 + '솔직하다'의 직 直]이 합쳐진 말이에요. 있는 그대로를 받아들이고, 생각이나 말을 전략적으로 꾸미지 않고, 잔머리를 굴리지 않고, 고집 부리지 않는 그런 모습을 생각하시면 좋아요. 그렇다고 귀가 얇거나 남들 하는 대로 따라 하는 것도 아니에요. 본인 나름의 신념, 뚝심이 있어서 스스로 생각하고 스스로 판단을 내리는 사람, 다른 의도를 섞지 않고 그것을 말하는 사람을 가리켜요.
- 前向きだ : '긍정적이다, 전향적이다'. 한자는 '앞을 향하다'라는 '전향'이라는 글자죠? 영어로 치면 positive에 해당돼요. 매사를 긍정적으로 보고, 적극적으로 살려고 하는 사람을 이렇게 말한답니다.
- 負けず嫌いだ : '지기 싫어하다, 승부욕이 있다'. 負ける는 '지다', 嫌い는 '싫다'. 이 두 가지 말이 합쳐지면서 뒤에 오는 きらい는 발음하기 편하게 ぎらい가 됐어요. [負けず + 嫌いだ] '지는 걸 싫어한다'는 말이니 우리말로는 '승부욕이 있다'는 의미예요.
- 粘り強い : '끈기 있다, 끈질기다'. 한자 粘은 점착성 / 점도의 점. 粘る는 '끈적거리다'라는 말이에요. 여기에 '강하다'라는 형용사 強い가 붙어서 [粘る + 強い = 粘り強い]가 됐어요. 뭐 하나 시작하면 중간에

포기하지 않고 해내고야 마는 성격을 묘사하죠. 면접 때 자주 어필하는 성격 묘사 어휘이기도 합니다. 여러분의 성격에 잘 어울리는 성격 표현은 어느 것일까요?

☐ やさしくて 자상하고 / 자상해서

い형용사를 나열할 때는 마지막 い를 없애고 ～くて를 연결해요. 뜻은 '~하고'(나열), '~해서'(이유)인데요, 나열인지 이유인지 구분하는 규칙 같은 건 없어요. 내가 말할 때는 구분 없이 쓰고, 해석할 때는 맥락을 통해서 파악하면 된답니다.

예 やさしい 자상하다	やさしくて 자상하고 / 자상해서
明(あか)るい 밝다	明るくて 밝고 / 밝아서
おとなしい 점잖다	おとなしくて 점잖고 / 점잖아서

☐ 素直(すなお)で 솔직하고 / 솔직해서

な형용사를 나열할 때는 Day 03~04에서 다룬 방법과 마찬가지로 ～だ를 없애고 ～で를 연결하면 돼요. 해석은 い형용사 때와 같답니다.

예 素直だ 솔직하다	素直で 솔직하고 / 솔직해서
まじめだ 성실하다	まじめで 성실하고 / 성실해서
積極的(せっきょくてき)だ 적극적이다	積極的で 적극적이고 / 적극적이어서

☐ 明(あか)るい人(ひと), 素直(すなお)な人 밝은 사람, 솔직한 사람

형용사로 명사를 수식할 때 い형용사는 그대로 붙이고, な형용사는 ～だ를 ～な로 바꾸면 됩니다.

明るい 밝다 + 人 사람 = 明るい人 밝은 사람
素直だ 솔직하다 + 人 사람 = 素直な人 솔직한 사람

☐ パクさん 박 씨?

パクさん 직역하면 '박 씨'인데, 일본은 성에 さん을 붙인 호칭이 일반적이에요. 한국의 경우 같은 성씨가 많다 보니 '김 씨, 박 씨, 이 씨'라고 하면 누구를 가리키는 건지 구분이 안 가기 때문에 '김연자 씨, 박서준 씨, 이정재 씨' 이렇게 풀네임을 부르잖아요? 그런데 일본은 성으로만 부르는 게 익숙한 문화예요. 성이 자그마치 10만 개가 넘어서 성으로만 불러도 구분이 가능하기 때문이죠.

한편, 일본에서는 10대가 80대 어르신을 부를 때도 さん, 상사인 과장님, 부장님, 사장님, 회장님도 さん이라 불러요. '어르신한테 ~씨라니 이런 예의 없는!'이라고 생각될 수도 있겠지만 일본은 한국과 호칭 체계나 감

각이 아예 달라요. 나이가 아니라 사회적 거리를 기준으로 호칭이나 경어를 바꿔 쓰는 문화거든요.

일본 사람이 나한테, 우리 아버지께, 우리 사장님께 パクさん이라 불러도 상처 받지 마세요. '어~이 박 씨!' 이런 뉘앙스는 아니니까요. 요즘 한국에서도 일부 기업이나 젊은 사람들은 이름에 '~님'을 붙여서 많이 쓰는 경향이 있는데, 일본어의 さん은 사실 ~씨보다 이 '~님' 정도의 느낌에 조금 가깝다고 생각해 주시면 됩니다.

응용 말하기 정답

01 私(わたし)は明(あか)るくて、まっすぐな性格(せいかく)です。

02 私は素直(すなお)で、前向(まえむ)きな性格です。

03 私は前向きで、粘(ねば)り強(づよ)い性格です。

04 私は負(ま)けず嫌(ぎら)いで、積極的(せっきょくてき)です。

05 朴(ぱく)さんは穏(おだ)やかで、おとなしい人(ひと)です。

06 うちの上司(じょうし)は、厳(きび)しいけど、いい人です。

07 見(み)た目(め)は派手(はで)だけど、まじめな人です。

08 口(くち)うるさいけど、温(あたた)かい人なんです。

| DAY 06 | 동사 행동 말하기 41쪽

☐ 일본어 동사는 3종류

일본어 동사는 활용 형식(해요, 했어요, 하고, 해 버렸어요 …)에 따라 크게 세 가지로 구분돼요. 가장 숫자가 적은 3그룹부터 살펴볼게요.

- 3그룹 : する / 来(く)る 딱 두 개
- 2그룹 : 끝 글자가 る. る 앞은 い모음 또는 え모음
  - [い모음 + る] みる(보다)　おきる(일어나다)
  - [え모음 + る] たべる(먹다)　ねる(자다)
- 1그룹 : 3그룹과 2그룹에 속하지 않는 모든 동사들.
  - る로 끝나지 않는 모든 동사 : 예 いう(말하다), いく(가다), みがく(닦다) 등
  - る로 끝났지만 앞이 い모음 / え모음이 아닌 모든 동사 : 예 つくる(만들다), ひかる(빛나다) 등

☐ 동사 종류별 ます 붙이기

아리가토-고자이마스(감사합니다), 오하요-고자이마스(좋은 아침이에요)의 '마스'가 바로 이것. '~합니다 / 해요'라는 뜻이에요. 정중하게 말할 때 필수적이죠. 동사에 ます를 붙여서 'いく 가다 → いきます 갑니다'처럼 만들어야 하는데, 이때 ます를 뺀 いき까지를 ます형이라고 불러요. 동사 종류별로 ます형을 만드는 방법이 다르니 익혀 볼까요.

- 3그룹 : する → します / くる → きます 불규칙이니 외워 주세요.
- 2그룹 : る 빼고 ます

  예 みる　→みます

  たべる →たべます
- 1그룹 : 끝 글자를 い모음으로 바꾸고 ます

  예 いう　→いいます

  いく　→いきます

  みがく →みがきます

* ます를 만들기 위한 동사 어간을 ます형이라 불러요. 위에서는 밑줄 친 부분이 ます형에 해당됩니다. ます형은 동사의 명사형이기도 해요. 만들다 → 만들기 같은 형태로 바뀌는 것이죠.

☐ ます 대신 ません·ました·ませんでした를 넣어서 다양하게 의미를 전달할 수 있어요

예 行(い)く 가다 → 行(い)きます　갑니다 (현재 / 긍정)

行きません　안 갑니다 (현재 / 부정)

行きました　갔어요 (과거 / 긍정)

行きませんでした　안 갔어요 (과거 / 부정)

☐ 반복되는 시간 표현 + ます : 毎日(まいにち)7時(じ)に起(お)きます 매일 7시에 일어나요

매일 정해 두고 변동 없이 하는 반복 행위·습관은 [시간 표현 + ます]를 써서 나타낼 수 있어요. '매일 7시에 일어나요', '대개 8시에 밥을 먹어요', '매일 아침 일기 예보를 체크해요'. 이렇게 매일, 대개, 언제나, 매일 아침 등 반복되는 시간 표현이 들어가요. 반복되는 시간 표현이 아니라 특정 시점 시간 표현이 들어가거나, 맥락상 반복되는 의미가 아닐 경우 ます는 미래 계획으로 해석돼요. 일본어에는 미래형이 따로 없어서 현재형이 미래형을 겸하기 때문인데요, 미래 표현으로 쓰는 ます는 다음 과에서 상세하게 배워 보아요.

예 毎日学校(まいにちがっこう)に行(い)きます。 vs. 今日(きょう)は学校に行きます。

매일 학교에 가요. (반복)　오늘은 학교에 갈 거예요. (미래)

毎日歯(は)を磨(みが)きます。 vs. 歯を磨きます。

매일 이를 닦아요. (반복)　이를 닦을 거예요. (미래)

☐ 아침밥, 점심밥, 저녁밥

일본어로 밥은 ご飯(はん), '밥을 먹다'는 ご飯を食(た)べる예요. 밥에는 '아침밥, 점심밥, 저녁밥'이 있죠? 일본어에서도 [아침 / 점심 / 저녁 + 밥] 조합으로 朝(あさ)ご飯(아침밥), 昼(ひる)ご飯 (점심밥), 晩(ばん)ご飯(저녁밥)이라고 쓴답니다.

☐ 寝る前(ねまえ) : 동사로 명사 수식하기 [동사 + 명사]

명사를 수식할 때는 명사 앞에 동사 원형을 바로 붙이면 됩니다. 우리말로 '마시는 요구르트'를 만들려면 '마시다 → 마시는' 이렇게 바꿔 줘야 하지만 일본어는 바꿀 필요가 없어요. [마시다 飲む + 요구르트 ヨーグルト = 飲むヨーグルト 마시는 요구르트]가 완성되거든요. 예문에 나온 寝る前 역시 [자다 寝る + 전 前 = 寝る前 자기 전]처럼 간단하게 만들어 볼 수 있답니다.

응용 말하기 정답

01 毎日(まいにち)6時半(じはん)に起きます。
02 たいてい12時(じ)ごろに寝(ね)ます。
03 平日(へいじつ)はほとんど料理(りょうり)をしません。
04 食(た)べる前(まえ)に歯(は)を磨(みが)きました。
05 私(わたし)は朝(あさ)ご飯(はん)を食(た)べません。
06 今朝(けさ)、ニュースをチェックしました。
07 昨日(きのう)の夜(よる)は歯を磨きませんでした。
08 今日(きょう)は会社(かいしゃ)に行(い)きませんでした。

| DAY 07 | つもり・予定 미래 계획 말하기 45쪽

☐ 동사의 현재형 = 미래형

일본어의 동사 현재형(원형, ~ます, ~ません)은 미래형을 겸해요. 이미 정해진 일, 다짐, 계획 관계 없이 미래에 일어날 일을 말할 때 쓸 수 있어요. '나중에 연락할게요'「後(あと)で連絡(れんらく)します」이렇게 써 주시면 됩니다. 後で '나중에' 같은 시간 표현은 필수는 아니지만 있으면 명확한 전달에 도움이 돼요. 미래 시간 표현이 없어도 상황상 미래의 일임을 인지할 수 있다면 문제없습니다.

☐ つもりです ~할 생각이에요

의지, 의도, 결심을 나타내요. '입학할 생각이에요'「入学(にゅうがく)するつもりです」처럼 동사 원형 뒤에 붙여요. 내가 입학하고 싶다는 거지, 학교에 합격한 것은 아니에요. 아직 나만의 생각이나 다짐 단계라서 확정된 사항이 아니라는 것. 때문에 언제든 바뀔 수 있다는 뉘앙스, 미래 실현 가능성이 높지 않을 수 있다는 뉘앙스가 포함되고 구체적인 예정에는 쓸 수 없어요.

☐ 予定(よてい)です ~할 예정이에요

이미 결정된 미래를 이야기할 때 써요. '입학할 예정이에요'「入学する予定です」는 이미 합격이 되었고, 3월 입학이 정해졌다는 의미죠. 말하는 사람 본인이 결정한 일에도 쓸 수 있는데, つもり와 다른 점은 본인의

의지나 다짐은 드러나지 않는다는 점이에요. 예를 들면 '다음 주에 이사 갈 예정이에요'라고 하면 이사를 가는 게 내가 가고 싶어 가는 건지, 어쩔 수 없이 가는 건지, 직접 결정한 것인지, 가족이 결정한 것인지는 드러나지 않아요. 予定를 쓰면 다른 사람과 함께 정한 약속, 공적인 약속이라 변경이 쉽지 않다는 뉘앙스를 전달할 수 있어요.

□ 何(なに)をするつもりですか or どうするつもりですか 뭐 할 생각이에요? or 어쩔 생각이에요?

앞으로의 계획을 물어볼 때, 네이티브들은「何をするつもりですか」라고 해요. 가까운 미래부터 먼 미래까지 다양한 계획을 물어볼 수 있는 표현이에요.

예 これから 何をするつもりですか。 앞으로 뭐 할 생각이에요?
明日(あした) 何をするつもりですか。 내일 뭐 할 거예요?
今週末(こんしゅうまつ)は 何をするつもりですか。 이번 주말엔 뭐 할 거예요?
将来(しょうらい) 何をするつもりですか。 장차 뭐 할 생각이에요?

비슷한 말로는「どうするつもりですか」도 있어요.「何をするつもりですか」는 무엇을 할 것인지 계획을 물어보는 뉘앙스가 강하다면「どうするつもりですか」는 어떻게 할 것인지 결정 사항을 물어보는 뜻이에요.

예 これから どうするつもりですか。 앞으로 어쩔 거예요?
明日 どうするつもりですか。 내일 어떻게 할 거예요?
今週末は どうするつもりですか。 이번 주말에 어떻게 할 거예요?
一体(いったい) どうするつもりですか。 도대체 어쩔 셈이에요?

'올 거예요, 말 거예요?'처럼 어떤 선택지 안에서 결정을 기대하며 물을 때, 또는 '도대체 어쩔 셈이에요?'처럼 행동의 의도를 비난하는 느낌으로도 쓸 수 있답니다.

응용 말하기 정답

01 後(あと)で電話(でんわ)します。
02 本気(ほんき)でダイエットを始(はじ)めるつもりです。
03 来週(らいしゅう)キャンプに行(い)く予定(よてい)です。
04 タバコをやめるつもりです。
05 今週末(こんしゅうまつ)、沖縄(おきなわ)に行(い)きます。
06 これから何(なに)をするつもりですか。
07 来年(らいねん)ワーキングホリデーに行(い)く予定です。
08 来年卒業(そつぎょう)する予定です。

☐ 동사 종류별 て 붙이기

일본어를 잘 모르는 분들도 '촛또 맛테!'「ちょっとまって！」는 많이 들어 보셨죠? '맛테'의 '테!'가 바로 이 て랍니다. 동사 종류별로 ～て를 만드는 방법은 다음과 같아요.

- 3그룹 : する → して / くる → きて 불규칙이니 외워 주세요.
- 2그룹 : る 빼고 て

  예 みる → みて
  たべる → たべて

- 1그룹 : 끝 글자에 따라 다음과 같이 바뀌어요.

う·つ·る → って	예 まつ → まって	기다리다 → 기다리고 / 기다려서
ぬ·む·ぶ → んで	のむ → のんで	마시다 → 마시고 / 마셔서
く → いて	かく → かいて	쓰다 → 쓰고 / 써서
ぐ → いで	およぐ → およいで	헤엄치다 → 헤엄치고 / 헤엄쳐서
す → して	はなす → はなして	이야기하다 → 이야기하고 / 이야기해서
いく → いって	いく → いって	가다 → 가고 / 가서

* ～て를 만들기 위한 동사 어간을 て형이라 불러요. 위에서는 밑줄 친 부분이 て형에 해당됩니다.

☐ '울면 안 돼' 노래로 1그룹 て형 외우기

て형은 외우기 어렵지만 유창한 일본어를 위해 꼭 넘어야 할 산이에요. 한 가지 팁을 알려 드릴게요. '울면 안 돼' 노래 아시죠? '울면 안 돼, 울면 안 돼, 산타 할아버지는 우는 아이에게 선~물을 안 주신대요~' 이 노래에 맞춰 외우면 기억에 잘 남아요.

우츠룻떼(うつるって)
울면안돼
누무분데(ぬむぶんで)
울면안돼
쿠는 이테(く いて)
산타 할아버지는
구는 이데(ぐ いで)
우는 아이에게
스는 시테(す して)

선– 물을
이쿠는 잇떼(いく いって)
안 주신 대 ↗↗↗

行く는 ～く로 끝나지만 ～て를 붙일 때는 いいて가 아니라 いって라고 해야 해요. 말은 시간의 흐름에 따라 변화하죠? 옛날 옛날에는 いいて였지만 발음하기 불편하고 잘못 알아듣고 하는 일이 생기면서 점점 바뀌어서 いって가 되었다고 해요. 行く만 行って라고 한다는 점. '이쿠는 잇떼'를 기억할 때 유용한 것이 바로 '잘 다녀오세요~', '잘 다녀와'라는 인사 行ってらっしゃい '잇테랏샤이'예요. 입으로 잇테랏샤이 인사를 반복 연습해서 '이쿠는 잇떼'를 기억해 주세요.

☐ 예외 1그룹 동사들

형태는 2그룹인데, 1그룹처럼 활용이 되는 동사들이 있어요. [い모음 / え모음 + る] 모양을 하고 있지만 ～って를 붙이는 것이죠. 그 이유는 발음하기 편하게 하기 위해서! 또는 비슷한 말이 있어서 의미를 구분하기 위해서 자연스럽게 변화한 것이라고 생각해 주시면 돼요. 어떤 것들이 있을까요? 함께 알아봅시다.

入(はい)る 들어가다：はいる → はいって　はいります
走(はし)る 달리다　：はしる → はしって　はしります
帰(かえ)る 돌아가다：かえる → かえって　かえります

1그룹이기 때문에 ～ます를 붙일 때도 1그룹 형태로 활용해 주셔야 해요. 이런 예외 1그룹 동사들은 숫자가 많지 않으니 새로 배우게 될 때마다 꼭 외워 두세요.

☐ ちょっと待(ま)って 잠깐 기다려!

～て로 끝내면 '~해!'라는 부탁이나 가벼운 명령에 쓸 수 있어요. 우리말로 하면 '기다려, 마셔, 먹어' 정도의 뉘앙스가 돼요.

뒤에 ～ね를 붙여서 쓰기도 해요. 待ってね, 飲んでね, 食べてね 이렇게 말이죠. ～ね를 붙이면 ～て만 있을 때보다 조금 부드러운 느낌이 들어요.

☐ つけて食(た)べる 찍어 먹다

[つける 찍다 + 食べる 먹다 = つけて食べる]는 '찍어 먹다'는 뜻. 부어 먹는 건 [かける + 食べる = かけて食べる]라고 해요. 우리말로 '찍먹이에요, 부먹이에요?'를 물어보고 싶다면 「つけて食べますか、かけて食べますか」라고 말해 보세요.

☐ タレ vs. ソース 양념장 vs. 소스

생긴 건 비슷한데 タレ라는 말도 있고 ソース라는 말도 있어요. 찍어 먹는 건 タレ, 부어 먹는 건 ソース라고 구분할 때도 있고, 전통적인 일본 음식에 쓰이는 소스는 タレ, 서양 음식에 쓰이는 소스를 ソース라고 구분하기도 해요. 우리말로 하면 タレ는 '양념, 양념장' 정도가 될 것 같아요. 고깃집에서 찍어 먹는 간장 소스 같은 것도 タレ, 장어구이를 먹을 때 발라서 굽는 양념장도 タレ예요. ソース는 햄버그스테이크에 뿌리는 소스, 찍어 먹더라도 돈가스 소스는 ソース라 부른답니다. つけて食べる는 '찍어 먹다'이니 タレ라는 말과 잘 어울리고, かけて食べる는 '부어 먹다'이니 ソース와 잘 어울린다는 것도 기억해 두세요. 참고로 샐러드에 뿌려 먹는 건 소스가 아니라 ドレッシング '드레싱'이라고 한답니다.

☐ つける / 消(け)す 전기·전자제품을 켜다 / 끄다

TV, 라디오, 에어컨, 조명 등 전기로 움직이는 것들을 '켜다'는 つける, '끄다'는 消す라고 합니다. 참고로 에어컨은 クーラー '쿨러'라고 많이들 해요. 냉방만 되는 건 クーラー, 냉난방 겸용을 エアコン이라고 부를 때가 많아요.

☐ 배달 시켜 먹는 건 出前(でまえ)を頼(たの)む

일본에 배달은 에도시대(우리로 치면 조선시대) 때부터 있었다고 해요. 어원은 여러 설이 있는데 [出る + 前 나가다 + 앞]. 손님 앞까지 가져다준다는 말에서 비롯됐다는 설도 있고, 一人前(인분)씩 가져다준다는 데서 유래했다는 설도 있어요. 당시 주로 배달했던 메뉴는 메밀국수, 우동, 장어덮밥, 초밥이었다고 해요.

'배달 음식을 시키다'는「出前を頼む」라고 하면 됩니다. 頼む는 원래 '부탁하다, 의뢰하다'라는 뜻이지만 주문과 관련해서 쓸 때는 우리말 '시키다'라는 의미로 쓰인답니다.

☐ 薬(くすり)を飲(の)む? 약을 마시다?

일본어는 약을 食(た)べる '먹는다'라고 하지 않고 飲む '마신다'라고 해요. '약을 먹다'는 薬を飲む, '감기약을 먹다'는「風邪薬(かぜぐすり)を飲む」이렇게 말하죠. 액상뿐 아니라 가루약, 알약, 캡슐형, 과립형 모두 다 '마시다'로 통일이 돼요. 왜 '먹다'가 아니라 '마시다'일까요? 사극에서 "죄인은 사약을 받으라 ~"하고 약사발을 내미는 장면을 떠올리면 아주 쉬워요. 사기 그릇 안에 들어 있는 약은 고체였나요, 액체였나요? 옛날에는 약을 달여서 액체로 마셨기 때문에 '약을 마시다'라는 표현은 여기에서 유래한 거랍니다.

응용 말하기 정답

01 電気消(でんきけ)して!

02 電話(でんわ)してね。

---

03 クーラーを消して、窓(まど)を開(あ)けます。

04 部屋(へや)に入(はい)って、テレビをつけます。

05 歯(は)を磨(みが)いて、ご飯(はん)を食(た)べました。

06 ソースをかけて食べました。

07 ピザの出前(でまえ)を頼(たの)んで食べました。

08 ご飯(はん)を食べて、薬(くすり)を飲(の)みました。

| DAY 09 | ～ている 진행과 상태 말하기 53쪽

☐ いる vs. ある

いる도 ある도 둘 다 '있다'라는 뜻. 단 사람, 동물 같은 생물이 '있다'고 할 때는 いる, 무생물에는 ある를 써요. '저쪽에 있어요'라는 말도 생물이 있다고 할 때는「あちらにいます」, 무생물이 있다고 할 때는「あちらにあります」라고 구분해서 쓰죠. 생물이라도 움직이지 않는 식물에는 ある를 씁니다.

예 妹(いもうと)がいます。 여동생이 있어요.

ネコもいます。 고양이도 있어요.

高(たか)いビルがあります。 높은 빌딩이 있어요.

今日(きょう)はバイトがあります。 오늘은 알바가 있어요.

☐ ～ている

[동사 + て] 뒤에 いる(있다)를 붙인 ～ている는 현재 진행형과 상태를 나타내요.

☐ 동작의 현재 진행을 나타내는 ～ている

'책을 읽고 있어요', '길을 걷고 있어요'처럼 동작이 현재 진행되고 있는 경우 씁니다.

☐ 상태 & 결과의 지속을 나타내는 ～ている

'안경을 쓰고 있어요', '돈이 떨어져 있어요', '결혼했어요'처럼 어떤 동작이 일어난 뒤 그 상태가 지속되고 있을 때 쓸 수 있어요. '안경을 쓰다', '돈이 떨어지다', '결혼하다' 동작 자체는 한순간에 끝나거나 일회성이지만 그 상태가 변화 없이 유지되고 있는 것이죠. 이럴 때도 일본어로는 ～ている를 씁니다. 우리말 감각과 약간 다른 경우가 있으니 여러 예문을 통해 익혀 나갑시다.

예 始(はじ)まっています 시작되고 있습니다 (X) 시작됐습니다 (O)

結婚(けっこん)しています 결혼하고 있습니다 (X) 결혼했습니다 (O)

卒業(そつぎょう)しています 졸업하고 있습니다 (X) 졸업했습니다 (O)

晴(は)れています　　(날씨) 맑고 있습니다(X) 맑습니다(O)

부정할 때는 ～ていません

아직 할 수 있는 가능성이 있고 할 여지가 있을 때는 ～ていません이라고 해 주세요.

예 점심 먹었어요?	食(た)べていません	안 먹었어요 (아직 먹을 가능성 있음)
	食べません	안 먹어요 / 안 먹을 거예요 (원래 점심 안 먹음 or 오늘 굶을 것임)
결혼했어요?	結婚(けっこん)していません	결혼 안 했어요 (아직 안 했음, 결혼할 마음은 있음)
	結婚しません	결혼 안 해요 / 안 할 거예요 (결혼할 마음 없음, 비혼주의임)

黒(くろ)いスーツを着(き)ています 검은 정장을 입고 있어요

이 말은 정장 소매에 팔을 끼면서 입고 있는 현재 진행(ing) 상황에도 쓸 수 있고, 정장을 입은 상태에도 쓸 수 있어요. 옷·액세서리 착용과 관련된 동사는 동작의 현재 진행형과 결과 상태 둘 다 쓸 수 있답니다.

セミンさんのこと 세민 씨

こと를 '일, 것'으로 배웠을 텐데요, セミンさんのこと는 '세민 씨의 일'도, '세민 씨의 것'도 아니에요. 세민 씨를 직접적으로 언급하지 않기 위해 들어간 것일 뿐, 해석은 '세민 씨'라고만 해 주시면 돼요. 일본어는 우회적으로 말하는 문화이다보니 대상 뒤에 こと를 붙여 쓸 때가 많아요. '~을 좋아한다'를 예로 들어 こと를 넣어 볼까요?

예 세민 씨를 좋아해요.	セミンさんのことが好(す)きです。
그 사람을 좋아해요.	彼(かれ)のことが好きです。
한국이 좋아요.	韓国(かんこく)のことが好きです。

물론 こと 없이 「セミンさんが好きです」, 「彼が好きです」, 「韓国が好きです」도 당연히 말이 돼요. 하지만 こと를 넣어 주면 조금 덜 직접적인 느낌이 들어요. 단, ～こと를 모든 것에 쓸 수 있는 건 아니에요. 사람이거나 국가, 정치, 경제 등 추상적인 것에만 가능하죠. 예를 들면 '초밥' 같은 데는 어울리지 않아요. 「お寿司(すし)のことが好きです」라고 하면 '초밥아, 난 널 좋아해' 이렇게 의인화가 되는 느낌이 들거든요. 어디엔 붙이고 어디엔 안 붙이는지 헷갈린다면 우선 사람에게만 붙여서 「Aさんのことが好きです」, 「Aさんのこと知(し)っていますか」 이 정도만 써 보는 것으로 해 보세요.

知(し)っていますか 알아요?

일본어로 '알다' 知る는 知っている 형태로 써요. 예를 들어 '세민 씨를 안다'고 해 볼게요. 처음 세민 씨를 만나거나 소개 받거나 아니면 이름이라도 들어서 '아, 이 사람이 세민 씨구나~'하고 인지한 시점이 있겠죠? ～ている를 쓰는 이유는 과거의 그 시점부터 시작해 현재까지 그 '아는 상태'가 이어지고 있다고 보기 때문이에요. 반면에 모른다고 할 때는 우리말처럼 현재형을 써서 知(し)りません '몰라요'라고 해요. 과거에 인지한 적도 없고, 현 시점에도 모르는 상태임을 말하는 것이기 때문이죠. 知る 용법은 헷갈리기 쉬우니 이번 기회를 통해 반드시 익혀 두세요.

참고로 우리말에는 알다 ↔ 모르다가 구분되어 있지만 일본어는 '모르다'를 '안다'의 부정 표현을 써서 표현한답니다.

㉾ 알아요?	知っていますか。
네, 알아요.	はい、知っています。
아니요, 몰라요.	いいえ、知りません。
아니요, 몰랐어요.	いいえ、知りませんでした。
처음 알았어요.	初(はじ)めて知りました。

☐ 結婚(けっこん)しています vs. 結婚していません

결혼 적령기인 분들은 종종 '결혼했어요?'라는 질문을 받게 되는데요, 일본어로는「結婚しましたか」가 아니라「結婚していますか」가 맞는 표현이에요. 이유는 앞에서도 언급했듯이 결혼을 한 상태가 쭉 이어지는 것이기 때문. '결혼했어요'는「結婚しています」, '결혼 안 했어요'는「結婚していません」, '결혼 안 할 거예요'는「結婚しません」이라고 말하시면 됩니다.

응용 말하기 정답

01 今(いま)ユーチューブを見(み)ています。

02 道(みち)にゴミが落(お)ちています。

03 今はインチョンに住(す)んでいます。

04 はい、彼(かれ)の電話番号(でんわばんごう)、知(し)っていますよ。

05 白(しろ)いワンピースを着(き)ている人(ひと)です。

06 授業(じゅぎょう)はもう始(はじ)まっています。

07 ユリさんはまだ来(き)ていません。

08 まだ結婚(けっこん)していませんが。

| DAY 10 | ～ている 루틴과 직업 말하기 57쪽

☐ 2年前(ねんまえ)から筋(きん)トレをしています 2년 전부터 근력 운동을 하고 있어요

～前から～しています '~ 전부터 하고 있어요' 패턴을 사용해서 과거 특정 시점부터 지금까지 꾸준하게 뭔

가를 해 왔다는 뜻을 전달할 수 있어요. 筋トレ는 筋肉(きんにく)トレーニング '근육 트레이닝'을 줄인 말인데, '줄임말' 하면 왠지 젊은 세대들만 쓸 것 같지만 筋トレ는 이미 사회적으로 정착이 된 말이라 미디어에서도 어르신들도 두루두루 쓰는 말이에요. 참고로 요즘 유행하는 '홈트(홈트레이닝)'란 말은 おうち筋トレ라고 한답니다. 함께 알아 두세요.

☐ 保育園(ほいくえん) 보육원(X) 어린이집(O)

우리나라 어린이집 같은 시설을 일본어로는 保育園이라고 불러요. '아이를 保育園에 맡기고 왔어'하고 말하는 사람을 보면서 놀랄 필요가 없답니다. 어린이집에 맡기고 왔다는 의미니까요. 참고로 우리말의 '보육원'은 일본어로 '아동양호시설'이라는 다른 명칭으로 불린답니다.

☐ IT関係(かんけい)の仕事(しごと)をしています IT 쪽 일을 하고 있어요

자세한 업무 내용 말고 업계 또는 업종으로 직업을 소개할 때가 있죠? 이럴 때「○○の仕事をしています」를 쓸 수 있는데요, 여기에 네이티브들은 関係라는 말을 함께 쓸 때가 많아요. '무역 일을 하고 있어요'보다는 '무역 쪽 일을 하고 있어요', '자동차 일을 해요'보다는 '자동차 관련 일을 해요' 이렇게 말이죠. 직접적인 언급을 피하고 부드럽게 말할 수 있기에 널리 사용한답니다.

응용 말하기 정답

01 休(やす)みの日(ひ)はサッカーを<u>しています</u>。

02 ３年前(ねんまえ)から日本語(にほんご)の勉強(べんきょう)を<u>しています</u>。

03 毎朝(まいあさ)<u>ジョギングをしています</u>。

04 ビールが<u>好(す)きで</u>、週(しゅう)に３回(かい)は<u>飲(の)んでいます</u>。

05 幼稚園(ようちえん)の<u>先生(せんせい)をして</u>います。

06 企画(きかく)<u>の仕事(しごと)をしています</u>。

07 会社(かいしゃ)で、人事(じんじ)の<u>仕事をしています</u>。

08 自動車関係(じどうしゃかんけい)<u>の仕事をしています</u>。

☐ 동사의 た형 만들기

た형은 て형과 형태가 동일해요. 앞에서 배운 て형의 ～て 자리에 ～た를 넣어 주세요.

- 3그룹 : する → した / くる→きた 불규칙이니 외워 주세요.
- 2그룹 : る 빼고 た

  예 みる → みた

  たべる → たべた
- 1그룹 : 끝 글자에 따라 다음과 같이 바뀌어요.

う・つ・る → った	예 まつ → まった	기다렸다
ぬ・む・ぶ → んだ	のむ → のんだ	마셨다
く → いた	かく → かいた	썼다
ぐ → いだ	およぐ → およいだ	헤엄쳤다
す → した	はなす → はなした	이야기했다
いく → いった	いく → いった	갔다

* 밑줄 친 부분이 た형이 된다는 건 바로 감 잡으셨겠죠? '울면 안 돼' 노래에도 대입해 볼까요?

☐ '울면 안 돼' 노래로 1그룹 た형 외우기

우츠룻따(うつるった)

울면안돼

누무분다(ぬむぶんだ)

울면안돼

쿠는 이따(く いた)

산타 할아버지는

구는 이다(ぐ いだ)

우는 아이에게

스는 시따(す した)

선- 물을

이쿠는 잇따(いく いった)

안 주신 대 ↗↗↗

☐ ～ていた ～하고 있었다

いた는 いる의 과거형. いる가 2그룹이니 いる → いた '있다 → 있었다' 이렇게 변형이 된 것이랍니다.

☐ ～た・～ていた・～ている 비교

조카가 왔던 시점부터 돌아간 상태까지를 그림으로 나타내면 다음과 같습니다.

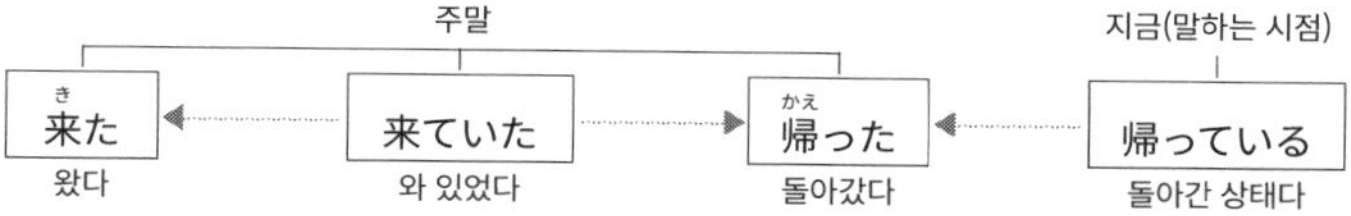

☐ めいっ子 & おいっ子 여자 조카 & 남자 조카

일본어에서는 조카의 성별을 구분해서 불러요. おいっ子가 '남자 조카', めいっ子가 '여자 조카'예요. 子를 빼고 おい, めい로만도 쓸 수 있어요. 동생도 성별을 나누어서 '여동생' 妹, '남동생' 弟 이렇게 다르게 부르는데, 조카도 그렇답니다. 반대로 우리나라처럼 세세하게 구분하지 않고 한 가지로 통합해 부르는 호칭도 있어요. 바로 おばさん, おじさん이에요. 고모, 이모, 숙모, 외숙모는 모두 おばさん, 큰아버지, 작은아버지, 삼촌, 외삼촌, 오촌 당숙 역시 구분 없이 모두 おじさん이라고 한답니다.

☐ 知っていました → 知ってました 줄여서 말하기

우리말도 말이든 글이든 줄여서 쓰는 경우가 꽤 있죠? 예를 들면 '~하였습니다'를 '~했습니다', '~되었습니다'를 '됐습니다'라고 하는 것처럼요. 일본어도 발음을 줄여서 말하는 것들이 꽤 있답니다. 대표적인 것이 바로 다음과 같이 ～ている, ～ていた, ～ています의 い를 생략하는 방법이에요.

食べている → 食べてる
食べています → 食べてます
食べていた → 食べてた
食べていました → 食べてました
食べていません → 食べてません

이렇게 ～い를 생략하고 ～て 뒤에 바로 붙여서 말할 수 있어요. 다만 격식 있는 일본어는 아니니 친구들, 가까운 사이에서는 쓰되, 인터뷰나 연설, 프레젠테이션, 면접 등 공식 석상이나 격식 있는 자리에서는 생략하지 않고 그대로 써 주는 게 좋습니다.

☐ 知っていましたよ 알고 있었죠

～よ는 문장 끝에 쓰는데, 내 의견을 말할 때, 강조할 때, 상대방이 모르는 사실을 말할 때 주로 써요. ～ね는 부드럽게 말할 때, 공감을 구할 때 주로 쓰고요. 대략 이런 느낌이라고 보시면 됩니다.

예 いいですね。 좋네요.
　いいですよ。 좋은데요?, 좋죠.

응용 말하기 정답

01 金曜日に、両親が来ました。

02 週末の間、両親が来ていました。

03 さっき、お風呂に入りました。

04 さっきは、お風呂に入っていました。

05 服が汚れました。

06 服が汚れていました。

07 ９時ごろに出かけましたよ。

08 ９時ごろには、もう出かけていましたよ。

| DAY 12 | できる 할 수 있다 vs. 못한다 65쪽

☐ 동사 + することができる

동사에는 바로 뒤에 することができる를 붙여서 가능형 '~할 수 있다'를 만들 수 있어요.

☐ 동작성 명사 + できる

사용, 전화, 공부, 합격 등등 '하다'와 붙여 쓸 수 있는 명사를 동작성 명사라고 해요. 동작성 명사의 가능형은 「○○することができる」,「○○ができる」 둘 다 쓸 수 있어요.

예 使用する：使用することができる(○) 使用ができる(○)
　電話する：電話することができる(○) 電話ができる(○)

컴퓨터 용어인 다운로드, 인스톨도 する 동사를 붙여 쓰기 때문에 동작성 명사예요. 스키, 테니스 같은 스포츠도 する 동사를 붙여 쓰기 때문에 동작성 명사죠. 「○○することができる」,「○○ができる」 둘 다 문법적으로 가능하지만 주로 「○○ができる」 패턴으로 쓰는 일이 많다는 것도 함께 알아 두세요.

㉵ ダウンロードする 다운로드하다　ダウンロードができる 다운로드할 수 있다
スキーする 스키 타다　スキーができる 스키 탈 수 있다

☐ 비동작성 명사 + できる

한편 컵, 노트, 창문, 건물처럼 사람이나 뭔가에 의해 옮겨지지 않는 한 정지된 상태로 있는 명사들은 비동작성 명사라 하는데, 이 뒤에 ~ができる를 붙이면 '만들어지다, 생기다'는 의미로 쓸 수 있어요.

㉵ 子(こ)どもができる 아이가 생기다
ニキビができる 여드름이 생기다

☐ うまく書(か)くことができません 잘 못 쓰겠어요

뭔가를 해 보려고 시도했는데 마음대로 안 될 때 쓸 수 있는 유용한 표현이에요. うまく는 うまい '잘하다'라는 い형용사인데 うまく로 만들면 '잘'이라는 부사로 쓸 수 있어요. うまく와 できません을 넣어서 '잘 ~ 못 하겠다'는 말을 쓸 때는 다음과 같이 두 가지 방법으로 표현할 수 있어요.

㉵ うまく + 동사 + ことができません　: うまく書(か)くことができません 잘 못 쓰겠어요
동작성 명사 + が + うまく + できません　: ダウンロードがうまくできません
다운로드를 잘 못하겠어요 / 다운로드가 잘 안돼요

☐ 用事(ようじ)ができる 볼일이 생기다

用事는 '볼일, 용무'라는 뜻. 서술어는 주로 「用事がある / ない」 '볼일이 있다 / 없다'로 쓰고 새로 생긴 경우 できる를 쓰죠. 저녁 약속을 했는데, 갑자기 볼일이 생겨서 취소해야 한다면 「ちょっと用事ができて…すみません」 '볼일이 좀 생겨서 … 미안합니다' 이렇게 말하고 양해를 구할 수 있어요. 급한 볼일일 때는 급할 급 急 자를 써서 急用(きゅうよう)라고 한답니다.

응용 말하기 정답

01 ネットでも予約(よやく)ができます。
02 地下鉄(ちかてつ)でも行(い)くことができます。
03 今日(きょう)から利用(りよう)できます。
04 先生(せんせい)のおかげで、無事卒業(ぶじそつぎょう)できました。
05 インストールができません。
06 うまく話(はな)すことができません。
07 ニキビができました。
08 急用(きゅうよう)ができて帰(かえ)りました。

☐ 欲(ほ)しい의 조사는 が, たい의 조사는 が·を 둘 다 OK

「車(くるま)が欲しい」'차를 갖고 싶다'「子(こ)どもが欲しい」'아이를 갖고 싶다'처럼 欲しい의 조사는 무조건 が를 씁니다.

한편 たい의 경우 조사는 が도 쓸 수 있고 を도 쓸 수 있어요.

㊀ ミルクティーが飲(の)みたい。 밀크티가 마시고 싶다.
ミルクティーを飲みたい。 밀크티를 마시고 싶다.
ミルクティーをゆっくり飲みたい。 밀크티를 느긋하게 마시고 싶다.

단 '밀크티'와 '마시고 싶다' 사이에 부사가 들어가서 사이가 멀어지면 を를 쓰는 게 더 자연스럽다는 것. 붙여 쓸 때는 둘 다 된다, 떨어뜨려 쓸 때는 を를 쓴다고 기억해 주시면 됩니다. 물론 회화 때는 조사를 빼고 '아 밀크티 마시고 싶어~'「ああ～ミルクティー飲みたい～！」이렇게 말해도 괜찮습니다.

☐ ちょっと話(はな)したいことがあるんですが 잠깐 얘기하고 싶은 게 있는데요

누군가에게 시간을 잠깐 내 달라고 양해를 구할 때 유용한 표현이에요. 분해하면 아래와 같아요.

ちょっと	+ 話したい	+ ことがある	+ んです	+ が
잠깐 / 좀	+ 이야기하고 싶다	+ 것이 있다	+ 남이 모르는 일	+ 인데요

「ちょっと～たいことがあるんですが」사이에 내가 원하는 행위를 넣어서 상대방에게 양해를 구할 수 있습니다.

㊀ 言(い)う 말하다 → ちょっと 言いたい ことがあるんですが。 잠깐 말하고 싶은 게 있는데요.
聞(き)く 묻다 → ちょっと 聞きたい ことがあるんですが。 좀 묻고 싶은 게 있는데요.
相談(そうだん)する 상의하다 → ちょっと 相談したい ことがあるんですが。 좀 상의하고 싶은 게 있는데요.

위 패턴을「ちょっと～たいことがあるんですけど」로 바꿔서 말할 수도 있어요. ～けど는 ～ですが보다 약간 캐주얼한 느낌이에요. ～ですが가 '~입니다만, ~인데요' 사이 느낌이면 ～けど는 '~인데요, ~인데' 사이 정도라고 보시면 됩니다. 면접·격식을 차려야 하는 거래처 직원·친하지 않은 상사·여러 대중 앞에서 하는 프레젠테이션 등은 ～ですが를, 그 외에 친한 상사·친분 있는 거래처 직원·소규모 내부 회의·수업 시간에 토론할 때나 질문할 때 등에는 ～ですけど를 쓰면 잘 어울립니다.

☐ 식당이나 술집에서 주문할 때 유용한「○○、ください!」

손님의 입장에서 뭔가를 달라고 할 때는 ～を를 생략해서「○○、ください」라고 말해 보세요. '여기요~, 저기요~'「すみません」+'○○ 주세요'「○○、ください」를 넣어서 말하는 것이죠. 식당에서 쓸 수 있는 어휘들과 조합해 보면 다음과 같아요.

예 이것 これ　물 お水　물수건 おしぼり　스푼 スプーン
젓가락 お箸　차 お茶　하나 더 お代わり　맥주 ビール

すみません！これください。　여기요! (메뉴를 손으로 가리키며) 이거 주세요.
すみません！お水ください。　여기요! 물 주세요.
すみません！おしぼりください。　여기요! 물수건 주세요.
すみません！スプーンください。　저기요! 스푼 주세요.
すみません！お箸ください。　저기요! 젓가락 주세요.
すみません！お茶ください。　여기요! 녹차 주세요.
すみません！お代わりください。　여기요! (지금 먹고 있는 술이나 밥을 가리키면서) 이거 하나 더 주세요.
すみません！ビールください。　저기요! 맥주 주세요.

참고로 お代わり는 '하나 더'라는 말. 맥주잔을 들고「お代わりください」하면 '맥주 하나 더 주세요', 밥공기를 들고「お代わりください」'밥 한 공기 더 주세요', 주스를 들고「お代わりください」라고 하면 '주스 한 잔 더 주세요'라는 의미가 됩니다.

☐ 生中2つください 오백 두 개 주세요

生中는 '생맥주 중자'의 줄임말이에요. 우리로 치면 '오백'이라는 말에 해당돼요. 생맥주는 生ビール라고 하는데요, 우리도 생맥주를 줄여서 '생맥'이라고 하잖아요? 일본에서는 生라고 줄여서 말해요. 또 생맥주 사이즈를 넣어서 '오백 주세요', '천 주세요' 이렇게도 말하는데요, 일본에는 생맥주를 mℓ가 아니라 대중소로 구분해요. 소자가 生小 300mℓ, 중자가 生中 350~500mℓ, 대자가 生大 700mℓ 정도. '오백 하나 주세요, 오백 두 개 주세요' 이렇게 개수를 넣어서 말할 수도 있어요. 맥주 시키는 법을 아래에 정리해 볼까요?

예 生ビールください。　생맥주 주세요.
生ください。　생맥 주세요.
生中ください。　오백 주세요.
生中１つください。　오백 하나 주세요.
生中２つください。　오백 두 개 주세요.

기억해 두셨다가 일본 여행 갔을 때 꼭 한번 써 보세요. 바로 알아듣고 시원한 오백을 내줄 겁니다.

응용 말하기 정답

01 自分の時間が欲しいです。

---

02 欲しいノートパソコンがあります。

03 冷(つめ)たいコーラが飲(の)みたいですね。

04 また行(い)きたいと思(おも)います。

05 ちょっと相談(そうだん)したいことがあるんですけど。

06 あ〜早(はや)く帰(かえ)りたいなぁ。

07 それはあまり話(はな)したくありません。

08 すみません。お代(か)わりください。

| DAY 14 | 형용사 연결・と 감정과 이유 말하기 73쪽

☐ 気持(きも)ちいいですね 기분 좋네요, 상쾌하네요

気持ち는 '기분' + いいですね '좋네요'라는 말. 주로 날씨가 좋을 때, 맑고 선선하고, 시원한 바람이 불 때 많이 쓰고, 사우나나 마사지 후 '시원하다~'라고 말할 때도 쓸 수 있는 표현이에요. 우리말로는 '기분 좋다, 시원하다, 상쾌하다'에 해당되는 상황에 쓸 수 있습니다.

☐ 一睡(いっすい)もできない 한잠·한숨도 못 자다

一睡는 우리말 '한잠, 한숨'에 해당돼요. 一睡もしない '한잠도 안 자다', 一睡もできない '한숨도 못 자다'라는 숙어로 쓰죠. 한잠도 안 자고 밤새 시험공부나 과제를 했다든가, 긴장되거나 커피를 많이 마셔서 한숨도 못 잤다든가 할 때 쓰는 표현이랍니다. '한숨도 못 잤어요'처럼 과거형으로 말할 때는「一睡もできませんでした」처럼 어미를 〜でした로 바꿔 주세요.

☐ いっぱい vs. 一杯(いっぱい) 가득 vs. 한 잔

いっぱい에는 두 가지 뜻이 있어요. 히라가나로 쓸 때는 '가득', 한자로 쓸 때는 '한 잔'이에요. 말할 때는 악센트 없이 일자로 평탄하게 말하면 '가득'이라는 뜻이고, 첫 번째 い에 악센트를 두고 높게 말하면 一杯 '한잔'이라는 뜻이 돼요. 일자로 いっぱい飲んで帰りました 하면 '가득, 잔뜩 마시고 집에 갔어요', 첫 번째 글자에 악센트를 두고 높게 いっぱい飲んで帰りました 하면 '한잔 마시고 집에 갔어요'. 이렇게 의미가 달라지죠. 쓸 때는 한자, 말할 때는 악센트에 따라 같은 말도 의미가 달라지는 게 일본어의 묘미랍니다.

☐ ～と ～하면

일본어는 가정법이 무려 네 가지나 되는데요, 그 중 하나가 ～と예요. ～と는 'A하면 (의례껏, 응당, 당연히) B한다'는 의미로 쓰여요. '봄이 오면 꽃이 핀다', '1에 1을 더하면 2다' 이렇게 자연의 법칙, 수학 공식처럼 A하면 당연히 B가 되는 상황에 쓰죠. 뿐만 아니라 개인이 생각하는 당연한 일, 습관 같은 데도 쓸 수 있어요. '화나면 무섭다', '같이 먹으면 맛있다', '함께 있으면 편하다' 이렇게 지극히 개인적으로 'A하면 B하는' 상황에 쓸 수 있답니다.

☐ ホッとします 마음이 편해요

ホッと는 '휴우~'하고 한숨을 내쉬는 소리예요. 긴장이 풀리거나 마음이 편안해질 때 저절로 '휴우~'하는 소리가 나잖아요? 이 의성어를 그대로 차용해서 '안심된다, 마음이 편하다'라는 의미로 쓴답니다. 피곤한 몸을 이끌고 집에 가서 목욕할 때「ホッとするな～」, 매일 바쁘다가 하루 쉴 때 공원에 돗자리 깔고 누워서 하늘을 보며「ホッとするね～」, 타지에서 공부하고 회사를 다니다가 오랜만에 고향에 내려가 부모님을 만나서 마음이 사르르 편안해질 때도 ホッとする라고 쓸 수 있답니다.

응용 말하기 정답

01 幸せで涙が出ました。

02 天気が良くて気持ちいいですね。

03 寂しくて地元に帰りたいです。

04 胸がいっぱいで、一睡もできませんでした。

05 一緒にいると楽しいです。

06 夫の運転が下手で怖いです。

07 母に会うとホッとします。

08 みんなで遊ぶと楽しいです。

| DAY 15 | 형용사 부사형 '~히, ~하게' 부사 말하기 77쪽

☐ よくできました 참 잘했어요

'좋다'라는 말은 いい, よい 두 개가 있는데요, ～く를 써서 '잘, 좋게'라고 바꾸려면 いい, よい 모두 よく로 바꿔 줘야 해요. いく라는 말은 없어요. 아마 동사의 行く와 헷갈릴 수 있어서 いく는 쓰지 않게 된 것 같다는 설도 있어요.

よく에 できました를 붙이면 학교 다닐 때 받았던 '참 잘했어요'와 같은 뜻이 돼요. よく는 '좋게, 잘'이라는 good이라는 의미 외에도 빈도를 말하는 '자주'라는 뜻도 있어요.「よく行きます」'자주 갑니다',「よく食べます」'자주 먹어요' 이렇게 쓸 수 있고요, 맥락에 따라 '잘'인지 '자주'인지를 판단하면 됩니다.

☐ **大切(たいせつ)にします** 소중히 간직할게요, 잘 쓸게요

大切だ는 소중하다. [大切に '소중하게' + します '하겠습니다' = 소중히 간직할게요, 잘 쓸게요]라는 뜻이 됩니다. 소중한 추억이 생겼을 때, 편지를 받았을 때, 선물을 받았을 때 쓸 수 있는 말이에요.

☐ **早(はや)く帰(かえ)りましょう** 빨리 집에 갑시다

~ましょう는 '~합시다'라는 뜻. 동사 ます형에 붙여서 쓰고 권유할 때 쓸 수 있어요.

☐ **真面目(まじめ)に聞(き)いてください** 진지하게 들어 주세요

물건을 달라고 할 때는 [명사 + ください], 어떤 행위를 해 달라고 할 때는 [동사 て + ください]라고 합니다. 이번 과에 등장한 동사들로 예문을 만들어서 확인해 볼까요?

예 する：大切(たいせつ)にしてください。 소중히 간직해 주세요.
歩(ある)く：静(しず)かに歩いてください。 조용히 걸어 주세요.
洗(あら)う：手(て)をきれいに洗ってください。 손을 깨끗이 닦으세요.

응용 말하기 정답

01 顔(かお)をやさしく洗(あら)いましょう。

02 物(もの)を大切(たいせつ)にしましょう。

03 簡単(かんたん)に言(い)うと。

04 軽(かる)く飲(の)んで帰(かえ)りました。

05 真面目(まじめ)にやってください。

06 夜(よる)は静(しず)かにしてください。

07 よく聞(き)いてください。

08 早(はや)く来(き)てください。

| DAY 16 | ~くなる・~になる ~하게 되다, ~해지다 81쪽

☐ **だいぶ寒(さむ)くなりましたね** 많이 추워졌네요

だいぶ는 '상당히, 꽤, 많이'라는 뜻이에요. 「だいぶ~なりましたね」는 체감상 변화가 느껴질 때 유용하게 쓸 수 있는 패턴이죠. 날씨의 변화, 몸 상태의 변화, 사물이나 사람의 변화에도 두루두루 쓸 수 있어요. 「だいぶ寒くなりましたね」는 겨울 초입에 쓸 수 있는 표현인데요, 그 밖에 계절이 봄 여름 가을로 바뀔 때에는 어떤 표현을 쓸 수 있을지 살펴볼까요?

예 だいぶ + 暖(あたた)かく + なりましたね。 많이 따뜻해졌네요.

だいぶ＋暑く＋なりましたね。 꽤 더워졌네요.

だいぶ＋涼しく＋なりましたね。 많이 선선해졌네요.

이때 ～ね를 꼭 붙여 주세요. ～ね 없이「だいぶ暖かくなりました」만 들으면 '많이 따뜻해졌습니다' 같은 어감이 돼서 뉴스 보도에나 어울릴 법한 말투가 되거든요. 날씨의 변화는 함께 느낄 수 있는 소재이니 ～ね를 통해 듣는 사람의 공감을 유도하는 게 더 자연스럽답니다.

☐ だいぶ ＜ すっかり

だいぶ가 '많이, 상당히, 꽤'라는 뜻이라고 배웠는데요, すっかり는 '완전히, 완연하게'라는 뜻이에요. だいぶ가 100퍼센트 중 70~80퍼센트 정도 변화가 있다는 의미라면 すっかり는 95~100퍼센트 옛 모습을 찾아볼 수 없을 정도로 완전히 바뀐 것을 말해요. 변화의 정도에 따라서 선택해서 써 보세요.

☐ 良くなりました 좋아졌어요! 나았어요!

'나았다, 상태가 좋아졌다'는 말은 良くなる '좋아지다'라고 써요.「良くなりました」를 써서 '좋아졌어요, 나았어요'라고 쓸 수 있어요. 많이 좋아졌을 때는「だいぶよくなりました」'많이 좋아졌어요', 완전히 다 나았을 때는「すっかりよくなりました」'다 나았어요' 이렇게 써 보시면 된답니다.

☐ いやだ vs. きらいだ

싫어한다는 말에는 嫌だ와 嫌いだ가 있어요. 둘 다 공통적으로 '싫어할 혐' 嫌 한자를 쓰죠. 하지만 의미에는 차이가 있어요. 아래 두 문장을 볼까요?

예 カレーきらい！ 카레 싫어해!

カレーいや！ 카레 싫어!

둘 다 카레가 싫다는 의미지만 カレーきらい는 항상·언제나·평소에 쭉 싫어하는 것을 말해요. '나는 카레라면 딱 질색이야!' 이런 뉘앙스예요. 한편 カレーいや는 평소에 싫어하는지 여부는 알 수 없지만 지금 당장 먹기 싫다는 것으로 해석돼요. '오늘은 카레 먹기 싫어!' 이런 느낌이죠. 반면「今日はカレーきらい」'오늘은 카레를 싫어해'는 쓸 수 없어요. 평소 취향, 호불호를 나타낼 때는 きらいだ, 지금 당장 싫은 것은 いやだ가 적합하기 때문이에요.

いやだ는 다른 사람의 요구나 권유를 거절하거나 거부할 때도 쓸 수 있어요. '저랑 사귀어 주세요'「付き合ってください！」, '싫어요'「いやです！」이렇게 쓸 수 있어요.

☐ 장래 희망을 말할 때는 [직업 + になりたい ~이 되고 싶다]

~になる와 지난 시간에 배운 たい를 결합하면 장래 희망을 말할 수 있어요.

예 カウンセラー + になりたい 카운셀러 + 가 되고 싶다
クリエーター + になりたい 크리에이터 + 가 되고 싶다
刑事(けいじ) + になりたい 형사 + 가 되고 싶다
公務員(こうむいん) + になりたい 공무원 + 이 되고 싶다

なりたい 뒤에 ~と思います를 붙여도 좋아요. 과거형으로 ~と思いました를 붙이면 어린 시절의 꿈을 말할 때 유용해요.

예 カウンセラーになりたいと思(おも)います。 카운셀러가 되고 싶어요.
(昔(むかし)は) カウンセラーになりたいと思いました。 (옛날에는) 카운셀러가 되고 싶었어요.

응용 말하기 정답

01 虫歯(むしば)がひどくなりました。
02 だいぶ暖(あたた)かくなりましたね。
03 肌(はだ)が赤(あか)くなりました。
04 風邪(かぜ)はだいぶよくなりました。
05 何(なに)もかも嫌(いや)になります。
06 すっかりおしゃれになりましたね。
07 今年(ことし)で32になりました。
08 将来(しょうらい)クリエーターになりたいです。

| DAY 17 | やすい・にくい 하기 쉽다 vs. 하기 어렵다 85쪽

☐ ます형 복습은 Day 06 참조

☐ ます형 + やすい・にくい

예 使(つか)う→ 使います에서 使い까지가 ます형
使いやすいです。 쓰기 편해요.
使いにくいです。 쓰기 힘들어요.

☐ テレビの方(ほう)が見(み)やすい TV가 보기 편하다

• 두 가지 비교 : 'A보다 B가 ~하다'. 일본어로는 이렇게 말합니다.

예 Aより Bの方(ほう)が～ A보다 B가 ~

方는 '쪽'이라는 뜻인데요, 이 역시 에둘러 말하기를 좋아하는 일본 특유의 문화가 잘 묻어나죠? Aより는 생략 가능해요. 강조해서 もっと '더', ずっと '훨씬'이라는 말을 넣어서 쓸 수 있어요. 하나씩 벽돌을 쌓듯 조합해 볼까요?

예 スマホ より テレビの方が もっと 見やすいです。
스마트폰 보다 TV가 더 보기 편해요.

- 세 가지 이상 비교 : 'A, B, C…중에 B가 제일 ~하다'. 일본어로는 이렇게 말합니다.

예 AとBとC…の中(なか)で Bが 一番(いちばん)～
A와 B와 C … 중에 B가 제일 ~

예 スマホと テレビと スクリーンの中で、テレビが 一番 見やすいです。
스마트폰과 TV와 스크린 중에 TV가 제일 보기 편해요.

양자 비교일지, 다자 비교일지에 따라 상황에 맞게 활용해 보세요.

□ ちょっと説明(せつめい)しにくいんですが… 좀 설명하긴 힘든데요

'지금부터 설명을 할 건데, 간단명료하게 설명하기 어려울 것 같다'고 미리 양해를 구하는 상황에서 씁니다. 본론으로 바로 들어가지 않고 완충 지대를 둔다는 점에서 이런 말들을 쿠션어라고 불러요. 일본에서는 이런 쿠션어를 적재적소에 쓰는 것이 기본 매너입니다. 몇 가지 동사를 넣어 활용해 볼까요?

예 ちょっと言(い)いにくいんですが…。 좀 말하기 힘들긴 한데요…. (지금부터 잔소리할 예정)
ちょっと見(み)えにくいんですが…。 잘 안 보이긴 한데요….
(지금부터 해상도 낮은 사진이나 글씨 같은 것을 봐 달라고 할 예정)
ちょっと聞(き)きにくいんですが…。 좀 물어보기 그렇긴 한데요. (지금부터 물어볼 예정)

□ 読(よ)みにくいとは思(おも)いますが… (길어서) 읽기 힘들 것 같긴 한데요

역시 쿠션어입니다. 이번에는 ～ですが가 아니라 ～とは思いますが를 붙인 패턴이죠. 우리말로 하면 '~할 것 같긴 한데요' 정도 뉘앙스에 해당돼요. '…'으로 생략된 부분에는 '부탁합니다, ~해 주세요'가 숨어 있어요. 즉 '길어서 읽기 힘들 것 같긴 하지만', '읽어 주세요'라는 의미가 담겨 있답니다.

응용 말하기 정답

01 このアプリ、使(つか)いやすいですね。
02 彼女(かのじょ)にはなぜか話(はな)しやすいです。
03 パソコンより紙(かみ)の方(ほう)が見(み)やすいです。
04 傷(きず)つきやすい性格(せいかく)です。

05 飲みやすいカクテルは何ですか。

06 人が多くて通りにくいです。

07 ちょっと言いにくいんですが…。

08 字が下手で、読みにくいとは思いますが…。

| DAY 18 | ～すぎる 너무해 너무해! 89쪽

☐ しゃべる 수다 떨다

しゃべる는 '말하다'는 뜻인데, 조용하게 말하는 게 아니라 수다 떠는 모습, 재잘대는 모습, 입방정을 떠는 모습에 가까워요. 카페에 삼삼오오 모여서 수다 떨 때, 비밀을 무심코 발설할 때, 수업 시간인데 떠들고 있을 때 이럴 때 しゃべる가 잘 어울려요. 명사로 '수다'라는 말이 おしゃべり예요. しゃべる는 예외 1그룹 동사이기 때문에 명사형은 [お + しゃべり]가 되었다는 점도 함께 알아 두세요.

☐ アイスを食べすぎて、お腹を壊しました 아이스크림을 너무 많이 먹어서 배탈이 났어요

アイス는 アイスクリーム의 줄임말인데요, 그 중에서도 하드류를 말해요. 참고로 소프트 아이스크림은 ソフトクリーム이라고 합니다. '배탈이 나다'라는 말은 お腹を壊す라고 해요. お腹는 '배', 壊す는 '부수다, 고장내다, 탈내다'라는 뜻이죠. 직역하면 '배를 탈내다'인데, 일본어는 다치거나 몸에 생긴 고통을 이렇게 능동형으로 쓴답니다. 다쳤을 때 쓰는 일본 특유의 능동 표현들은 Day 20에서 또 다뤄 보도록 하겠습니다.

☐ ～過ぎ 너무 ~함, 과도한 ~

자주 쓰이는 ～過ぎ 표현으로는 飲み過ぎ(과음), 食べ過ぎ(과식), 吸い過ぎ(과도한 흡연), 働き過ぎ(너무 일을 많이 함 = 과로), やり過ぎ(너무 함 = 과함 / 오버), 見過ぎ(너무 많이 봄), 使い過ぎ(너무 많이 씀 = 과소비) 등이 있어요. 말할 때는 이렇게 붙여 써 보세요.

예 ～過ぎで 너무 ~해서 : 飲み過ぎで 과음해서, 食べ過ぎで 과식해서

～過ぎです 너무 ~해요 : 吸い過ぎです。너무 많이 피워요.

: 働き過ぎです。과로예요.

～過ぎじゃないですか 너무 ~한 거 아니에요? : やり過ぎじゃないですか。너무 심한 거 아니에요?

(ドラマ) 見過ぎじゃないですか。(드라마) 너무 많이 본 거 아니에요?

응용 말하기 정답

01 仕事がつらすぎます。

02 この色、派手すぎませんか。

03 オイルを塗りすぎました。

04 悲しすぎて、涙が止まりません。

05 しゃべりすぎて、頭が痛いです。

06 かき氷を食べすぎて、お腹を壊しました。

07 佐藤さん、コーヒー飲み過ぎですよ。

08 タバコの吸い過ぎは、体に良くないですよ。

| DAY 19 | ～てみる・～ておく 해 보다 & 해 두다

93쪽

☐ ちょっと考えてみます 좀 생각해 보겠습니다

ちょっと～てみます(좀 ~해 볼게요 / 잠깐 ~해 볼게요) 패턴이에요. ちょっと考えてみます(잠깐 생각해 볼게요), ちょっと見てみます(좀 살펴볼게요) 이렇게 쓸 수 있어요.

☐ 初めて行ってみました 처음 가 봤어요

初めて～てみました(처음 ~해 봤어요) 패턴입니다. 初めて行ってみました(처음 가 봤어요), 初めて食べてみました(처음 먹어 봤어요) 이렇게 첫 경험에 대해 말할 때 쓸 수 있습니다.

☐ 一度食べてみたいですね 한번 먹어 보고 싶네요

一度～てみたいです(한번 ~해 보고 싶어요) 패턴이에요. 一度食べてみたいです(한번 먹어 보고 싶어요), 一度行ってみたいです(한번 가 보고 싶어요). 여기에 ～ね를 붙이면 '~하고 싶네요'라는 뉘앙스를 가미할 수 있어요.

☐ 調べてみたんですが、よく分かりません 알아봤는데 잘 모르겠어요

시도를 해 봤는데 잘 모를 때 쓸 수 있는 말이에요. 調べてみたんですが 대신 調べてみましたが도 문법적으로는 전혀 문제없지만 나만 아는 상황, 남이 모르는 상황을 전달하는 것이니 ～てみたんですが가 더 잘 어울리죠. 다른 동사를 넣어서 연습해 볼까요?

예 食べてみたんですが、よく分かりません。 먹어 봤는데 잘 모르겠어요.
考えてみたんですが、よく分かりません。 생각해 봤는데 잘 모르겠어요.

☐ 알다 知る・分かる

또 일본어로는 '모르다'란 말이 없어서 '알다'의 부정형으로 모른다를 표현해야 해요. '알다'에는 知る와 分かる가 있는데요, 知る는 '지식·정보가 있다'의 '알다', 分かる는 '이해하다'의 '알다'예요. 영어로 치면 知る＝know, 分かる＝understand에 해당되죠. '세민 씨 알아요?', '그 사람 전화번호 알아요?' 같은 지식·정보는 知る, '내 말 무슨 뜻인지 알겠어요?', '네, 알겠습니다'는 分かる에 해당된답니다.

아래와 같이 知る에는 활용의 제약이 있는 반면, 分かる는 知る에 비해 다양한 활용이 가능하다는 점도 알아 두세요.

知る 알다		分かる 알다	
知ります	(X) 알아요	分かります	(O) 알아요
知りますか	(X) 알아요?	分かりますか	(O) 알아요?
知っています	(O) 알고 있어요 = 알아요	分かっています	(O) 알고 있어요
知っていますか	(O) 알고 있어요? = 알아요?	分かっていますか	(O) 알고 있어요?
知っていました	(O) 알고 있었어요	分かっていました	(O) 알고 있었어요
知りました*	(△) 알았어요	分かりました	(O) 알겠습니다
知りません	(O) 모르겠어요	分かりません	(O) 모르겠어요
知りませんでした	(O) 몰랐어요	分かりませんでした	(O) 몰랐어요

*는 '처음 알았어요, 지금 알았어요'처럼 한정적인 상황에서만 씁니다.

☐ **知(し)っておくと便利(べんり)ですよ** 알아 두면 편리해요

[～ておく + と]는 '해 두면'이라는 뜻. 보통 ～ておくと便利です(~해 두면 편리해요), ～ておくと楽(らく)です(~해 두면 편해요)를 붙여서 많이 씁니다.

예 知(し)っておくと便利ですよ。 알아 두면 편리해요.

やっておくと楽です。 해 두면 편해요.

참고로 楽(らく)だ는 '편하다'는 뜻. 편안할 락 楽(らく) 자를 쓰는데, 간이침대로 유명한 라쿠라쿠 침대가 바로 이 楽(らく)에서 온 거랍니다.

응용 말하기 정답

01 ちょっとネットで調(しら)べてみます。

02 初(はじ)めて使(つか)ってみました。

03 一度(いちど)行(い)ってみたいですね。

04 5人(にん)で予約(よやく)しておきますね。

05 考(かんが)えてみたんですが、よく分(わ)かりません。

06 やってみたんですが、うまくできませんでした。

07 ダウンロードフォルダーに入(い)れておきました。

08 これは覚(おぼ)えておくと便利(べんり)です。

| DAY 20 | ～てしまう 아차차 ~해 버렸다! 97쪽

☐ ～てしまう・～ちゃう의 활용

～う로 끝나기 때문에 1그룹 동사 형태로 활용돼요.

예 ～てしまいます / ～ちゃいます ~해 버려요
～てしまって / ～ちゃって ~해 버리고 / ~해 버려서
～てしまった / ～ちゃった ~해 버렸다

☐ 指(ゆび)を切(き)ってしまいました 손가락을 자르고 말았어요 (X) 손가락을 베이고 말았어요 (○)

指는 '손가락', 切る는 '자르다'. 직역하면 '손가락을 자르다'라니! 놀라셨죠? 우리말과 달리 일본어는 흥미롭게도 상처와 관련된 표현을 타동사의 능동형으로 쓴답니다.

예 指(ゆび)を切(き)る 손가락을 자르다 = 손가락을 베이다
頭(あたま)を打(う)つ 머리를 때리다 = 머리를 부딪히다
ひざを打つ 무릎을 때리다 = 무릎을 부딪히다

처음 들으면 '헉, 손가락을 자른다고?', '어머, 머리를 때린다니!' 이렇게 오해할 수 있어요. 실제로는 '손가락을 베이다, 머리를 부딪히다, 무릎을 부딪히다'라는 의미이니 꼭 기억해 두세요. 상대방이 이런 말을 했을 때는 '괜찮으세요?'「大丈夫ですか。」라고 물어보는 센스도 발휘해 보시면 더 좋겠죠?

☐ 間違(まちが)えて～てしまいました 잘못해서 ~해 버렸어요

～てしまいました만으로도 [아차차 + 당혹감]을 전달할 수 있는데, 여기에 더해 본인의 판단 미스임을 가미하고 싶다면 間違えて '잘못해서'를 넣어 주시면 좋아요. 間違える는 '잘못하다, 착각하다'라는 뜻. 間違えて '잘못해서, 잘못 알고, 착각해서 ~해 버렸다'는 뉘앙스를 전달하는 데 유용합니다.

☐ 髪(かみ)の毛(け)がすぐ伸(の)びてしまいます 머리카락이 금방 자라 버려요

すぐ는 '금방, 금세'라는 뜻. ～てしまう와 함께 써서 すぐ～てしまいます라고 하면 습관, 습성을 나타낼 수 있어요. '머리가 금방 자라 버려요', '금방 취해 버려요', '금방 감기 걸리고 말아요'처럼 쓸 수 있답니다.

☐ **一目惚れしちゃいました** 첫눈에 반해 버렸어요

一目는 '한눈, 첫눈', 惚れる는 '반하다'. 더해서 [一目 + 惚れ = 一目惚れ]가 되었어요. 동사는 する를 붙여요. 惚れる의 첫 글자 ほ는 앞의 一目와 만나서 ぼ로 바뀌었죠. 어휘를 두 개 연결할 때 뒤에 오는 발음이 탁음이나 촉음으로 바뀌는 일이 많아요. '반해 버렸어요'라고 하고 싶다면 惚れる만 써서 惚れてしまいました, 惚れちゃいました도 가능합니다. 첫눈에 반했음을 강조하려면 「一目惚れしてしまいました / 一目惚れしちゃいました」라고 써 주시면 됩니다.

☐ **ついつい買ってしまいます** 자꾸자꾸 사게 돼요

つい 또는 ついつい 뒤에는 ～てしまいます라고 현재형이 와야 해요. 습관이나 반복적인 일을 나타내기 때문이거든요. 우리도 '자꾸 사게 돼요', '자꾸자꾸 먹게 돼요'라고 하지 '자꾸 사게 됐습니다', '자꾸자꾸 먹게 됐습니다'라고 하지 않는 것과 같은 이치랍니다. 앞에 おいしくて, 安くて처럼 이유를 넣어 주거나 ～と '~이면'이라는 가정법을 넣어 줄 수도 있어요.

예 安くて、ついつい買ってしまいます。 싸서 자꾸자꾸 사게 돼요.
安いと、ついつい買ってしまいます。 싸면 자꾸자꾸 사게 돼요.

☐ **伸びる의 다양한 의미**

우리말도 한 어휘가 다양한 뜻을 가지는 경우가 있죠. 伸びる가 딱 그래요. 신축성 있다고 할 때의 '펼 신' 伸자를 쓰는데요, 원래보다 확장된다는 의미로 쓰여요.

1) 길어지다 : 髪の毛が伸びる 머리카락이 길어지다
2) 늘어나다 : Tシャツが伸びる 티셔츠가 늘어나다
3) 늘다 : 英語が伸びる 영어(실력)가 늘다
4) 붇다 : ラーメンが伸びる 라면이 붇다

다양한 예문을 접하면서 伸びる의 감각을 익혀 보세요.

응용 말하기 정답

01 また買っちゃいました。
02 一気に全部読んじゃいました。
03 間違えて結婚写真を捨ててしまいました。
04 頭を打ってしまいました。

---

05 Tシャツが伸びてしまいました。

06 前髪を切りすぎてしまいました。

07 おいしくて、つい飲み過ぎてしまいます。

08 家にいると、ついつい食べ過ぎてしまいます。

| DAY 21 | 오노마토페 의성어 · 의태어로 말하기 101쪽

☐ ご飯、ちゃんと食べていますか 밥, 잘 챙겨 먹고 다녀요?

ちゃんと～ていますか는 해야 할 일을 '잘, 제대로, 챙겨서, 규칙적으로' 하고 있는지 물어볼 때 유용한 패턴이에요.

예 잠은 잘 자요? ちゃんと寝ていますか。
일 잘하고 있어요? ちゃんと仕事していますか。
손 잘 씻고 있어요? ちゃんと手を洗っていますか。

☐ ちゃんと vs. しっかり

ちゃんと는 할 일을 '제대로, 잘, 잊지 않고' 하는 느낌, しっかり는 '확실히, 똑 부러지게, 빈틈 없이, 충분하게' 하는 느낌이에요. ちゃんと食べる가 잊지 않고 밥을 꼬박꼬박 챙겨 먹고, 세끼 밥시간에 제대로 챙겨 먹는 느낌이라면, しっかり食べる는 5대 영양소를 갖춰서 든든하게 먹는 느낌이라고 생각하시면 돼요. しっかり의 뉘앙스를 아래에서 추가로 알아볼까요.

☐ しっかりしてください 정신 차리세요

길 가는데 사람이 쓰러져 있을 때, 옆자리 상사가 실연으로 멍~해 있을 때 '정신 차리세요!'라고 말해야겠죠? 일본에도 '정신' 精神이라는 한자가 있어서 간혹 '精神を～라고 말하면 되겠지?' 하고 오해하시는 분들이 많은데요, 精神은 '장인 정신', '사무라이 정신' 이렇게 마음가짐이나 태도, 이념과 관련된 쪽에 써요. 쓰러져 있는 사람에게 '정신 차리세요!'라고 말해야 할 때 네이티브들은「しっかりしてください」를 씁니다. しっかり에는 여러 의미가 있다는 것을 배웠는데, 의식과 관련해서는 '정신이 또렷한'이라는 의미가 있어요. 여기에 する 동사를 붙여서 しっかりする '정신을 또렷하게 하다 = 즉 정신을 차리다'란 뜻으로 쓸 수 있고, してください '해 주세요'를 붙이면 '정신 차리세요'라는 말로 쓸 수 있어요. しっかりして는 연애 실패, 취직 실패, 사업 실패로 풀 죽어 있는 친구의 어깨를 토닥토닥하면서 '기운 차려!'라는 말로도 쓸 수 있답니다.

☐ 광고에 많이 나오는 오노마토페는?

오노마토페는 간결하면서 공통된 이미지를 전달할 수 있다는 점에서 광고에서 많이 쓰여요. 일본의 국민 아이스크림으로 유명한 ガリガリ君의 ガリガリ는 '아작아작, 으드득으드득'이라는 뜻인데요, 단단한 것을 부수는 표현으로 얼음처럼 아작아작 씹히는 아이스크림이라는 걸 잘 소구했어요.

화장품 광고에 단골손님처럼 등장하는 삼총사도 있어요. 바로 サラサラ '보송보송', すべすべ '매끈매끈', しっとり '촉촉'이죠. 오노마토페를 익힐 때는 머릿속에 이미지를 그려 가면서 배우면 효과적이랍니다.

응용 말하기 정답

01 仕事もちゃんとしていますよ。

02 友達とわいわい飲みました。

03 いつも一人でペラペラしゃべるんですよね。

04 しっかりしてください。

05 歌がうますぎて、ちょっとびっくりしました。

06 これでお出かけ準備もバッチリ！

07 バタバタしちゃって、忘れてしまいました。

08 日焼けしちゃって、ヒリヒリします。

| DAY 22 | ~に行く・~に来る ~하러 가다・~하러 오다 105쪽

☐ 동사 ます형＋に行く・に来る ~하러 가다・~하러 오다

본문에 나온 예문을 통해 활용 연습을 해 볼까요?

会う 만나다	→会い＋に行きます。	만나러 갑니다.
見る 보다	→見　＋に行きます。	보러 갑니다.
取る 가지다	→取り＋に行きます。	가지러 갑니다.
食べる 먹다	→食べ＋に行きませんか。	먹으러 안 갈래요?

☐ 동작성 명사＋に行く・に来る ~하러 가다・~하러 오다

する를 붙였을 때 말이 되는 것이 동작성 명사라고 했죠? 본문에 등장한 동작성 명사를 통해 활용 방법을 확인해 봅시다.

一人旅 혼자 여행	→一人旅＋に来ています。	혼자 여행하러 왔어요.
ドライブ 드라이브	→ドライブ＋に行くつもりです。	드라이브하러 갈 생각이에요.
買い物 쇼핑 / 장보기	→買い物＋に行きます。	쇼핑하러 가요.
スノーボード 스노보드	→スノーボード＋に行っています。	스노보드 타러 갔어요.

☐ 今、会いに行きます 지금 만나러 갑니다

한국에서도 리메이크되어 유명한 일본 영화『지금 만나러 갑니다』에도 ～に行く가 등장해요. 일본어 원제가 「いま、会いにゆきます」였거든요. '만나러 가다'는 「会いに行く」죠? 行く는 いく로도 ゆく로도 읽을 수 있는데 いく로 읽으면 일상적·구어체 느낌이 들고, ゆく로 읽으면 고전적, 시적인 느낌이 들어요. 그래서인지 노래 가사에는 ゆく가 참 자주 등장합니다. 하지만 평소 대화할 때, 일상에서는 いく로 써 주시는 게 더 자연스럽답니다.

☐ 取りに行く 가지러 가다

깜빡하고 지갑을 두고 왔을 때, 우산을 두고 왔을 때, 차 키를 두고 왔을 때 '가지러 가다'라는 표현이 바로 取りに行く예요. 몇 가지 패턴을 알아 두셨다가 활용해 보세요.

㉮ 取りに行きます。	가지러 갈게요.
取りに行ってきます。	가지러 다녀올게요.
取りに行っています。	가지러 갔어요. (가 있는 상태)
取りに行ってきました。	가지러 다녀왔어요.
取りに来ました。	가지러 왔어요.

놓고 온 물품은 取りに行く / 取りに来る 앞에 ○○を라고 붙여 주면 된답니다.

응용 말하기 정답

01 明日、友達と飲みに行きます。
02 動物園にパンダを見に行くつもりです。
03 カギを取りに行っています。
04 ケーキを買いに行ってきました。
05 めいっ子が遊びに来ていました。
06 息子は釣りに行っています。
07 家族で外食に行く予定です。
08 今度、コーヒー飲みに行きませんか。

| DAY 23 | ～てはいけない・～ないといけない 하면 안 돼 vs. 해야 돼 109쪽

☐ 동사 ては + いけない, 동사 ちゃ + いけない ～하면 안 돼

일상 회화에서는 ～ては를 줄여서 ～ちゃ라고 합니다. 줄임말은 보통 격식 있는 자리보다 일상적인 상황에 쓰이겠죠?

☐ ～てはいけない를 정중하게 말할 때는 ～てはいけません ~하면 안 돼요

いけない는 동사 いける의 부정형(아래 참조), 정중하게 말하려면 いけません으로 바꿔 주면 됩니다.

☐ 동사 ない형

의무를 나타낼 때는 [동사 + ないと + いけない] '~하지 않으면 안 되다' 형태로 씁니다. 여기에서 필수적으로 짚고 넘어가야 할 것이 바로 ない형.

ない형은 부정형이라고도 하는데요, 동사 그룹별로 ない형을 만드는 방법을 알아볼게요.

- 3그룹 : する → しない / くる → こない 불규칙이니 외워 주세요.
- 2그룹 : る 빼고 ない

  ㉵ みる → みない
  たべる → たべない
- 1그룹 : 끝 글자를 あ모음으로 바꾸고 ない를 붙여 주세요.

  ㉵ とる → とらない 따다 → 안 따다, 따지 않다
  まもる → まもらない 지키다 → 안 지키다, 지키지 않다
  かく → かかない 쓰다 → 안 쓰다, 쓰지 않다
  かえる → かえらない 돌아가다 → 안 돌아가다, 돌아가지 않다(예외 1그룹)
  いう → いわない* 말하다 → 안 말하다, 말하지 않다
  すう → すわない* 피우다 → 안 피우다, 피우지 않다

* ない를 붙이기 위해 변형시킨 동사의 모습을 ない형이라고 불러요. 밑줄 친 부분이 바로 ない형에 해당됩니다.

* いう, すう처럼 끝 글자가 う로 끝나는 동사는 あ가 아니라 わ로 바꿔 줘야 합니다.
규칙을 따르자면 いあない, すあない가 되어야 할 것 같은데 いわない, すわない라고 한다는 것. 그 이유는 바로 정확한 전달을 위해 발음이 변화되었기 때문이에요. 한번 두 발음을 비교해 보시겠어요? いあない라고 하면 발음이 흐지부지되어서 알아듣기 모호한데, いわない라고 하면 조금 더 입모양을 또박또박 만들어야 하니 더 명확하게 들리는 것 느끼셨나요? 이렇게 언어는 살아 있는 생물이라고 불리는 것처럼 사용하기 편한 쪽으로, 더 의미가 명확한 쪽으로 변화해 가는 듯합니다.

☐ 동사 ない + と + いけない ~해야 한다

직역하면 [안 하다 + ~이면 + 안 된다 = ~안 하면 안 된다]는 뜻. 우리말로 자연스럽게 대응되는 해석은 '~해야 된다, ~해야 한다'입니다. 본문에 나온 동사로 활용 연습을 해 볼까요? 참고로 いけない를 정중하게 말할 때는 위에서 살펴봤듯이 いけません이라고 하면 됩니다.

예 帰る	帰らないといけない	帰らないといけません
돌아가다	돌아가야 한다	돌아가야 해요
プレゼンする	プレゼンしないといけない	プレゼンしないといけません
프레젠테이션 하다	프레젠테이션 해야 된다	프레젠테이션 해야 돼요
食べる	食べないといけない	食べないといけません
먹다	먹어야 한다	먹어야 돼요
守る	守らないといけない	守らないといけません
지키다	지켜야 한다	지켜야 해요
取る	取らないといけない	取らないといけません
따다	따야 된다	따야 돼요

☐ 取る 따다, 가지다 = 잡다

取る도 여러 뜻을 가진 동사예요. 사전을 찾아보면 무려 40가지가 넘는 뜻이 좌르르 쏟아지죠. 그 중에서도 가장 많이 쓰이는 것은 '따다, 가지다, 잡다'예요. 예문을 통해 확인해 볼까요?

예 따다 : 免許を取る 면허를 따다　　メダルを取る 메달을 따다
가지다 / 잡다 : カギを取りに行く 열쇠를 가지러 가다　　本を手に取る 책을 손으로 집다

이 밖에도 '취하다, 쥐다, 예약하다, 훔치다' 등등 실로 다양한 뜻이 있어요. 앞으로 새로운 取る의 쓰임이 나올 때마다 메모해 두시고, 일부러라도 소리 내서 써 보시기 바랍니다. 직접 말해 보는 게 가장 기억에 잘 남으니까요.

응용 말하기 정답

01 誰にも言っちゃいけませんよ。

02 それ、ダウンロードしちゃいけませんよ。

03 英語でメールを書かないといけません。

04 食べたくないけど、食べないといけません。

05 そろそろ行かないといけません。

06 理由を必ず言わないといけないんですか。

07 約束だから、守らないといけません。

08 パソコンをアップデートしないといけません。

☐ **동사 ます형 + ながら** ~하면서

본문에 나온 동사를 통해 연습해 볼까요? 동시에 두 가지 동작이 등장하지만 주가 되는 동작을 뒤에 둡니다.

예 泣(な)く 울다 + 話(はな)す 이야기하다 : 泣きながら話す。 울면서 이야기하다.
話しながら泣く。 이야기하면서 울다.

聞(き)く 듣다 + 運転(うんてん)する 운전하다 : ラジオを聞きながら運転する。 라디오를 들으면서 운전하다.
運転しながらラジオを聞く。 운전하면서 라디오를 듣다.

☐ **ながら + 동사 + ないでください** ~하면서 ~하지 말아 주세요

예 食(た)べる 먹다 + 電話(でんわ)する 전화하다 : 食べながら電話しないでください。 먹으면서 전화하지 마세요.
電話しながら食べないでください。 전화하면서 먹지 마세요.

あくびする 하품하다 + しゃべる 말하다 : あくびしながらしゃべらないでください。
하품하면서 말하지 말아 주세요.
しゃべりながらあくびしないでください。
말하면서 하품하지 말아 주세요.

☐ **동시 동작 + 권유하기**

'걸으면서 이야기할까요?'처럼 두 가지 동시 동작을 함께 권할 때는 ～ながら～ましょう '~하면서 ~합시다', ～ながら～ませんか '~하면서 ~안 할래요?'라고 하면 됩니다. 우리말 '~할래요?'라는 뉘앙스가 딱 ～ませんか랍니다. 부정어로 물어본다는 것, 기억해 두세요.

☐ **子育(こそだ)て** 육아

子(こ)는 '아이', 育(そだ)て는 育(そだ)てる '키우다'의 ます형 = 명사형. 두 어휘가 하나가 되어 [子 + 育て = 아이 키우기 = 육아]가 되었어요. 동사는 する를 붙여서 子育てする라고 합니다. '육아' 育児(いくじ)라는 한자어도 있긴 한데, 한자어라 조금 딱딱한 느낌이 들어서 子育て가 훨씬 널리 사용되고 있어요. 일부에서는 育児는 0~6세 유아, 미취학 아동을 키운다는 의미로만 쓰고, 子育て는 연령 제한 없이 고등학생, 대학생 자녀에 대해서도 쓸 수 있다는 차이점이 있다는 설도 있습니다.

☐ **ながら運転(うんてん)**

스마트폰을 보면서 운전하는 사람들이 아직도 많죠? 이런 운전을 ながら運転이라고 해요. '스마트폰을 보면서, 스마트폰을 만지작대면서 운전한다'는 말에서 '~하면서 + 운전'은 ながら運転이라고 씁니다.

응용 말하기 정답

01 テレビを見(み)ながらアイスを食(た)べています。
02 子育(こそだ)てしながら勉強(べんきょう)もしています。
03 ノートを見(み)ながら発表(はっぴょう)をしました。
04 大学(だいがく)に通(かよ)いながら働(はたら)いています。
05 歩(ある)きながらスマホ見(み)ないでください。
06 食(た)べながら話(はな)さないでください。
07 運転(うんてん)しながら電話(でんわ)しないでください。
08 お茶(ちゃ)でも飲(の)みながら待(ま)ちましょうか。

| DAY 25 | とき ~할 때, ~했을 때 117쪽

□ い형용사 + とき

긍정 / 현재 : 嬉(うれ)しい + とき 기쁠 때
부정 / 현재 : 嬉しくない + とき 기쁘지 않을 때
긍정 / 과거 : 嬉しかった + とき 기뻤을 때
부정 / 과거 : 嬉しくなかった + とき 기쁘지 않았을 때

□ な형용사 + とき

긍정 / 현재 : 面倒(めんどう)な + とき 귀찮을 때
부정 / 현재 : 面倒ではない + とき 귀찮지 않을 때
긍정 / 과거 : 面倒だった + とき 귀찮았을 때
부정 / 과거 : 面倒ではなかった + とき 귀찮지 않았을 때

□ 동사 + とき

긍정 / 현재 : 話(はな)す + とき 얘기할 때
부정 / 현재 : 話さない + とき 얘기하지 않을 때
긍정 / 과거 : 話した + とき 얘기했을 때
부정 / 과거 : 話さなかった + とき 얘기하지 않았을 때

□ 명사 + の + とき

긍정 / 현재 : 新入社員(しんにゅうしゃいん)のとき 신입 사원 때
부정 / 현재 : 新入社員ではない + とき * 신입 사원이 아닐 때
긍정 / 과거 : 新入社員のとき, 新入社員だった + とき 신입 사원 때, 신입 사원이었을 때
부정 / 과거 : 新入社員ではなかった + とき 신입 사원이 아니었을 때

---

*'신입 사원이 아닐 때'는 사실 관계 성립이 안 되므로 맥락상 '신입 사원이 아닐 경우'로 해석될 수 있습니다.

☐ タイに行ったことがあります 태국에 가 본 적 있어요

'~한 경험이 있다'고 말할 때 동사 ～たことがある를 씁니다. 회화에서는 조사 が를 생략할 수도 있어요. 경험에 대해 말하는 것이므로 '~해 보다' 문형이 없어도 '~해 본 적 있어요'라고 해석할 수 있습니다. 나라를 바꿔서 연습해 볼까요?

예 アメリカに行ったことがあります。 미국에 가 본 적 있어요.
イギリスに行ったことがあります。 영국에 가 본 적 있습니다.
中国に行ったことがあります。 중국에 가 본 적 있어요 .

동사를 바꿔서 다른 경험에 대해 말해 볼까요?

예 このドラマ、見たことあります。 이 드라마 본 적 있어요.
納豆は食べたことありますよ。 낫토는 먹어 본 적 있어요.
これ、読んだことがあります。 이거 읽은 적 있어요.

☐ とき＆頃 때와 즈음·시절

어떤 시점을 나타내는 말로 일본어에서 흔히 쓰이는 것이 바로 とき와 頃예요. 中学のとき '중학교 때', 中学の頃 '중학교 즈음·시절' 이렇게 쓰죠. とき보다는 頃가 조금 더 시간 범위가 넓어요. 그래서 말하고자 하는 시간 범위가 넓을 때는 頃를 쓰는 경우가 더 많아요. 예를 들면 어린 시절은 범위가 넓으니 子どものとき보다는 子どもの頃가 더 잘 어울려요. 반대로 특정 시점을 콕 찝어 말할 때는 頃보다 とき가 더 잘 어울린답니다.

응용 말하기 정답

01 ご飯作りが面倒なときがあります。
02 買い物するとき、エコバッグを使います。
03 暇なとき、電話ください。
04 気分が悪いときは、この薬を飲んでください。
05 寝ているときが一番幸せです。
06 運転するときは、いつも緊張します。

07 嬉(うれ)しいときも、悲(かな)しいときもそばにいます。

08 大学生(だいがくせい)のときに、日本(にほん)に行(い)ったことがあります。

| DAY 26 | 내 소개하기 123쪽

☐ 이름을 말하는 세 가지 방법

일본어로 내 이름을 소개하는 방법은 크게 세 가지예요.「名前は○○○です」「○○○といいます」「○○○と申します」 왼쪽으로 갈수록 간결하고 캐주얼한 상황, 오른쪽으로 갈수록 격식 있는 상황에 어울려요. 만약 또래끼리 모임, 일본어 학원 수업 시간 등이라면 첫 번째와 두 번째를, 회사 거래처 미팅, 면접, 청중을 대상으로 발표하는 상황이면 세 번째가 어울려요. 자기소개도 꼭 한 가지 패턴만 고집할 게 아니라 상황에 따라 상대에 따라 센스 있게 골라서 써 보세요.

☐ 고향과 현재 거주지를 함께 말할 때는 出身(しゅっしん)は○○ですが、今(いま)は△△に住(す)んでいます

일본 사람들은 자기소개를 할 때 고향을 함께 소개하는 일이 정말 많아요. 이럴 때 유용하게 쓸 수 있는 패턴이「出身は○○ですが、今は△△に住んでいます」예요. 타지에 와 있는 경우 고향을 소개하는 데 머무는 게 아니라, 현재 거주지가 어디인지까지 소개할 수 있거든요.

예 고향은 광주지만 지금은 수원에 살고 있어요.

出身はクァンジュですが、今はスウォンに住んでいます。

고향은 부산이지만 지금은 인천에 살고 있어요.

出身はプサンですが、今はインチョンに住んでいます。

여러분의 고향과 현재 거주지를 넣어서 연습해 볼까요?

☐ 취향 + 취미 + 성격을 묶어서 소개하기 [〜が好(す)き + 〜が趣味(しゅみ) + 〜性格(せいかく)]

자기소개 할 때 취향과 취미와 성격을 묶어서 소개하면 스토리텔링을 하는 데 도움이 되기 때문에 나를 기억하게끔 하는 데 아주 유용해요. 다만 '안녕하세요, 전 누구입니다. 적극적인 성격입니다.' 이렇게 말하면 너무 급작스러우니 상대방도 당황할 수 있어요. 이럴 때는 [〜が好き + 〜が趣味 + 〜性格]를 세트로 써 보세요. '전 평소에 스포츠를 좋아해서 휴일마다 축구를 하는 게 취미예요. 그래서 성격도 적극적이고 승부욕이 있는 편이에요' 이렇게 이야기를 하면 '스포츠-축구-적극 & 승부욕'이라는 이미지로 자연스럽게 본인을 각인시킬 수 있으니까요. 상대방에게 호감을 줄 수 있는 소개 방법이니 중요한 모임, 회사 면접 등 나를 어필해야 할 때 활용해 보세요.

☐ **'~하고 싶은 분은 말씀해 주세요'는 ~たい方(かた)は言(い)ってください**

상대방으로 하여금 다가오기 쉽게 만드는 마법의 한마디예요. 본인의 취미나 취향을 소개한 후 말해 보세요. '재미있는 드라마를 보고 싶은 분' 面白(おもしろ)いドラマを見(み)たい方, '맛있는 한국 음식을 먹고 싶은 분' おいしい韓国料理(かんこくりょうり)が食(た)べたい方, '세련된 카페를 알고 싶은 분' おしゃれなカフェを知(し)りたい方 등등 '~하고 싶은 분' [～たい + 方は] 뒤에 言ってください '말씀하세요~'라는 말을 붙여 주세요. 상대방이 여러분에게 갖는 거리감이 확 줄어드는 한마디가 될 거예요.

☐ **'~할 만한, 괜찮은 ○○'라고 말하고 싶을 때는 おすすめの○○**

おすすめ는 すすめる '추천하다'라는 동사를 명사로 바꾼 すすめ에 お를 붙여 만든 말이에요. 우리말로는 '추천'이라는 뜻이죠. 이 말은 꼭 기억해야 하는데, 식당에는 '오늘의 추천' 本日のおすすめ 메뉴가, 각 매장에는 '추천 상품' おすすめ 상품이라는 표시가 넘쳐나기 때문이에요. 자기소개 때는 「～たい方(かた)は言(い)ってください」 뒤에 [おすすめの + ○○を + 紹介(しょうかい)します]를 써 보세요. ○○ 안에 무엇을 소개할지 넣어 주시면 됩니다. '볼 만한 드라마' おすすめのドラマ, '가 볼 만한 가게' おすすめのお店, '괜찮은 카페' おすすめのカフェ 이렇게 쓰면 좋아요. 우리말로는 '~할 만한, 괜찮은 ○○' 정도로 해석할 수 있답니다.

응용 말하기 정답

01 こんにちは。キム・ジン<u>といいます</u>。

02 名前(なまえ)はオ・チヨンで、<u>今年(ことし)</u>二十歳(はたち)です。

03 ファッション関係(かんけい)の<u>仕事(しごと)をしています</u>。

04 <u>出身(しゅっしん)は</u>プサンですが、<u>今(いま)は</u>インチョンに<u>住(す)んでいます</u>。

05 ラーメンが<u>好(す)きで</u>、食(た)べ歩(ある)きが<u>趣味(しゅみ)です</u>。

06 キャンプが<u>趣味で</u>、積極的(せっきょくてき)な<u>性格(せいかく)です</u>。

07 韓国料理(かんこくりょうり)を<u>食(た)べて</u>みたい<u>方(かた)は言(い)ってください</u>。

08 <u>おすすめの</u>お店(みせ)を<u>紹介(しょうかい)します</u>。

| DAY 27 | 매일 아침

129쪽

☐ **평소 취침 시간, 기상 시간을 말할 때는 ～時(じ)に寝(ね)て、～に起(お)きています**

예 平日(へいじつ)は11時に寝て、7時に起きています。 평일에는 11시에 자고, 7시에 일어납니다.

☐ 아침잠이 많다는 朝(あさ)に弱(よわ)い

弱い는 '약하다'는 뜻. 朝に弱い는 직역하면 '아침에 약하다'인데, 아침잠이 많고, 아침에 일어나는 게 너무 힘들다는 뜻으로 써요. 올바른 표현은 朝に弱い지만 朝に 대신 朝が弱い로 조사를 바꿔서 쓸 수도 있어요. 반대로 '아침잠이 없다, 아침에 잘 일어난다' 하는 경우는 朝に強(つよ)い '아침에 강하다'라고 합니다.

☐ 일찍 일어난다는 말은 早起(はやお)きする

[早(はや)い＋起(お)きる]가 결합된 早起き. 굳이 직역한다면 '일찍 일어나기'. 명사로 쓸 수도 있고 する를 붙여서 동사로도 쓸 수 있어요. 명사로 쓸 때는 早起きが苦手(にがて)だ '일찍 일어나기가 힘들다 = 아침에 잘 못 일어난다'처럼 써요. 동사로 쓸 때는 明日(あした)から早起きします '내일부터 일찍 일어날 거예요'처럼 쓸 수 있어요. '일찍 일어나기'가 있으면 '일찍 자기'도 있겠죠? '일찍 자기'는 [早い＋寝(ね)る] 早寝라고 해요. '일찍 자고 일찍 일어나기'를 붙여서 말하면 早寝早起き라고 한답니다.

☐ 일어났다가 다시 잠드는 건 二度寝(にどね)する

二度는 '두 번'이라는 뜻. 寝る의 寝를 붙여서 '두 번 잠 = 깼다가 다시 잠든다'는 뜻으로 써요. 알람을 끄고 다시 깜빡 잠들었을 때 쓸 수 있는 표현이에요.

☐ 늦잠 자다는 寝坊(ねぼう)する

회화에서 자주 등장하는 표현이죠. 늦잠은 아침에 늦게 일어나는 것이니 朝는 굳이 해석하지 않고 '늦잠 자다'라고 해요. '점심 늦잠' 昼寝坊 '저녁 늦잠' 夜寝坊라는 말은 없답니다.

응용 말하기 정답

01 何時(なんじ)に寝(ね)て、何時に起(お)きるんですか。

02 朝(あさ)に弱(よわ)くて、毎朝(まいあさ)つらいです。

03 早起(はやお)きが苦手(にがて)で、つらいです。

04 私(わたし)は早起きが得意(とくい)です。

05 朝型(あさがた)と夜型(よるがた)、どちらですか。

06 夜型なので朝に弱いです。

07 今朝(けさ)は早(はや)く目(め)が覚(さ)めちゃいました。

08 二度寝(にどね)して、寝坊(ねぼう)してしまいました。

☐ 샤워를 할 때는 浴びる

浴びる는 '끼얹다, 뒤집어쓰다'라는 뜻. 샤워가 외래어이니 する 동사를 써서 シャワーする, シャワーをする라고 할 법도 한데, [シャワー + する]는 좀 어색해요. 일본 사람들이 더 익숙하게 쓰는 말은「シャワーを浴びる」랍니다. シャワー는 자고로 물을 浴びる '뒤집어쓰는 것'이라고 숙어처럼 외워 둡시다.

☐ 세수를 할 때는 顔を洗う

세수라는 한자어는 없어요. 顔を洗う '얼굴을 닦다'라고 쓰거나 아니면 '세안' 洗顔이라는 말을 써요. 세안은 한자어기 때문에 약간 딱딱한 느낌이 있어서, 그냥 편한 자리에서 편한 상대와 말할 때는 顔を洗う라고 해 주시면 됩니다. 재미있는 것은 '얼굴을 닦는 것'도 洗う, '손을 닦는 것'도 洗う인데, '머리를 감는 것'도 洗う라고 한다는 점. 머리를 감다는 髪を洗う, 또는 髪の毛を洗う라고 해 주시면 됩니다.

☐ 양치는 歯磨き

앞에서 '이를 닦다'를 歯を磨く라고 배웠는데, 이 말을 명사로 만들어서 歯磨き라고 하면 '이 닦기 = 양치'라는 말이 됩니다. 뒤에 する를 붙여서 歯磨きする '양치하다', 歯磨きをする '양치를 하다'라고 쓸 수 있습니다.

☐ 콕 찝어 그것만 할 때는 '~만 ~하다' だけ + 동사

여러 개 중에 딱 그것 '만'을 말할 때는 だけ(~만, ~뿐)를 쓸 수 있어요. 顔を洗う '세수하다'를 顔だけ洗う라고 하면 딱 '세수만 하다'라는 의미가 되죠. 조사 を가 들어갈 자리에 だけ를 넣어 주면 됩니다. 歯磨きだけして '양치만 하고', シャワーだけ浴びて '샤워만 하고'처럼 이렇게 쓸 수 있어요. 또 これだけですか(이것뿐이에요?), それだけです(그거뿐이에요)처럼도 쓸 수 있답니다.

☐ 급하게 뭔가를 할 때는 急いで~する

急いで는 원래 急ぐ '서두르다'라는 동사를 て형으로 바꾼 거예요. 급하게 서둘러서 뭔가를 할 때가 많다 보니 숙어처럼 [急いで + 동사] 형태로 많이 쓰게 된 거죠. 急いで行く '서둘러 가다', 急いで帰る '서둘러 돌아가다', 急いでご飯を食べる '서둘러 밥을 먹다'처럼 급하게 뭔가를 할 때 붙여 쓰면 됩니다. 서두르는 건 본인의 의지이기 때문에 急いで寝る '서둘러 자다'처럼 서두른다고 해결되지 않는 동작과는 어울리지 않겠죠?

응용 말하기 정답

01 シャワーを浴(あ)びながら、歯(は)を磨(みが)きました。

02 急(いそ)いで朝(あさ)ご飯(はん)を食(た)べます。

03 顔(かお)だけ洗(あら)って、仕事(しごと)に行(い)きます。

04 ちゃんと歯磨(はみが)きして、うがいもしました。

05 寝坊(ねぼう)して、今朝(けさ)はバタバタしてしまいました。

06 歯磨きもしているのに、なんか臭(くさ)いなぁ。

07 朝(あさ)は軽(かる)く食べて、昼(ひる)はしっかり食べています。

08 私(わたし)はご飯派(はんは)で、朝はしっかり食べたいです。

| DAY 29 | 화장하기

141쪽

☐ 선크림은 日焼(ひや)け止(ど)め

日焼けは [日(ひ) 해 + 焼(や)ける 구워지다]가 합쳐진 말로 '타다, 햇볕에 그을리다, 태닝하다'라는 의미예요. 선크림은 타는 것을 막아 주는 것이니 止める '멈추다, 막다'라는 표현을 더해서 [日焼け + 止(ど)め]라고 써요. 일본에서는 '선크림, 선블록'이라는 외래어 대신 日焼け止め가 일반적으로 쓰이니 꼭 기억해 두세요.

☐ 액체로 된 제형을 바를 때는 塗(ぬ)る

스킨, 로션, 에센스, 크림, 파운데이션, 쉐이빙 크림, 선크림, 립글로스 등 액체로 된 것을 바를 때는 塗る라고 해요. 塗는 '도포하다'의 도 塗라는 글자입니다. 페인트를 칠할 때도 塗る를 쓸 수 있어요.

☐ 눈썹은 그리고 아이라인은 긋고 마스카라는 칠하고

まゆ毛(げ)는 書(か)く(또는 描(か)く), アイライン은 引(ひ)く, マスカラ는 つける. 이렇게 몇몇 화장품은 함께 쓰이는 동사가 정해져 있어요. マスカラ는 액체로 되어 있기에 塗る도 쓸 수 있답니다.

☐ 손이 미끄러지다는 手(て)が滑(すべ)る

滑る는 '미끄러지다'라는 의미. 눈썹을 그리다가 손이 삐끗해서 갈매기 눈썹이 되거나 마스카라를 바르다가 손이 미끄러져서 눈두덩이가 새까매질 수도 있죠. 그럴 때 手が滑る라고 합니다. 손에 쥐고 있던 것을 무심코 떨어뜨릴 때도 手が滑る를 쓸 수 있습니다.

☐ 화장을 지우다는 落(お)とす

落とす는 원래 '떨어뜨리다, 낙하시키다'는 의미. 원래 달려 있던 것을 떨어뜨린다는 데서 유래해 '제거하다, 벗기다, 씻다' 등의 의미가 있어요. 명사로는 メイク落とし라고 부른답니다. 한국에서는 클렌징이라고 부르죠? 한편 '지우다'는 뜻을 가진 말로 消(け)す도 있어요. 단 消す는 글씨나 파일을 지우거나 기억에서 지우는 경우에 쓰고, 화장을 지운다고 할 때는 쓰지 않는다는 것도 함께 기억해 두세요.

☐ '아차차' 감탄사는 おっとおおお

우리말로 '아차, 어이쿠'라는 말을 おっと라고 하는데요, 조금 더 감정을 넣어 '아차차', '어이쿠야'라고 말할 때 이렇게 쓸 수 있어요.

응용 말하기 정답

01 今日(きょう)は日焼(ひや)け止(ど)めをちゃんと塗(ぬ)りました。

02 まゆ毛(げ)をうまく書(か)くことができません。

03 久(ひさ)しぶりにアイラインを引(ひ)いてみました。

04 マスカラをつけるときに、手(て)が滑(すべ)っちゃいました。

05 メイクを落(お)とさないといけません。

06 手が滑って、パンダ目(め)になっちゃいました。

07 この日焼け止めは落(お)としにくいですね。

08 毎朝(まいあさ)メイクするのが面倒(めんどう)です。

| DAY 30 | 면도하기 147쪽

☐ 수염을 깎다는 ヒゲを剃(そ)る

'수염'은 ヒゲ, 剃る는 '깎다'예요. 剃る는 수염이나 군대용 짧은 머리처럼 털을 면도기로 밀 때만 써요. 또 같은 '깎다'여도 잔디를 깎거나 월급을 깎을 때는 剃る는 쓰지 않아요.

'면도'라는 말은 ヒゲ剃り라고 해요. ヒゲ에 剃る의 명사형 剃り '깎기'를 더한 말이에요. 직역하면 '수염 깎기'지만 우리말 '면도'만큼 일반적으로 널리 쓰이는 표현이니 기억해 두세요.

□ 어울리다는 似合う

'수염이 잘 어울리다, 옷이 잘 어울리다, 잘 어울리는 커플이다' 이런 말은 모두 似合う로 쓸 수 있어요. 상대방에게 'ㅇㅇ가 잘 어울리네요~'라고 말하고 싶을 때는「ㅇㅇがよく似合いますね」,「ㅇㅇがよく似合っていますね」둘 다 가능해요. 또 ます형인 似合い에 お를 붙여서「お似合いですね」'잘 어울리시네요',「お似合いですよ」'잘 어울리시는데요(↗)'처럼도 쓸 수 있어요. 참고로 '잘 어울리는 커플'은「お似合いカップル」라고 한답니다.

□ 턱을 베이다는 あごを切る

앞에서 배웠듯 '베이다'는 切る(자르다) 동사를 써요. 후회나 유감을 나타내는 ～てしまう와 함께 써서「あごを切ってしまう」형태로 쓰는 일이 많죠. 베여서 피가 날 때는「血が出ています」'피가 나요',「血が止まりません」'피가 안 멈춰요' 이런 표현도 함께 쓸 수 있어요.

응용 말하기 정답

01 そろそろヒゲ剃りをしないといけません。

02 お湯で洗うと、ヒゲがやわらかくなります。

03 俳優のジョニー・デップさんは、ヒゲがよく似合います。

04 手が滑って、あごを切ってしまいました。

05 僕は、電気シェーバーよりカミソリが剃りやすいです。

06 ヒゲを剃るときは、いつも緊張します。

07 くちびるを切って、血が止まりません。

08 ヒリヒリして、涙が出ました。

☐ 출퇴근하다는 通勤(つうきん)

일본어로 '출퇴근하다'라는 말은 '통근' 通勤, 학교에 다니는 것은 '통학' 通学(つうがく)라고 합니다. '회사에 다니다, 학교에 다니다'처럼 풀어 쓰는 말도 물론 있지만, 通勤·通学는 회사나 학교라는 말이 없어도 되기 때문에 간결하게 쓸 수 있어요. 뭘 타고 출퇴근하는지는 [교통수단 + で通勤する]라고 하는데, 차로 출퇴근하면 車で, 버스로 출퇴근하면 バスで, 지하철로 출퇴근하면 「地下鉄で通勤しています」라고 하면 돼요. 걸어서 다닐 때는 [도보 徒歩(とほ) + で] 또는 「歩(ある)いて通勤しています」라고 하면 된답니다.

☐ '~부터 ~까지'는 ～から～まで

장소의 출발지부터 도착지까지, 시간의 시작 시점부터 종료 시점까지 등을 나타낼 때 ～から～まで를 씁니다. '서울에서 부산까지' ソウルからプサンまで, '9시부터 6시까지' 9時(くじ)から6時(ろくじ)まで 이렇게 쓰면 됩니다.

☐ 편도는 片道(かたみち) 왕복은 往復(おうふく)

'편도' かたみち '왕복'은 おうふく라고 읽어요. 편도는 [片道 + 시간]이라고 쓰는데, 왕복은 [往復 + 시간], [往復で + 시간] 둘 다 쓸 수 있어요. 예를 들면 「片道20分、往復40分です」(편도 20분, 왕복 40분이에요), 「片道20分、往復で40分です」(편도 20분, 왕복으로 40분이에요) 이렇게 쓸 수 있습니다.

☐ 장롱면허는 ペーパードライバー

[페이퍼 + 드라이버]가 결합된 말로 일본식 영어예요. '장롱면허만 ○○년 차예요'라는 말은 ペーパードライバー歴(れき)○○年이라고 하면 됩니다. 歴는 우리말 '~한 지 몇 년 차'와 딱 들어맞는 말인데요, '운전한 지 5년 차' 運転歴５年 이렇게 표현할 수 있죠. 재미있게도 '남친·여친 없는 지 25년 차' 彼氏(かれし)·彼女(かのじょ)いない歴25年 즉 '모태솔로'라는 말을 이렇게 우회적으로 표현할 수도 있어요.

☐ 고민이에요는 困(こま)っています

困る는 '고민된다, 난처하다, 곤란하다' 등 여러 뜻이 있는데요, ～で困っています, ～て困っています라고 쓰면 우리말 '~해서 고민이에요'라는 의미로 쓸 수 있어요. '곤란해요'라고 잘못 해석하기 쉽지만 이 용법은 '고민된다'는 의미임을 기억해 주세요. 「駐車(ちゅうしゃ)が下手(へた)すぎて、困っています」라고 하면 주차를 너무 못해서 고민된다는 거겠죠? 앞의 어휘만 바꾸면 「字(じ)が下手で困っています」 '악필이라서 고민이에요', 「説明(せつめい)が

下手で困っています」'설명을 잘 못해서 고민이에요'처럼 쓸 수 있어요.

응용 말하기 정답

01 来月(らいげつ)から車(くるま)で通学(つうがく)しないといけません。

02 自宅(じたく)から職場(しょくば)まで車(くるま)で１時間半(じかんはん)かかります。

03 大学(だいがく)まで片道(かたみち)１時間以上(いじょう)かかります。

04 雨(あめ)の日(ひ)は、もっとかかるときもあります。

05 駐車(ちゅうしゃ)が下手(へた)で、すごく時間がかかります。

06 駐車がうまくできません。

07 免許(めんきょ)を取(と)って５年(ねん)ですが、ペーパードライバーです。

08 ペーパードライバーなので、運転(うんてん)が怖(こわ)いです。

| DAY 32 | 대중교통 이용하기

159쪽

☐ '~로 다니다'는 ～で通(かよ)う

通う는 '다니다'예요. 교통수단을 앞에 넣어서 車(くるま)で通う, 自転車(じてんしゃ)で通う, バスで通う처럼 쓸 수 있어요. '영어 학원 다녀요. 어느 대학 다녀요?' 같은 '다니다'도 이 通う를 쓸 수 있답니다.

☐ 탈것에 타다는 ～に乗(の)る

교통수단을 '타다'라는 말은 乗る라고 하는데요, 조사는 꼭 ～に乗る라고 해 주셔야 해요. 우리말은 '버스를 타다'처럼 '~을 타다'라고 하는데, 일본어는 バスを乗る가 아니라 バスに乗る라고 해야 맞거든요. 반면 '내리다'는 조사 쓰기가 어렵지 않아요. を를 써서「バスを降りる」(버스를 내리다), 또는 から를 써서「バスから降りる」(버스에서 내리다)라고 쓰면 된답니다.

☐ 갈아타다는 乗(の)り換(か)える

乗り換える는 [乗る(타다) + 換える(바꾸다)]가 결합된 복합동사예요. 換える의 한자는 '환승, 환전'의 '환'이에요.「電車に乗り換える」'전철로 갈아타다'처럼 쓸 수 있어요. ます형(= 명사형) 乗り換え는 '갈아타기 =

환승'이라는 뜻으로 쓴다는 것도 함께 기억해 두세요. 일본 전철, 지하철 역에서 많이 볼 수 있는 글자랍니다.

☐ 푹 빠져서 열중한다는 말은 夢中になる

한자를 잘 보면 夢中는 '꿈속'이잖아요? 마치 꿈을 꾸 듯 정신없이 '열중하다, 몰두하다, 푹 빠져 있다'는 의미의 숙어예요. '게임에 열중하다'「ゲームに夢中になる」, '공부에 빠지다'「勉強に夢中になる」처럼 쓰면 됩니다.

☐ 못 내리고 지나갔을 때는 乗り過ごす

'두 정거장이나 지나쳤어!' 이런 때가 딱 乗り過ごす예요. [乗る + 過ごす] '타다 + 지나다'를 합친 말이죠. 재미있게도 일본어에는 못 내리고 역을 지나쳤다는 의미의 말이 여러 개 있는데, 단순히 깜빡하고 못 내린 것을 乗り過ごす, 그 중에서도 자다가 못 내린 걸 寝過ごす라고 해요. 또 乗りこす라는 말도 알아 두시면 유용해요. 뜻은 똑같이 '지나치다'이지만 乗り過ごす가 실수로 못 내린 거라면, 乗りこす는 실수이든 의도이든 상관없이 목적지보다 더 간 것을 말해요. 일본 역에서는 이런 승객들에게 乗りこし 운임을 받는답니다. 역에서 乗りこし가 쓰인 곳을 발견하면 '추가 운임을 내는 곳이구나'라고 생각하시면 됩니다.

응용 말하기 정답

01 今度初めて新幹線に乗ります。

02 電車でもバスでも行くことができます。

03 読書をしている人でいっぱいです。

04 カードは、コンビニでチャージできます。

05 バスに乗ると気分が悪くなります。

06 地下鉄を降りて、バスに乗り換えました。

07 満員バスには絶対に乗りたくありません。

08 スマホに夢中になって、乗り過ごしちゃいました。

| DAY 33 | 다이어트

165쪽

☐ 살찌다와 살 빠지다 太る ↔ やせる

'살찌다'는 太る '살 빠지다'는 やせる라고 해요. '3킬로나 쪘어요'「3キロも太りました」, '3킬로나 빠졌어요'「3キロもやせました」 이렇게 써요. 여기에 더 해서 한 가지 더 재미있는 건 ~ている로 쓰면 살찐 상태, 날씬한 상태를 표현할 수 있다는 거예요. 太っている人 '뚱뚱한 사람', やせている人 '날씬한·마른 사람' 이렇게 형용사처럼 쓰인다는 것도 함께 알아 두세요.

☐ 폭식은 ヤケ食(ぐ)い

'자포자기'를 ヤケ라고 해요. '자포자기한다'는 말은 ヤケになる라고 하죠. 이 ヤケ에 食(く)う '먹다'라는 말을 더한 것이 ヤケ食い예요. 동사는 [ヤケ食い + する]를 써요. 자포자기하는 심정으로 폭식하는 것, 스트레스를 풀기 위해 와구와구 먹는 이미지를 떠올리시면 된답니다.

☐ 간헐적 단식은 プチ断食(だんじき)

プチ는 '쁘띠', 断食는 '단식'. プチ断食은 [쁘띠 + 단식]입니다. 단식은 だんしょく가 아니라 だんじき라고 발음해야 한다는 점을 주의해 주세요.

응용 말하기 정답

01 ダイエットして、5キロもやせました。

02 断食(だんじき)ダイエットは、リバウンドしやすいです。

03 ついついお菓子(かし)を食(た)べてしまいます。

04 トマトはもう飽(あ)きてしまいました。

05 急(きゅう)に体重(たいじゅう)が3キロも増(ふ)えました。

06 ポッコリお腹(なか)が気(き)になります。

07 ストレスでヤケ食(ぐ)いしちゃいました。

08 来週(らいしゅう)からプチ断食(だんじき)をするつもりです。

| DAY 34 | 온라인 쇼핑 171쪽

☐ '대부분 ~한다'는 말은 [ほとんど + 동사]

「買い物はほとんどネットでしています」는 '쇼핑은 대부분 인터넷으로 하고 있어요'라는 말. ほとんど는 긍정문에서는 '대부분, 거의 다'라는 말로 쓰이고, [ほとんど + 동사 부정]을 쓰면 '거의 ~안 한다'는 말로 쓸 수 있어요. Day 06에서 배웠던 '요리는 거의 안 해요'「料理はほとんどしません」이 그 예시예요.

☐ 다양한 빈도 표현

빈도를 나타내는 말은 정말 많은데요, 지금까지 배웠던 빈도 표현을 스펙트럼으로 펼쳐 보면 이렇답니다

1) まったく・全然(전혀) – ほとんど(거의) – あまり(별로)

2) たまに(가끔) – よく(자주) – ほとんど(대부분) – いつも(항상)

1)은 부정 표현과 같이 쓰고, 2)는 긍정 표현과 같이 쓰는 것이 일반적입니다.

☐ 'ㅇㅇ 하나로'라는 말은 ㅇㅇ一つで

'스마트폰 하나로 쉽게 살 수 있어요', '프라이팬 하나로 쉽게 만들 수 있어요', '이거 하나만 있으면 쉽게 할 수 있어요'처럼 'ㅇㅇ 하나로'라는 말은 ㅇㅇ一つで라고 합니다. ㅇㅇ 一つで 뒤에는 手軽に라는 말이 짝꿍처럼 자주 등장해요. 手軽는 [手 + 軽い = 손 + 가볍다]가 합쳐진 말이에요. 우리말 '손쉽다'는 말처럼 '손'이 들어가는 부분이 비슷하죠?

☐ '~이라든가 ~ 같은' ～とか～とか

예시를 들면서 여러 개를 나열할 때 ～とか를 쓰는데요, 해석은 직역하면 '~이라든가'지만 우리말로는 '~이나', '~ 같은'이 가장 가까워요.「AとかBとか」를 'A나 B 같은' 정도로 해석해 보면 가장 잘 어울려요. 일본 사람들은 회화에서 정말 이 ～とか를 많이 써요. 말할 때 ～とか～とか가 반복해서 나오니 일본어를 모르는 한국 사람들조차도 나중에 ～とか～とか를 따라할 정도죠. 잘 봐 뒀다가 활용해 보세요.

☐ 묶음구매, 대량구매는 まとめ買い

まとめ는 まとめる '한데 모으다, 합치다'라는 동사에 買い(買う의 ます형)를 붙인 것. '묶음구매, 대량구매, 한번에 몰아 사기'라는 뜻이에요. 두 어휘가 합쳐지면서 買い는 かい에서 がい로 발음이 바뀌었어요.

まとめる는 '합치다' 외에도 '정리하다, 요약하다'라는 뜻도 있어요. 발표할 때 보면 ppt 맨 마지막 페이지에 정리, 요약을 넣잖아요? 일본어 자료라면 아마 그 소제목에는 まとめ라고 적혀 있을 거예요.

☐ 충동구매는 衝動買い

[衝動 충동 + 買い 사기] 가 합쳐진 말이에요. '구매'라는 한자도 있기는 하지만 충동구매라는 말에는 買い를 쓴다는 것.

응용 말하기 정답

01 買い物は全部ネットでしています。

02 手軽に買い物ができます。

03 商品がまだ届いていません。

04 ネットはまとめ買いするとき便利です。

05 安くて、衝動買いしちゃいました。

06 この間ネットで本を買いました。

07 ポイントもクーポンも使いやすいです。

08 ついついカートに入れてしまいます。

| DAY 35 | 영화 보기 177쪽

☐ 소재로 하다는 題材とする

꿈을 소재로 한 영화, 우주를 소재로 한 소설, 꽃을 소재로 한 시 … 이처럼 작품 속 근간이 되는 아이디어를 소재라고 하죠? 일본어로는 이 말을 題材라고 해요. 제목의 '제' + 재료의 '재'를 써요. 실제 쓸 때는 '~을 소재로 한 ㅇㅇ'「～を題材とした○○」라고 해요. ㅇㅇ에는 소설이나 영화 같은 작품이 들어가겠죠?

した라고 과거형으로 만들어 주는 게 포인트예요. 夢を題材とした映画 '꿈을 소재로 한 영화', 宇宙を題材とした小説 '우주를 소재로 한 소설', 花を題材とした詩 '꽃을 소재로 한 시' 등 작품의 소재에 대해 말할 때 써 보세요. 題材는 품위 있는 말인데, 만약 더 캐주얼하게 말하고 싶다면 題材를 テーマ로 바꿔서 夢をテーマとした映画 '꿈을 테마로 한 영화' 이렇게 써도 좋아요.

☐ '어떤 장르를 좋아해요'는 好きなジャンルは何ですか

'어떤 ㅇㅇ을 좋아해요?'라는 말을 일본에서는 보통「好きな○○は何ですか」(좋아하는 ㅇㅇ은 뭐예요?) 패턴으로 물어봐요. 아래 예문을 살펴볼까요?

예 好きな歌は何ですか。 좋아하는 노래는 뭐예요? = 어떤 노래 좋아해요?

好きな食べ物は何ですか。 좋아하는 음식은 뭐예요? = 어떤 음식 좋아해요?

궁금한 대상을 は 앞에 넣어 주면 되겠죠?

참고로 더 배려해서 묻는 말은「好きな○○ってありますか」(좋아하는 ㅇㅇ이 있나요?)예요.「好きな○○は何ですか」로 물어보면 좋아하는 게 있다는 것을 전제로 하고 묻는 느낌이 들기 때문이에요. 위 예문들과 뉘앙스를 비교해 볼까요?

예 好きな映画ってありますか。 (혹시) 좋아하는 영화가 있나요?

好きな食べ物ってありますか。 (혹시) 좋아하는 음식이 있나요?

☐ 가장 좋았던 영화는 一番良かった映画

[一番(가장) + 良かった(좋았다) + 映画(영화) = 가장 좋았던 영화]라는 조합이에요. 형용사를 바꿔 넣어서 지금껏 했던 것 중에 '~했던 것'들을 소개해 보세요. 아래와 같이 만들어 볼 수 있답니다.

예 一番 + 面白かった + 映画 가장 재밌었던 영화
一番 + つまらなかった + 映画 가장 재미없었던 영화
一番 + 楽しかった + こと 제일 즐거웠던 일

☐ 추천은 おすすめ

영화를 보고 싶을 때 영화를 잘 아는 지인에게 이렇게 물어볼 수 있어요. なんかおすすめってありますか。(뭐 추천할 만한 거 있어요?)

☐ 스포일러는 ネタバレ

ネタ는 은어로 '소재'를 말하는데, 우리말로 하면 뉴스거리의 '거리' 정도의 뉘앙스예요. 여기에 ばれる '들통나다, 탄로 나다'라는 동사를 붙여서 [ネタ + ばれ]가 된 거예요. 블로그 같은 데 보면 ネタバレあり '스포 있음', ネタバレなし '스포 없음'이라는 말도 종종 볼 수 있으니 함께 알아 두세요.

☐ 영화의 다양한 장르

アクション映画 액션 영화 コメディ映画 코미디 영화 スパイ映画 스파이 영화
恋愛映画 로맨스 영화 SF映画 SF 영화 家族映画 가족 영화

응용 말하기 정답

01 チケットはもう予約しておきましたよ。

02 一人で映画を見に行きます。

03 笑いたい時におすすめの映画です。

04 ネタバレしないでください。

05 恋愛を題材とした映画です。

06 一番良かった映画はスターウォーズでした。

07 今晩見るから、ネタバレしないでください。

08 今まで見た中で、一番面白かった映画です。

| DAY 36 | TV 보기 183쪽

☐ 반복적으로 계속 그것만 한다는 말은 [명사 + ばかり + 동사]

맨날 'TV만 본다, 게임만 한다, 자기 이야기만 한다, 짝사랑만 한다'. 이렇게 내내 '그것만 한다'는 말은 [앞에 명사 + ばかり + 동사]로 쓸 수 있어요. 순서대로「テレビばかり見る」,「ゲームばかりする」,「自分の話ばかりする」,「片思いばかりする」이렇게 써 주시면 됩니다. 참고로 片思い는 '한쪽(片 편)만 생각(思 사 = 좋아한다는 말)한다'라고 해서 '짝사랑'이랍니다.

☐ 다른 것 말고 딱 그것만 할 때는 [だけ + 동사]

여러 선택지 중에 '딱 그것만 하고 다른 건 안 한다'는 뉘앙스는 ばかり가 아니라 だけ를 써 줘야 해요. (다른 프로는 안 보고) '딱 드라마만 본다'고 하고 싶을 때는「ドラマだけ見ています」이렇게 말해 주세요.

ばかり와의 차이점을 정리해 볼까요?「ドラマばかり見ています」라고 하면 '다른 할 일을 안 하고 TV만 내내 본다'는 뜻이고, だけ를 써서「ドラマだけ見ています」라고 하면 의도적이고 의식적으로 딱 드라마만 보고 끄는 느낌이에요. 또 だけ는 '난 딱 드라마만 봐, 난 뉴스만 봐'처럼 특별히 긍정적·부정적 뉘앙스가 없는 반면, ばかり는 '야 넌 맨날 게임만 하냐~'처럼 부정적인 뉘앙스가 포함된다는 차이가 있답니다.

☐ 뭔가에 푹 빠지다는 ハマる

원래 뜻은 '어디어디에 딱 들어맞다'인데, 요즘에는 '~에 푹 빠지다'는 의미로 쓰여요.「最近、日本のドラマにハマっています」'요즘 일드에 빠져 있어요'처럼 [最近 + ○○ + にハマっています]라는 패턴으로 즐겨 쓰죠.

뭔가에 열광하고, 열중하고 몰두하는 느낌이라서, 앞에서 배운 夢中になる와 비슷해요. 단 차이점은 夢中になる는 정중하고 고상한 느낌이 드는 반면, ハマる는 일상적이고 캐주얼한 느낌이 든다는 점이에요.

또 夢中になる는 공부나 독서 같은 긍정적인 것들과 잘 어울리고, ハマる는 긍정적 / 부정적 양쪽 다 쓸 수 있어요. 도박 같은 부정적인 대상에 빠진 거라면 ハマる가 잘 어울려요. 조사는 に를 써서 ~にハマる라고 써 주세요.

☐ 신나다, 흥이 나다, 분위기가 고조되다는 盛(も)り上(あ)がる

우리말로는 너무나 여러 가지로 해석되는 盛り上がる. 직역하면 '부풀어 오르다'인데, 몇 가지 상황을 상상해 보면 이해하기 쉬워요.

집에서 가족들과 월드컵 보면서 응원하는 상황~, 우리 팀이 숨가쁘게 패스 패스, 골대 근처까지 가서 슛을 쏘는데~!! 골~인!! 와아~ 정말 신나는 순간이죠!! 바로 이럴 때가 盛り上がっている, 한껏 흥이 고조된 순간이에요. 친한 친구들과 왁자지껄 수다 한판, 시간 가는 줄 모르고 배꼽 잡고 떠드는 그 순간도 盛り上がっている라고 할 수 있어요. 축제 때 신나는 댄스 음악에 맞춰 어깨가 들썩들썩, 다 같이 덩실덩실하는 순간도 盛り上がっている라고 할 수 있답니다.

☐ 신경 쓰이고 궁금할 땐 気(き)になる

気(き)는 '마음, 신경' 이런 것인데요, 気になる는 마음에 뭔가 걸리는 느낌을 표현한 말이에요. 그래서 해석도 다양하고 여러 상황에서 쓰이는데요, 크게 1) 신경 쓰이다, 2) 궁금하다, 3) 마음에 들다라는 뜻이 있어요. 1)은 '엄마가 오늘 혼자 병원 간다고 했는데 잘 갔을까?' 하고 신경 쓰일 때. 2)는 '드라마에서 범인이 드디어 잡힐 것 같은데 다음 어떻게 되는 거지?' 궁금할 때나, '요 앞에 새로운 빵집 생겼던데 맛 어떨까?' 궁금할 때. 3)은 호감 가는 이성이 생겨서 '나 요즘 걔 신경 쓰여(왜 내 눈앞에 나타나 ~)' 이럴 때 쓸 수 있어요. 본문에 나온 「気になるドラマを見る」는 2)번에 해당돼요. '궁금한 드라마를 보다', 즉 다들 재미있다고 해서 볼까 말까 고민했던 드라마를 본다는 의미로 쓸 수 있답니다.

☐ 단숨에, 몰아서, 한번에는 一気(いっき)に

一気는 '단숨에, 몰아서, 한번에'라는 뜻. '드라마 몰아보기'를 ドラマを一気に見(み)る라고 하죠. [一気に + 동사]를 쓰면 '단숨에·몰아서·한번에 ~하다'라는 패턴이 돼요. 관련해서 술자리에서 원샷하는 것을 一気飲(の)み 또는 一気라고 한다는 것. 「いっきっきーのきー」라는 노래도 있어요. '원샷! 원샷! 원샷!' 같은 원샷 압박송이랍니다. 一気가 들어가 있는 점이 흥미롭죠?

응용 말하기 정답

01 寂(さび)しくて、すぐテレビをつけてしまいます。

02 うちは、チャンネル権(けん)が妻(つま)にあります。

03 皆(みんな)で見(み)る方(ほう)が盛(も)り上(あ)がります。

04 最近(さいきん)、アメリカドラマにハマっています。

05 気(き)になるドラマを一気(いっき)に見るつもりです。

06 一日中(いちにちじゅう)ドラマばかり見ています。

07 すぐチャンネルをコロコロ変(か)えてしまいます。

08 オーディション番組(ばんぐみ)にハマっています。

| DAY 37 | 외식하기

189쪽

☐ 큰맘 먹다는 奮発(ふんぱつ)する

奮発은 한자만 보면 '분발'이지만 '힘내라'는 의미보다 주로 '큰맘 먹고 뭘 사다'는 뜻으로 쓰여요. '생일이라, 기념일이라, 보너스가 나왔길래 큰맘 먹고 샀다'고 할 때 쓰죠. 奮発して '큰맘 먹고', 奮発しました '시원하게 썼어요', 奮発しちゃいました '큰돈 썼네요' 이런 뉘앙스로 쓸 수 있답니다.

☐ 음식을 시킬 때는 注文(ちゅうもん)する·頼(たの)む·お願(ねが)いする

순서대로 '주문하다, 시키다, 부탁하다'라는 뜻. 注文する·頼む는 '주문해도 되나요', '아까 주문했는데 …', '오늘은 이거 시켜 볼까?' 이런 상황을 떠올리면 돼요.

반면 직원에게 직접 '이거 주세요~'라고 주문할 때는「お願いする」를 쓰면 좋아요. [주문하고 싶은 음식 + お願いします]로, [취향 + でお願いします]로 말하면 돼요. '아이스크림 주세요'「ソフトクリームお願いします」, '한 개 주세요'「一つお願いします」, '아, 바닐라로 주세요'「あ、バニラでお願いします」 이렇게 쓸 수 있답니다. 물론 직접적으로「○○ください」'○○ 주세요'도 가능해요. 단, くださいい보다 お願いします가 더 정중한 느낌이 든다는 점도 기억해 주세요.

☐ ○○ 빼고 시킬 때는 ○○抜きでお願(ねが)いする

'고추냉이 빼고 주세요, 고수 빼고 주세요, 얼음은 빼고 주세요'처럼 음식에 들어간 특정 재료를 빼고 달라고 부탁할 때는「○○抜きでお願いします」라고 말해요. 抜(ぬ)く는 동사로 '발췌, 발치, 발군'이라고 할 때의 한자 '발 抜'을 써서 '빼다'라는 의미. 抜き는 抜く의 ます형이에요. '○○ 빼고'라는 말을 일본에서는 ○○抜きで라고 쓰니 숙어처럼 써 주시면 됩니다.

☐ 호불호는 好(す)き嫌(きら)い

[好(す)き + 嫌(きら)い] 그야말로 '호 + 불호'라는 말이죠? 취향을 말할 때 유용한 표현이에요. 기본적으로 好き嫌いがある·ない '호불호가 있다·없다'로 써요. '음식을 가리다'라는 말로도 쓰는데, '음식을 많이 가려요~ 편식

이 심해요~'는 숙어처럼 「(食べ物の)好き嫌いが激しい」라고 알아 두시면 좋습니다.

☐ 무한리필 + 뷔페는 食べ放題

양을 무제한으로 먹을 수 있는 가게를 '무한리필집', '뷔페'라고 하는데요. 고기 뷔페처럼 주문하면 계속 가져다주는 방식, 뷔페처럼 본인이 떠다 먹는 방식이 있죠? 食べ放題는 둘 다에 쓸 수 있어요.

放題는 형용사나 동사 ます형 뒤에 붙여서 '마음대로 ~하다'라는 뜻으로 쓰이는 접미사예요. 술이나 음료 무제한 리필은 [飲む + 放題 = 飲み放題]라고 하고, 음식·음료 모두 무제한인 곳은 食べ飲み放題라고 한답니다.

일본에는 고깃집 같은 곳에서 90분, 120분간 마음껏 먹고 마실 수 있는 食べ放題·食べ飲み放題 메뉴를 만들어 둔 곳이 많아요. 가성비가 아주 좋으니 꼭 한번 이용해 보세요.

☐ 매일 가고 싶다는 通いたくなる

우리말로 '매일 가고 싶다, 매일 오고 싶다'를 일본어로 표현하고 싶을 때 이 표현을 씁니다.

응용 말하기 정답

01 誕生日なので、家族で外食に行きます。

02 奮発して、おまかせコースを注文しました。

03 パクチー抜きでお願いしました。

04 好き嫌いは特にないんですが…。

05 ピザ食べ放題に行ってきました。

06 週７で通いたくなる味です。

07 クリスマスだから、奮発してしまいました。

08 肉が口の中でとろけました。

| DAY 38 | 친구들과 한잔 195쪽

☐ 술자리는 飲み会

会는 우리말로 '모임'이에요. 여기에 飲み(마심 = 음주)가 붙어서 飲み会(음주 모임 = 술자리)가 되었어요. 술을 마시는 자리라면 회사 회식에도 쓸 수 있고, 친한 친구들끼리 한잔하러 가는 날에도 쓸 수 있어요. '술자리를 갖다, 회식을 하다'는「飲み会をする」, '술자리에 가다, 회식에 참가하다'는「飲み会に行く」라고 하면 된답니다.

☐ 첫잔은 맥주로 건배 とりあえずビールで乾杯

とりあえず는 '일단, 우선'이라는 뜻. 건배는 乾杯. 'ㅇㅇ로 건배'는「ㅇㅇで乾杯」예요.
일본은 대개 첫잔으로 맥주를 시키고 이후부터는 각자 취향에 맞게 술을 골라서 시키는 문화예요. 그래서 회식 자리에서는 첫 주문 때「とりあえずビール(お願いします)」'일단 맥주 (주세요)' 또는「とりあえずビールで」'우선 맥주로'라는 말을 자주 들을 수 있어요.「とりあえずビール」는 위키피디아에도 게재되어 있을 만큼 이미 널리 쓰이는 말이에요.「とりビー」라고 줄여서 말하기도 한답니다.

마실 때마다 술잔을 부딪히며 건배를 외치는 한국과 달리 일본에서는 첫잔, 때로는 막잔(회사 회식 같이 마무리 한 말씀 하면서)만 건배를 하고 나머지는 자유롭게 마셔요.

일본은 술을 따를 때 첨잔하는 문화예요. 잔을 다 비우지 않고 받아도 예의에 어긋나지 않죠. 문화가 다르다 보니 한국 사람은 따라 주려고 병을 들었는데 일본 사람은 술이 든 잔을 내밀고, 한국 사람은 '왜 다 안 마시지?'하면서 기다리고, 일본 사람은 '왜 안 따르지?' 하면서 기다리고 … 눈치 게임이 시작되는 일도 다반사죠. 서로의 술 문화를 대화 소재로 삼아서 분위기를 이끌어 가도 좋을 것 같아요.

☐ 술이 약할 때는 お酒に弱い 술이 셀 때는 強い

약할 때는 弱い ⇔ 셀 때는 強い로 써 주세요. 조사는 お酒に弱い도 쓸 수 있고 お酒が弱い라고도 쓸 수 있어요.

☐ 숙취는 二日酔い

二日는 '이틀', 酔い는 酔う '취하다'의 명사형이에요. 二日目 '둘째 날'에도 酔い '술기운이 있다'는 뜻이죠. '숙취가 심하다'는「二日酔いがひどい」, '숙취 때문에 속이 안 좋다'는「二日酔いで気持ちが悪い」이렇게 쓸 수 있어요. 특히 숙취는 술을 이것저것 섞어 마실 때 더 심해질 수 있잖아요? 재미있게도 술을 섞어 먹는다는 말을 일본어로는「お酒をちゃんぽんする」'술을 짬뽕하다'라고 한다는 것. 짬뽕은 '챰퐁'이라고 읽어 주시면 된답니다.

☐ 속이 안 좋을 때는 気持ちが悪い

気持ち는 '기분, 몸 상태'라는 말이에요. 건강 상태와 관련해서 気持ちが悪い는 다른 말로 '토할 것 같다'와 같은 말이라고 보시면 돼요. 울렁대고 비위가 상할 때가 바로 気持ちが悪い 상태인 거죠. 気持ち와 비슷한 말로 気分이라는 말도 전에 배웠는데요. 気持ち는 '과음했더니 토할 것 같다'처럼 구체적인 이유가 있거나 '구토'라는 특정 상태를 말할 때 주로 쓰고요, 気分은 체한 건지 감기인지 이유는 불분명한데 으슬으슬하다거나 몸이 나른하다거나 무겁다거나 하는 추상적인 몸 상태에 많이 써요.

또 '기분전환을 하다'는 気分転換이라 쓰지, 気持ち転換라고는 쓰지 않아요. 아예 気持ち는 '속이 안 좋다'의 '속', 気分은 '몸 상태, 컨디션' 이렇게 외워 버려도 좋을 듯합니다. 단, 멀미를 할 때는 気分が悪い도 '속이 안 좋다'는 의미로 쓸 수 있어요.

☐ 恋愛(れんあい)の話(はなし) 사랑 이야기

한자는 연애라고 쓰지만 우리말 '사랑'에 가까워요. 그래서 사랑 영화, 로맨스 영화를 恋愛映画(えいが)라고 하죠. 恋愛는 恋(こい)라는 말과 바꿔 쓸 수 있어요. 恋愛는 한자어고 恋는 순수 일본어예요.

사랑 이야기는 恋愛の話라고 쓰는데, 줄여서 [恋(こい) + 話(はなし) = 恋(こい)バナ]라고도 할 수 있어요.

자주 쓰는 말 중에 恋(こい)가 들어가는 말을 아래에 정리해 보았어요. 기억해 뒀다가 활용해 보세요.

예 恋人(こいびと) 연인, 애인 : 한자로 愛人(あいじん) '애인'이라고 쓰면 일본어로는 불륜 관계를 의미해요.
初恋(はつこい) 첫사랑
恋に落(お)ちる 사랑에 빠지다

응용 말하기 정답

01 みんなでビールで乾杯(かんぱい)をしました。
02 恋愛(れんあい)の話(はなし)で盛(も)り上(あ)がりました。
03 また終電(しゅうでん)を逃(のが)してしまいました。
04 友達(ともだち)に会(あ)うと楽(たの)しいです。
05 二日酔(ふつかよ)いで気持(きも)ちが悪(わる)いです。
06 お酒(さけ)に弱(よわ)くて、すぐ顔(かお)が赤(あか)くなります。
07 友達(ともだち)と久(ひさ)しぶりに飲(の)み会(かい)をしました。
08 友達はみんな、お酒(さけ)が強(つよ)いです。

| DAY 39 | SNS 활동 201쪽

☐ 계정을 만든다는 말은 アカウントを作(つく)る

'계정'은 アカウント라고 해요. SNS 계정도 アカウント, 쇼핑몰이나 온라인 특정 사이트 회원 같은 계정도 모두 アカウント라고 합니다. 한자로는 垢라고 쓰고 アカ라 읽어요. 공부 기록을 올리는 '공부 계정, 공부스타그램'은 勉強垢(べんきょうあか), '먹스타그램'은 グルメ垢 이런 식으로 쓰죠. 인스타그램이나 트위터, 페이스북에 해시태그를 넣어서 찾아봐도 재미있을 것 같아요.

☐ 게시물을 올리다는 アップする

アップ은 '업로드'의 '업'이에요. 사진이나 영상 등을 '올리다'라는 표현으로 써요. 굳이 アップロード를 다 쓸 필요도 없어요. SNS에 올린다고 말할 때는 アップ만 쓰는 게 훨씬 자연스럽게 들려요. 한자어로는 投稿(とうこう)する '투고하다'라는 말을 써요. 우리말로 치면 '게시하다' 정도의 뉘앙스죠. 기사나 원고를 투고하는 것도 아닌데 '투고'라니 한국 사람 입장에서는 어색하게 느껴지죠? 일본에서는 투고라는 말을 기사·원고 투고에도 쓰지만 인터넷 공간에 글·사진·영상을 게재하는 것도 투고라고 쓰는 게 이미 정착되어 있어서 자연스러워요. 한·일 간에는 같은 어휘라도 약간씩 다르게 사용하는 말들이 참 많은데 그 중 하나랍니다.

☐ 팔로우는 フォロー 팔로워는 フォロワー

영어 발음에 주의해 주세요. 팔로우는 '호로오' フォロー, 팔로워는 '호로와아' フォロワー라고 읽는답니다. フォ라고 되어 있는 이유는 f와 h 표기가 다르기 때문이에요. f일 경우엔 fo를 フォ, ho를 ホ라고 써요. 발음할 때는 완벽하게 f 발음으로 할 필요는 없어요. ho와 fo 중간 느낌 정도가 딱 좋습니다. 휘파람을 분다는 느낌으로요. フォロー는 회사에서도 많이 쓰는데, 우리로 치면 '그 건은 김 과장이 백업 해, 팔로우업 해~' 이럴 때 쓴다는 것도 함께 알아 두세요.

☐ SNS감성은 SNS映(ば)え

원래 映(ば)え는 映(は)える '빛나다, 돋보이다'라는 뜻의 동사에서 온 표현이에요. 원래 동사는 はえる로 읽지만 앞에 SNS 같은 명사를 넣어서 붙여 쓰면서 [SNS + 映(ば)え]처럼 탁음이 붙게 되었고, 이게 정착되어서 아예 'SNS에서 돋보이다'라는 의미로 쓸 때는 ばえる라고 읽게 되었죠. 우리말로 하면 'SNS 감성 돋는다', 'SNS에 올리기 좋다' 이런 의미와 비슷해요. 대개 인스타 등 SNS에 올라오는 사진 중 '좋아요'를 많이 받는 사진들은 예쁜 카페나 레스토랑, 이색적인 배경이나 음식, 포토샵을 많이 한 듯한 사진이잖아요? 이런 사진을 찍을 수 있는 장소나 감성 넘치는 사진을 「SNS映えするカフェ」, 「インスタ映えする写真」이라고 불러요. 여러 映え 중에서도 「インスタ映えする」 '인스타 감성 (돋는다)'이란 말을 제일 흔하게 쓴답니다.

☐ 낭비는 ムダ

ムダ는 한자로 無駄라고 쓰는데, '쓸데없다, 보람 없다, 헛되다, 낭비다' 등등 해 봤자 의미 없다는 뜻으로 쓰여요. 일본에서는 ムダ란 말을 정말 많이 들을 수 있어요, 예를 들면 [ムダ + 話(ばなし)] '쓸데없는 이야기', やってもムダ '해 봤자 의미 없다', [ムダ + 使(づか)い] '쓸데없이 쓰기 = 허투루 씀 = 낭비' ムダをなくす '낭비를 없애다' 등등 실로 폭 넓게 사용되죠. SNS와 관련해서는 '인생 낭비', '시간 낭비'라는 말을 종종 들을 수 있는데, 이럴 때도 ムダ를 써서 본문처럼 「人生(じんせい)のムダです」, 「時間(じかん)のムダです」라고 할 수 있답니다.

응용 말하기 정답

01 インスタグラムのアカウントを作りました。

02 花の写真ばかりアップしています。

03 前からフォローしていました。

04 フォロワーが一気に減りました。

05 間違えて「いいね！」を押しました。

06 SNS映えする写真ですね。

07 カフェ巡りのハッシュタグをつけました。

08 SNSは時間のムダですよ。

| DAY 40 | 매일 저녁 207쪽

☐ 푹 쉬거나 느긋하게 보낼 때는 ゆっくり・のんびり

ゆっくり는 '천천히, 여유롭게' のんびり는 '느긋하게, 유유히'라는 뜻이에요. 여기에 각각 する, 過ごす를 연결해서 쓸 수 있는데 ゆっくりする·のんびりする는 '푹 쉬다', ゆっくり過ごす·のんびり過ごす는 '느긋하게 보내다'라는 의미로 쓸 수 있어요. する·過ごす를 붙이면 ゆっくり·のんびり 의미에는 큰 차이가 없어지니 교차해서 사용해도 돼요. 굳이 뉘앙스 차이가 있다면 ゆっくり가 시간 제약 없이 여유가 있는 느낌이라면 のんびり는 심신이 편안하게 릴랙스되는 느긋한 느낌 정도입니다.

☐ 숨통이 트이다는 息抜きになる

직역하면 息는 '숨', 抜き는 '빼기'라는 뜻. 긴장을 풀고 잠시 숨을 돌린다는 의미예요. 여기에 ～になる를 붙여서 息抜きになる라고 하면 '숨통이 트이다, 휴식이 된다'는 숙어로 쓸 수 있답니다.

☐ 눕다는 横になる

'잔다'는 말은 寝る, '눕는다'는 말은 横になる예요. 横는 '옆, 가로'라는 말인데, 사람이 서 있는 모습을 세로, 누워 있는 모습을 가로로 본 데서 나온 말이죠. 정형외과 같은 데 가면 「横になってください」라는 말을 들을 수 있는데, '옆으로 되세요~'가 아니라 '누우세요~'라는 말이라는 것. 주말에 소파에 누워서 뒹굴거릴 때도 「横になってゴロゴロする」라고 쓸 수 있어요. 모르면 실수하기 쉬운 말이니 꼭 기억해 두세요.

☐ 집콕 라이프는 おうち時間(じかん)

[お + うち]라는 말인데 うち가 家 '집'이라는 말이에요. 일본어로 家는 いえ로도 うち로도 읽을 수 있는데 둘 다 뜻은 집이지만 いえ가 건물이나 공간으로서의 '집 = house'라면 うち가 '가정 = home'에 해당되죠. おうち 뒤에 시간을 넣으면 '집에서 보내는 시간'이라는 뜻이 돼요. 또 뒤에 어휘를 붙여서 おうちパスタ '홈 파스타', おうちカフェ '홈 카페', おうち筋(きん)トレ '홈트', おうちライブ '홈 라이브'처럼 만들 수 있어요. 기존에는 밖에서만 할 수 있었던 일들을 집에서 한다는 의미로 합성어를 만들어 쓸 수 있답니다.

응용 말하기 정답

01 今週(こんしゅう)もへとへとに疲(つか)れてしまいました。

02 ソファーに横(よこ)になって、ゴロゴロしています。

03 家(いえ)でゴロゴロするのが好(す)きです。

04 テレビを見(み)ながら、のんびりしています。

05 一人(ひとり)でゆっくり過(す)ごしたいです。

06 お風呂(ふろ)に入(はい)るのが面倒(めんどう)です。

07 仕事(しごと)で忙(いそが)しい日々(ひび)の息抜(いきぬ)きになります。

08 今週末(こんしゅうまつ)は、おうち時間(じかん)を楽(たの)しむつもりです。

{ 품사별 활용 예시 일람표 }

1 명사

명사는 유무형의 모든 것의 이름입니다.

종류 : 보통명사 – 산, 회사, 컵, 학생 등 | 고유명사 – 사람 이름, 회사명, 지명, 상품명 등
형식명사 – 것, 때 등 | 대명사 – 인칭대명사(나, 너, 그, 우리 등) 및 지시대명사(이, 그, 저, 어느)

명사 + 서술어 활용 예시 일람표

명사	+だ	~이다	趣味だ	취미이다
	+です	~입니다 / ~이에요	趣味です	취미입니다 / 취미예요
	+なんです	~이거든요 / ~이어서요	趣味なんです	취미거든요 / 취미여서요
	+ですか	~입니까? / ~이에요?	趣味ですか	취미입니까? / 취미예요?
	+ではない	~이 아니다	趣味ではない	취미가 아니다
	+じゃない	~이 아니다	趣味じゃない	취미가 아니다
	+ではないです*	~이 아니에요	趣味ではないです*	취미가 아니에요
	+ではありません	~이 아닙니다 / ~이 아니에요	趣味ではありません	취미가 아닙니다 / 취미가 아니에요
	+じゃありません	~이 아니에요	趣味じゃありません	취미가 아니에요
	+だった	~였다	趣味だった	취미였다
	+だったです*	~였어요	趣味だったです*	취미였어요
	+だったんです	~였거든요 / ~였죠	趣味だったんです	취미였거든요 / 취미였죠
	+だったか	~였나?	趣味だったか	취미였나?
	+でした	~였습니다 / ~였어요	趣味でした	취미였습니다 / 취미였어요
	+でしたか	~였습니까? / ~였어요?	趣味でしたか	취미였습니까? / 취미였어요?
	+ではありませんでした	~이 아니었습니다 / ~이 아니었어요	趣味ではありませんでした	취미가 아니었습니다 / 취미가 아니었어요
	+じゃありませんでした	~이지 않았어요 / 아니었어요	趣味じゃありませんでした	취미가 아니었어요
	+で	~이고 / ~여서	趣味で	취미고 / 취미여서

- *는 문법적으로 가능하지만 초등학생이 쓰는 말처럼 다소 유치하게 들리므로 사용을 권하지 않습니다. 중간에 ん을 넣거나 뒤에 ね · よ를 붙일 때는 문제없습니다.

2 な형용사

형용사는 사물 · 사람의 상태, 성질, 가치판단, 감정, 감각 등을 나타내는 말입니다.

기본형 : 上手 + だ
어간 + 어미

な형용사 활용 예시 일람표

어간	+ だ	~하다	上手だ	잘하다
	+ です	~합니다 / ~해요	上手です	잘합니다 / 잘해요
	+ なんです	~하거든요 / ~해서요	上手なんです	잘하거든요 / 잘해서요
	+ ですか	~합니까? / ~해요?	上手ですか	잘합니까 / 잘해요?
	+ ではない	~하지 않다	上手ではない	잘하지 못하다 / 잘 못하다
	+ じゃない	~하지 않다	上手じゃない	잘 못하다
	+ ではないです *	~하지 않아요	上手ではないです *	잘하지 않아요
	+ ではありません	~하지 않습니다 / ~하지 않아요	上手ではありません	잘하지 못합니다 / 잘 못해요
	+ じゃありません	~하지 않아요	上手じゃありません	잘 못해요
	+ だった	~했다	上手だった	잘했다
	+ だったです *	~했어요	上手だったです *	잘했었어요
	+ だったんです	~했었거든요 / ~했죠	上手だったんです	잘했었거든요 / 잘했었죠
	+ だったか	~했나?	上手だったか	잘했나?
	+ でした	~했어요	上手でした	잘했습니다 / 잘했어요
	+ でしたか	~했어요?	上手でしたか	잘했습니까? / 잘했어요?
	+ ではありませんでした	~하지 않았습니다 / 안 ~했어요	上手ではありませんでした	잘하지 못했습니다 / 잘 못했어요
	+ じゃありませんでした	~하지 않았어요 / 안 ~했어요	上手じゃありませんでした	잘 못했어요
	+ な 명사	~하는 / ~할 + 명사	上手な人	잘하는 / 잘할 사람
	+ だった 명사	~했던 / ~한 + 명사	上手だった人	잘했던 / 잘한 사람
	+ で	~하고 / ~해서	上手で	잘하고 / 잘해서
	+ に	~하게	上手に	잘

- * 는 문법적으로 가능하지만 초등학생이 쓰는 말처럼 다소 유치하게 들리므로 사용을 권하지 않습니다. 중간에 ん을 넣거나 뒤에 ね · よ를 붙일 때는 문제없습니다.

3 い형용사

형용사는 사물·사람의 상태, 성질, 가치 판단, 감정, 감각 등을 나타내는 말입니다.

기본형 : 明る ＋ い
어간 ＋ 어미

い형용사 활용 예시 일람표

어간	い	―	~하다	明るい	밝다
	い	＋です	~합니다 / ~해요	明るいです	밝습니다 / 밝아요
	い	＋んです	~하거든요 / ~해서요	明るいんです	밝거든요 / 밝아서요
	い	＋ですか	~합니까? / ~해요?	明るいですか	밝습니까? / 밝아요?
	い	＋んですか	~한가요? / ~하죠?	明るいんですか	밝은가요? / 밝죠?
	く	＋ない	~하지 않다 / 안 ~하다	明るくない	밝지 않다 / 안 밝다
	く	＋ないです *	~하지 않아요 / 안 ~해요	明るくないです *	밝지 않아요 / 안 밝아요
	く	＋ないんです	~하지 않거든요 / 안 ~하거든요	明るくないんです	밝지 않거든요 / 안 밝거든요
	く	＋ありません	~하지 않습니다 / 안 ~해요	明るくありません	밝지 않습니다 / 안 밝아요
	かった	―	~했다	明るかった	밝았다
	かった	＋です	~했어요	明るかったです	밝았어요
	かった	＋んです	~했었거든요 / ~했죠	明るかったんです	밝았거든요 / 밝았죠
	かった	＋か	~했나?	明るかったか	밝았나?
	かった	＋ですか	~했습니까? / ~했어요?	明るかったですか	밝았습니까? / 밝았어요?
	かった	＋んですか	~했던 거예요? / ~했던 거죠?	明るかったんですか	밝았던 거예요? / 밝았던 거죠?
	く	＋ありませんでした	~하지 않았습니다 / 안 ~했어요	明るくありませんでした	밝지 않았습니다 / 안 밝았어요
	く	＋ありませんでしたか	~하지 않았어요 / 안 ~했어요	明るくありませんでしたか	밝지 않았습니까? / 안 밝았어요?
	い	＋명사	~하는 / ~할 ＋ 명사	明るい人	밝은 사람
	かった	＋명사	~했던 / ~한 ＋ 명사	明るかった人	밝았던 사람
	く	―	~하고 / ~해서 (문어체)	明るく	밝고 / 밝아서 (문어체)
	く	―	~하게	明るく	밝게
	くて	―	~하고 / ~해서	明るくて	밝고 / 밝아서

- * 는 문법적으로 가능하지만 초등학생이 쓰는 말처럼 다소 유치하게 들리므로 사용을 권하지 않음. 중간에 ん을 넣거나 뒤에 ね · よ를 붙일 때는 문제없습니다.
- い → く 활용시 예외 : いい는 よく로 활용됩니다.
  예 よく (좋고, 좋게)　よくて (좋고, 좋아서)　よくない (안 좋다)　よくありません (안 좋아요)

4 동사

동사는 사람·사물의 동작, 행위, 작용을 나타내는 말입니다. 동사 종류별 활용 예시 일람표는 다음과 같습니다. 활용 법칙은 각 해설을 참조하세요.

1그룹 동사 활용 예시 일람표

作る	만들다	飲む	마시다
作るんです	만들거든요	飲むんです	마시거든요
作り	만들기	飲み	마시기
作ります	만들어요	飲みます	마셔요
作りません	만들지 않아요, 안 만들어요	飲みません	마시지 않아요, 안 마셔요
作りました	만들었어요	飲みました	마셨어요
作りませんでした	만들지 않았어요, 안 만들었어요	飲みませんでした	마시지 않았어요, 안 마셨어요
作って	만들고 / 만들어서	飲んで	마시고 / 마셔서
作っている	만들고 있다	飲んでいる	마시고 있다
作っているんです	만들고 있거든요	飲んでいるんです	마시고 있거든요
作っています	만들고 있어요	飲んでいます	마시고 있어요
作っていません	만들고 있지 않아요 = 아직 안 만들었어요	飲んでいません	마시고 있지 않아요 = 아직 안 마셨어요
作っていました	만들고 있었어요	飲んでいました	마시고 있었어요
作っていませんでした	만들고 있지 않았어요, 안 만들고 있었어요	飲んでいませんでした	마시고 있지 않았어요, 안 마시고 있었어요
作っていた	만들고 있었다	飲んでいた	마시고 있었다
作っていたんです	만들고 있었던 거죠	飲んでいたんです	마시고 있었던 거죠
作った	만들었다	飲んだ	마셨다
作ったんです	만들었던 거죠	飲んだんです	마셨던 거죠
作らない	만들지 않다, 안 만들다	飲まない	마시지 않다, 안 마시다
作らないです	만들지 않아요	飲まないです	마시지 않아요, 안 마셔요
作らないんです	만들지 않거든요, 안 만들거든요	飲まないんです	마시지 않거든요, 안 마시거든요
作る人	만들 사람 / 만드는 사람	飲む人	마실 사람 / 마시는 사람
作っている人	만들고 있는 사람	飲んでいる人	마시고 있는 사람
作っていた人	만들고 있던 사람	飲んでいた人	마시고 있던 사람
作った人	만든 사람 / 만들었던 사람	飲んだ人	마신 사람 / 마셨던 사람
作らない人	만들지 않을 / 만들지 않은 사람	飲まない人	마시지 않을 / 마시지 않는 사람

書く	쓰다	話す	이야기하다
書くんです	쓰거든요	話すんです	이야기하거든요
書き	쓰기	話し＝話	이야기
書きます	써요	話します	이야기해요
書きません	쓰지 않아요, 안 써요	話しません	이야기하지 않아요, 이야기 안 해요
書きました	썼어요	話しました	이야기했어요
書きませんでした	쓰지 않았어요, 안 썼어요	話しませんでした	이야기하지 않았어요, 이야기 안 했어요
書いて	쓰고 / 써서	話して	이야기하고 / 이야기해서
書いている	쓰고 있다	話している	이야기하고 있다
書いているんです	쓰고 있거든요	話しているんです	이야기하고 있거든요
書いています	쓰고 있어요	話しています	이야기하고 있어요
書いていません	쓰고 있지 않아요 = 아직 안 썼어요	話していません	이야기하고 있지 않아요 = 아직 이야기 안 했어요
書いていました	쓰고 있었어요	話していました	이야기하고 있었어요
書いていませんでした	쓰고 있지 않았어요, 안 쓰고 있었어요	話していませんでした	이야기하고 있지 않았어요, 이야기 안 하고 있었어요
書いていた	쓰고 있었다	話していた	이야기하고 있었다
書いていたんです	쓰고 있었던 거죠	話していたんです	이야기하고 있었던 거죠
書いた	썼다	話した	이야기했다
書いたんです	썼던 거죠	話したんです	이야기했던 거죠
書かない	쓰지 않다, 안 쓰다	話さない	이야기하지 않다, 이야기 안 하다
書かないです	쓰지 않아요, 안 써요	話さないです	이야기하지 않아요, 이야기 안 해요
書かないんです	쓰지 않거든요, 안 쓰거든요	話さないんです	이야기하지 않거든요, 이야기 안 하거든요
書く人	쓸 사람 / 쓰는 사람	話す人	이야기할 사람 / 이야기하는 사람
書いている人	쓰고 있는 사람	話している人	이야기하고 있는 사람
書いていた人	쓰고 있던 사람	話していた人	이야기하고 있던 사람
書いた人	쓴 사람 / 썼던 사람	話した人	이야기한 사람 / 이야기했던 사람
書かない人	안 쓸 사람 / 쓰지 않는 사람	話さない人	이야기 안 할 사람 / 이야기 안 하는 사람

2그룹 동사 활용 예시 일람표

起きる	일어나다	食べる	먹다
起きるんです	일어나거든요	食べるんです	먹거든요
起き	일어나기	食べ *	먹기 *
起きます	일어나요	食べます	먹어요
起きません	일어나지 않아요, 안 일어나요	食べません	먹지 않아요, 안 먹어요
起きました	일어났어요	食べました	먹었어요
起きませんでした	일어나지 않았어요, 안 일어났어요	食べませんでした	먹지 않았어요, 안 먹었어요
起きて	일어나고 / 일어나서	食べて	먹고 / 먹어서
起きている	일어나고 있다	食べている	먹고 있다
起きているんです	일어나고 / 일어나 있거든요	食べているんです	먹고 있거든요
起きています	일어나고 / 일어나 있어요	食べています	먹고 있어요
起きていません	일어나 있지 않아요 = 아직 안 일어났어요	食べていません	먹고 있지 않아요 = 아직 안 먹었어요
起きていました	일어나 있었어요	食べていました	먹고 있었어요
起きていませんでした	일어나 있지 않았어요, 안 일어나고 있었어요	食べていませんでした	먹고 있지 않았어요, 안 먹고 있었어요
起きていた	일어나 있었다	食べていた	먹고 있었다
起きていたんです	일어나 있었던 거죠	食べていたんです	먹고 있었던 거죠
起きた	일어났다	食べた	먹었다
起きたんです	일어났던 거죠	食べたんです	먹었던 거죠
起きない	일어나지 않다, 안 일어나다	食べない	먹지 않다, 안 먹다
起きないです	일어나지 않아요, 안 일어나요	食べないです	먹지 않아요, 안 먹어요
起きないんです	일어나지 않거든요, 안 일어나거든요	食べないんです	먹지 않거든요, 안 먹거든요
起きる人	일어날 사람 / 일어나는 사람	食べる人	먹을 사람 / 먹는 사람
起きている人	일어나고 있는 사람	食べている人	먹고 있는 사람
起きていた人	일어나고 있던 사람	食べていた人	먹고 있던 사람
起きた人	일어난 사람 / 일어났던 사람	食べた人	먹은 사람 / 먹었던 사람
起きない人	일어나지 않는 / 안 일어날 사람	食べない人	먹지 않는 / 안 먹을 사람

• 동사에 따라 해당 용법을 쓰지 않는 경우 *로 표시했습니다.

3그룹 동사 활용 예시 일람표

する	하다	くる (来る)	오다
するんです	하거든요	くるんです	오거든요
し*	하기*	き*	오기*
します	해요	きます	와요
しません	하지 않아요, 안 해요	きません	오지 않아요, 안 와요
しました	했어요	きました	왔어요
しませんでした	하지 않았어요, 안 했어요	きませんでした	오지 않았어요, 안 왔어요
して	하고 / 해서	きて	오고 / 와서
している	하고 있다	きている	오고 있다 / 와 있다
しているんです	하고 있거든요	きているんです	오고 있거든요 / 와 있거든요
しています	하고 있어요	きています	오고 있어요 / 와 있어요
していません	하고 있지 않아요 = 아직 안 했어요	きていません	와 있지 않아요 = 아직 안 왔어요
していました	하고 있었어요	きていました	와 있었어요
していませんでした	하고 있지 않았어요, 안 하고 있었어요	きていませんでした	와 있지 않았어요, 안 와 있었어요
していた	하고 있었다	きていた	오고 있었다 / 와 있었다
していたんです	하고 있었던 거죠	きていたんです	오고 있었던 거죠 / 와 있었던 거죠
した	했다	きた	왔다
したんです	했던 거죠	きたんです	온 거죠 / 왔던 거죠
しない	하지 않다, 안 하다	こない	오지 않다, 안 오다
しないです	하지 않아요, 안 해요	こないです	오지 않아요, 안 와요
しないんです	하지 않거든요, 안 하거든요	こないんです	오지 않거든요, 안 오거든요
する人	할 사람 / 하는 사람	くる人	올 사람 / 오는 사람
している人	하고 있는 사람	きている人	오고 있는 사람 / 와 있는 사람
していた人	하고 있던 사람	きていた人	오고 있던 사람 / 와 있던 사람
した人	한 사람 / 했던 사람	きた人	온 사람 / 왔던 사람
しない人	안 할 사람 / 하지 않을 사람	こない人	안 올 사람 / 오지 않을 사람

• 동사에 따라 해당 용법을 쓰지 않을 경우 *로 표시했습니다.

스피킹 매트릭스 | 일본어 |

한국인의 스피킹 메커니즘에 맞춘 가장 과학적인 스피킹 훈련 프로그램

체계적인 55일 말하기 훈련으로 누구나 빠르고 정확하게 문장을 말할 수 있다!

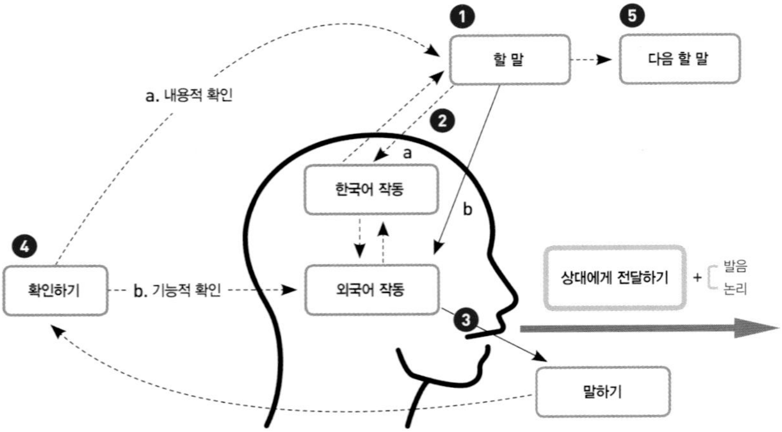

스피킹 매트릭스만의 과학적인 훈련 프로그램

INPUT		OUTPUT
기초 쌓기	핵심 표현	
일본어 뼈대를 만들기 위한 기본 규칙과 패턴 다지기	일상 관련 스피킹을 위한 상황별 표현 익히기	{INPUT 기초 쌓기}와 {INPUT 핵심 표현}을 기반으로 섞어 말하기

30초 일본어 말하기 스피킹 매트릭스

OUTPUT

30초 일본어 말하기 스피킹 매트릭스

함채원 지음

길벗 이지:톡

30초
-일본어 말하기-
OUTPUT

말하라!

이제 당신은 네이티브처럼 말하게 된다!!

INPUT을 통해 익힌 기초 뼈대와 표현을 활용해서 30초 동안 일본어로 말해 봅시다. 30초가 길게 느껴진다고요? 이미 앞에서 배운 내용으로 구성했기 때문에 의외로 쉽게 30초를 채울 수 있을 거예요. 중간에 막히는 부분이 있다면 해당 INPUT 부분으로 되돌아가서 복습하고 오셔도 좋아요. 처음에는 한 문장 한 문장 또박또박 시작하고, 점점 속도를 높여서 전체 문장을 쭉 이어 가는 방식으로 연습해 보세요. 다섯 번, 열 번 정도 반복해서 거의 입에서 자동으로 나오는 수준이 되면 빈칸을 채우면서 문장을 연결해 보세요. 이렇게 반복 연습하면 여러분 머릿속에 30초 문장들이 통으로 각인될 거예요. 신기하게도 책을 덮어도 비슷한 상황에 놓였을 때 저절로 입에서 문장이 나올 거예요. 마치 10년 전 즐겨 불렀던 노래의 한 구절처럼요. 그러면 상대에게 "와, 일본어 정말 잘하시네요!"라는 말을 듣게 될 거예요. 막힘없이 유창하게 일본어로 말하는 자신의 모습을 상상하며, 지금부터 바로 아웃풋을 확인해 봅시다.

DAY 41

30초 일본어 말하기

내 소개하기

Out41-1.mp3

30초 일본어 말하기 : INPUT : Day 01+Day 02+Day 04+Day 07+Day 10+Day 15+Day 26

Step 1 우리말 보면서 듣기

01 안녕하세요. 한시원이라고 합니다.

02 올해 28살이고, 마케팅 일을 하고 있어요.

03 태어난 곳은 제주도지만, 지금은 서울에 살고 있어요.

04 커피를 정말 좋아해서 카페 가는 게 취미예요.

05 맛있는 커피를 드시고 싶은 분은 말씀해 주세요.

06 괜찮은 카페 소개할게요.

07 잘 부탁드립니다.

훈련한 날짜　　　.　　.

소요시간　　　　　분

강의 및 훈련 MP3

Step 2 한 문장씩 말하기

こんにちは。ハン・シウォンといいます。

今年(ことし)28歳(さい)で、マーケティングの仕事(しごと)をしています。

出身(しゅっしん)はチェジュ島(とう)ですが、今(いま)はソウルに住(す)んでいます。

コーヒーが大好(だいす)きで、カフェ巡(めぐ)りが趣味(しゅみ)です。

おいしいコーヒーが飲(の)みたい方(かた)は言(い)ってくださいね。

おすすめのカフェを紹介(しょうかい)します。

よろしくお願(ねが)いします。

Out41-2.mp3

Step 3 듣으면서 따라 말하기

こんにちは。ハン・シウォン__________。__________

28歳(さい)で、マーケティングの__________。__________

__________チェジュ島(とう)__________、__________ソウルに__________

__________。コーヒーが__________、カフェ巡(めぐ)りが__________

__________。おいしいコーヒーが__________方(かた)は、__________

__________ね。おすすめのカフェを__________。よろ

しく__________。

▶ 정답은 65쪽을 확인해 주세요.

안녕하세요. 한시원이라고 합니다. 올해로 28살이고, 마케팅 일을 하고 있어요. 태어난 곳은 제주도지만, 지금은 서울에 살고 있어요. 커피를 좋아해서 카페 가는 게 취미예요. 맛있는 커피를 드시고 싶은 분은 말씀해 주세요. 괜찮은 카페 소개할게요. 잘 부탁드려요.

DAY 42

30초 일본어 말하기

매일 아침

Out42-1.mp3

30초 일본어 말하기 : INPUT : Day 06+Day 08+Day 14+Day 15+Day 20+Day 21+Day 24+Day 27

Step 1 우리말 보면서 듣기

01 저는 아침잠이 많아요.

02 완전히 저녁형 인간이거든요.

03 자꾸 알람을 끄고 다시 자 버려요.

04 하지만 오늘 아침에는 일찍 눈이 떠지고 말았어요.

05 하품을 하면서 창문을 열었어요.

06 바람이 기분 좋았어요.

07 시계를 보고 깜짝 놀랐어요.

08 무려 저녁 6시였어요.

강의 및 훈련 MP3

훈련한 날짜 . .

소요시간 분

Step 2 한 문장씩 말하기

わたし あさ よわ
私は朝に弱いです。

かんぜん よるがた
完全に夜型だからです。

と にどね
ついアラームを止めて、二度寝をしてしまいます。

けさ はや め さ
ですが、今朝は早く目が覚めちゃいました。

まど あ
あくびをしながら、窓を開けました。

かぜ きも
風が気持ちよかったです。

とけい み
時計を見て、びっくりしました。

なん ゆうがた じ
何と夕方の６時でした。

Out42-2.mp3

Step 3 들으면서 따라 말하기

私(わたし)は______です。完全(かんぜん)に______だからです。つい______を______、______を______。ですが、今朝(けさ)は______目(め)が______。あくびを______、窓(まど)を開(あ)けました。風(かぜ)が______です。時計(とけい)を______、______。何(なん)と夕方(ゆうがた)の______。

▶ 정답은 65쪽을 확인해 주세요.

저는 아침잠이 많아요. 완전히 저녁형 인간이거든요. 자꾸 알람을 끄고 다시 자 버려요. 하지만 오늘 아침엔 일찍 눈이 떠지고 말았어요. 하품을 하면서 창문을 열었어요. 바람이 기분 좋았어요. 시계를 보고 깜짝 놀랐어요. 무려 저녁 6시였어요.

DAY 43

30초 일본어 말하기

아침에 하는 일

Out43-1.mp3

30초 일본어 말하기 : INPUT : Day 06+Day 08+Day 09+Day 15+Day 20+Day 21+Day 28

Step 1 우리말 보면서 듣기

01 평일 아침은 항상 정신이 없어요.

02 오늘도 세수만 하고 서둘러 아침밥을 먹어요.

03 아내는 빵파라서 아침은 가볍게 먹고요.

04 저는 밥파라서 매일 낫토덮밥을 먹어요.

05 아내는 항상 저에게 냄새난다 냄새난다 그러네요.

06 매일 꼼꼼히 양치하고 가글도 하는데 말이에요.

07 어? 잘못해서 아내 칫솔을 써 버렸네요.

08 빨리 회사 가 버려야겠습니다.

훈련한 날짜 . .

소요시간 분

강의 및 훈련 MP3

Step 2 한 문장씩 말하기

平日(へいじつ)の朝(あさ)はいつもバタバタしています。

今日(きょう)も顔(かお)だけ洗(あら)って、急(いそ)いで朝(あさ)ご飯(はん)を食(た)べます。

妻(つま)はパン派(は)で、朝は軽(かる)く食(た)べています。

僕(ぼく)はご飯(はん)派(は)で、毎朝納豆(まいあさなっとう)ご飯を食(た)べています。

妻は、いつも僕に臭(くさ)い臭いと言(い)います。

毎日(まいにち)ちゃんと歯磨(はみが)きして、うがいもしているのになぁ。

あれ？間違(まちが)えて妻の歯(は)ブラシを使(つか)ってしまいました。

早(はや)く会社(かいしゃ)に行(い)っちゃいましょう。

Step 3 듣으면서 따라 말하기

平日(へいじつ)の朝(あさ)はいつも……。今日(きょう)も……だけ……、……朝(あさ)ご飯(はん)を食(た)べます。妻(つま)は……、朝は……。僕(ぼく)は……、毎朝(まいあさ)納豆(なっとう)ご飯を……。妻は、……僕に臭(くさ)い臭い……。毎日(まいにち)……、うがいも……のになぁ。あれ？……妻の歯(は)ブラシを……。……会社(かいしゃ)に……ましょう。

▶ 정답은 66쪽을 확인해 주세요.

평일 아침은 항상 정신이 없어요. 오늘도 세수만 하고 서둘러 아침밥을 먹어요. 아내는 빵파라서, 아침은 가볍게 먹고요. 저는 밥파라서 매일 아침 낫토덮밥을 먹어요. 아내는 항상 저에게 냄새난다 냄새난다 그러네요. 매일 꼼꼼히 양치하고 가글도 하는데 말이에요. 어? 잘못해서 아내 칫솔을 써 버렸네요. 빨리 회사 가 버려야겠어요.

DAY 44

30초 일본어 말하기

화장하기

Out44-1.mp3

30초 일본어 말하기 : INPUT : Day 06+Day 11+Day 15+Day 16+Day 19+Day 20+Day 21

Step 1 우리말 보면서 듣기

01 햇볕에 타서 까매졌어요.

02 오늘은 선크림을 잘 챙겨 발라요.

03 눈썹은 연하게 그려요.

04 오랜만에 마스카라도 발라 봅니다.

05 "이걸로 준비 끝!"인 줄 알았는데 ….

06 우리집 고양이가 또 방해를 하네요.

07 어이쿠, 손이 미끄러졌어요.

08 방해쟁이 고양이 덕분에 판다 눈이 돼 버렸네요.

강의 및 훈련 MP3

훈련한 날짜 . .

소요시간 분

Step 2 한 문장씩 말하기

ひ や くろ
日焼けして黒くなりました。

きょう ひ や ど ぬ
今日は日焼け止めをちゃんと塗ります。

げ うす か
まゆ毛は薄く書きます。

ひさ
久しぶりにマスカラもつけてみます。

じゅん び おも
「これで準備バッチリ！」と思ったんですが…。

じゃ ま
うちのネコがまた邪魔をします。

て すべ
おっとおおお、手が滑っちゃいました。

め
お邪魔ネコのおかげで、パンダ目になっちゃいました。

Out44-2.mp3

Step 3 들으면서 따라 말하기

日焼(ひや)けして________。今日(きょう)は日焼け止(ど)めを________。まゆ毛(げ)は薄(うす)く________。久(ひさ)しぶりにマスカラも________。「これで________！」と思(おも)ったんですが…。うちのネコがまた________。おっとおおお、手(て)が________。お邪魔(じゃま)ネコのおかげで、________。

▶ 정답은 66쪽을 확인해 주세요.

햇볕에 타서 까매졌어요. 오늘은 선크림을 잘 챙겨 바릅니다. 눈썹은 연하게 그려요. 오랜만에 마스카라도 발라 봅니다. "이걸로 준비 끝!"인 줄 알았는데 …. 우리 집 고양이가 또 방해를 하네요. 어이쿠, 손이 미끄러졌어요. 방해쟁이 고양이 덕분에 판다 눈이 돼 버렸네요.

DAY 45

30초 일본어 말하기

면도하기

Out45-1.mp3

30초 일본어 말하기

: INPUT : Day 06+Day 13+Day 14+Day 16+Day 17+Day 20+Day 21+Day 23+Day 28+Day 30

Step 1 우리말 보면서 듣기

01 주말 동안 수염이 꽤 자라 버렸습니다.

02 면도를 해야겠네요.

03 우선 뜨거운 물로 세수를 합니다.

04 쉐이빙 크림도 발라요.

05 수염이 부드러워져서 면도하기 쉬워지거든요.

06 앗, 턱을 베어 버렸어요.

07 피가 안 멈춰요.

08 쓰라려서 눈물이 나요.

09 산타 할아버지, 올 크리스마스에는 전기면도기를 주세요.

훈련한 날짜 . .

소요시간 분

강의 및 훈련 MP3

Step 2 한 문장씩 말하기

週末(しゅうまつ)の間(あいだ)、ヒゲがだいぶ伸(の)びちゃいました。

ヒゲ剃(そ)りをしないといけません。

まず、お湯(ゆ)で顔(かお)を洗(あら)います。

シェービングクリームも塗(ぬ)ります。

ヒゲがやわらかくなって、剃(そ)りやすくなります。

あっ、あごを切(き)っちゃいました。

血(ち)が止(と)まりません。

ヒリヒリして涙(なみだ)が出(で)ます。

サンタさん、次(つぎ)のクリスマスには電気(でんき)シェーバーをください。

Out45-2.mp3

Step 3 들으면서 따라 말하기

週末(しゅうまつ)の間(あいだ)、ヒゲがだいぶ______。ヒゲ剃(そ)りを______。まず、お湯(ゆ)で______を______。シェービングクリームも______。ヒゲが______なって、______なります。あっ、あごを______。血(ち)が止(と)まりません。______涙(なみだ)が出(で)ます。サンタさん、次(つぎ)のクリスマスには______を______。

▶ 정답은 67쪽을 확인해 주세요.

주말 동안 수염이 꽤 자라 버렸습니다. 면도를 해야겠네요. 우선 뜨거운 물로 세수를 합니다. 쉐이빙 크림도 발라요. 수염이 부드러워져서 면도하기 쉬워지거든요. 앗, 턱을 베어 버렸어요. 피가 안 멈춰요. 쓰라려서 눈물이 나요. 산타 할아버지, 올 크리스마스에는 전기면도기를 주세요.

DAY 46

30초 일본어 말하기

운전하기

Out46-1.mp3

30초 일본어 말하기 : INPUT : Day 03+Day 06+Day 09+Day 13+Day 15+Day 16+Day 20+Day 31

Step 1 우리말 보면서 듣기

01 지난주부터 차로 출퇴근하고 있어요.

02 실은 저 장롱면허만 8년이에요.

03 좌우간 운전이 너무 서툴러서 고민이에요.

04 집에서 직장까지는 편도 30분 정도예요.

05 그런데 저는 1시간 넘게 걸려요.

06 특히 주차를 잘 못하겠어요.

07 오늘도 주차장에서 완전 패닉이었어요.

08 빨리 늘었으면 좋겠습니다.

훈련한 날짜 . .

소요시간 분

강의 및 훈련 MP3

Step 2 한 문장씩 말하기

先週(せんしゅう)から車(くるま)で通勤(つうきん)しています。

実(じつ)は私(わたし)、ペーパードライバー歴(れき)８年(ねん)なんです。

とにかく運転(うんてん)が下手(へた)すぎて困(こま)っています。

自宅(じたく)から職場(しょくば)までは片道(かたみち)30分(ぷん)くらいです。

ですが、私は１時間以上(じかんいじょう)かかります。

特(とく)に駐車(ちゅうしゃ)がうまくできません。

今日(きょう)も駐車場(ちゅうしゃじょう)でパニックになっちゃいました。

早(はや)くうまくなりたいなと思(おも)います。

Step 3 들으면서 따라 말하기

先週(せんしゅう)から車(くるま)で…………………。実(じつ)は私(わたし)、…………

…………歴(れき)8年(ねん)なんです。とにかく…………

…………困(こま)っています。自宅(じたく)から職場(しょくば)までは…………

…………です。ですが、私は…………

…………。特(とく)に……が…………………。今日(きょう)も駐車(ちゅうしゃ)

場(じょう)でパニック…………………。早(はや)く…………

…………なと思(おも)います。

▶ 정답은 68쪽을 확인해 주세요.

지난주부터 차로 출퇴근하고 있어요. 실은 저 장롱면허만 8년이에요. 좌우간 운전이 너무 서틀러서 고민이에요. 집에서 직장까지는 편도 30분 정도에요. 그런데 저는 1시간 넘게 걸려요. 특히 주차를 잘 못하겠어요. 오늘도 주차장에서 완전 패닉이었어요. 빨리 늘었으면 좋겠습니다.

DAY 47

30초 일본어 말하기

대중교통 이용하기

Out47-1.mp3

30초 일본어 말하기 : INPUT : Day 09+Day 12+Day 13+Day 14+Day 20+Day 32

Step 1 우리말 보면서 듣기

01 학교에는 버스로도 지하철로도 갈 수 있어요.

02 지하철은 두 번 갈아타야 해요.

03 하지만 버스보다 빠르고 편리해요.

04 지하철 안은 늘 스마트폰을 보는 사람들로 가득해요.

05 저도 자주 스마트폰 게임에 빠지게 돼요.

06 오늘도 내릴 역을 지나쳐 버렸네요.

07 여긴 어딜까요?

08 벌써 집에 가고 싶은 기분이에요.

훈련한 날짜 . .

소요시간 분

강의 및 훈련 MP3

Step 2 한 문장씩 말하기

学校(がっこう)にはバスでも地下鉄(ちかてつ)でも行(い)くことができます。

地下鉄は２回(かい)乗(の)り換(か)えないといけません。

でも、バスより早(はや)くて便利(べんり)です。

地下鉄の中(なか)は、いつもスマホを見(み)ている人(ひと)でいっぱいです。

僕(ぼく)もよくスマホゲームに夢中(むちゅう)になってしまいます。

今日(きょう)も乗(の)り過(す)ごしちゃいました。

ここはどこでしょうか。

もう帰(かえ)りたい気分(きぶん)です。

Out47-2.mp3

Step 3 듣으면서 따라 말하기

学校(がっこう)にはバスでも地下鉄(ちかてつ)でも______。地下鉄は２回(かい)______。でも、バスより______。地下鉄の中(なか)は、いつもスマホを見(み)ている______。僕(ぼく)もよくスマホゲームに______。今日(きょう)も______。ここはどこでしょうか。もう______気分(きぶん)です。

▶ 정답은 69쪽을 확인해 주세요.

학교에는 버스로도 지하철로도 갈 수 있어요. 지하철은 두 번 갈아타야 해요. 하지만 버스보다 빠르고 편리해요. 지하철 안은 늘 스마트폰을 보는 사람들로 가득해요. 저도 자주 스마트폰 게임에 빠지게 돼요. 오늘도 내릴 역을 지나쳐 버렸네요. 여긴 어딜까요? 벌써 집에 가고 싶은 기분이에요.

DAY 48

30초 일본어 말하기

다이어트

Out48-1.mp3

30초 일본어 말하기 : INPUT : Day 02+Day 03+Day 07+Day 13+Day 20+Day 22+Day 33

Step 1 우리말 보면서 듣기

01 제 취미는 다이어트, 특기는 요요예요.

02 먹는 걸 너무 좋아해서 자꾸 많이 먹게 돼요.

03 갑자기 5킬로나 쪄 버렸어요.

04 불룩 나온 배가 신경 쓰여요.

05 날씬해지고 싶지만 채소는 이제 질렸어요.

06 그래서 간헐적 단식을 할 생각이에요.

07 하지만 다이어트는 내일부터!

08 오늘은 고기 뷔페 다녀올게요 ~.

훈련한 날짜　　.　　.

소요시간　　　　분

강의 및 훈련 MP3

Step 2 한 문장씩 말하기

私の趣味はダイエット、特技はリバウンドです。

食べることが大好きで、ついつい食べ過ぎてしまいます。

急に５キロも太ってしまいました。

ポッコリお腹が気になります。

やせたいけど、野菜はもう飽きてしまいました。

だから、プチ断食をするつもりです。

でも、ダイエットは明日から！

今日は焼肉の食べ放題に行ってきま～す。

Step 3 들으면서 따라 말하기

私(わたし)の趣味(しゅみ)は＿＿＿＿＿、特技(とくぎ)は＿＿＿＿＿＿＿

＿。＿＿＿＿＿＿大好(だいす)きで、＿＿＿＿＿＿＿＿＿

＿＿＿＿＿。＿＿５キロも＿＿＿＿＿＿＿＿＿

＿。ポッコリお腹(なか)が＿＿＿＿＿。＿＿＿＿＿、

野菜(やさい)はもう＿＿＿＿＿＿＿＿。だから、プチ

断食(だんじき)をする＿＿＿＿＿。でも、ダイエットは明日(あした)

から！今日(きょう)は焼肉(やきにく)の＿＿＿＿＿＿＿きま～す。

▶ 정답은 70쪽을 확인해 주세요.

제 취미는 다이어트, 특기는 요요예요. 먹는 걸 너무 좋아해서 자꾸 많이 먹게 돼요. 갑자기 5킬로나 쪄 버렸어요. 불룩 나온 배가 신경 쓰여요. 날씬해지고 싶지만 채소는 이제 질렸어요. 그래서 간헐적 단식을 할 생각이에요. 하지만 다이어트는 내일부터! 오늘은 고기 뷔페 다녀올게요 ~.

DAY 49

30초 일본어 말하기

온라인 쇼핑

Out49-1.mp3

30초 일본어 말하기 : INPUT : Day 10+Day 12+Day 15+Day 17+Day 18+Day 20+Day 25+Day 34

Step 1 우리말 보면서 듣기

01 요즘 쇼핑은 대부분 인터넷으로 하고 있어요.

02 싸고 스마트폰 하나로 편하게 할 수 있고요.

03 쿠폰이나 포인트도 쓰기 편하거든요.

04 대량구매 할 때도 편리하죠.

05 그래서인지 자꾸 카트에 이것저것 담게 돼요.

06 오늘도 많이 사서 예산이 넘었네요.

07 충동구매엔 주의합시다.

훈련한 날짜 . .

소요시간 분

강의 및 훈련 MP3

Step 2 한 문장씩 말하기

最近(さいきん)、買(か)い物(もの)はほとんどネットでしています。

安(やす)いし、スマホ一(ひと)つで手軽(てがる)にできますし。

クーポンとかポイントも使(つか)いやすいですから。

まとめ買(が)いするときも便利(べんり)です。

だからか、ついカートにいろいろ入(い)れてしまいます。

今日(きょう)も買(か)いすぎて、予算(よさん)オーバーです。

衝動買(しょうどうが)いには注意(ちゅうい)しましょう。

Out49-2.mp3

Step 3 들으면서 따라 말하기

最近(さいきん)、______はほとんど______。______

______、スマホ一(ひと)つで手軽(てがる)にできますし。______

______も______。______

______便利(べんり)です。だからか、つい______い

ろいろ______。今日(きょう)も______、予(よ)

算(さん)オーバーです。______には注意(ちゅうい)しましょう。

▶ 정답은 70쪽을 확인해 주세요.

요즘 쇼핑은 대부분 인터넷으로 하고 있어요. 싸고 스마트폰 하나로 편하게 할 수 있고요. 쿠폰이나 포인트도 쓰기 편하거든요. 대량구매 할 때도 편리하죠. 그래서인지 자꾸 카트에 이것저것 담게 돼요. 오늘도 많이 사서 예산이 넘었네요. 충동구매엔 주의합시다.

DAY 50

30초 일본어 말하기

영화 보기

Out50-1.mp3

30초 일본어 말하기 : INPUT : Day 06+Day 11+Day 14+Day 19+Day 20+Day 22+Day 35

Step 1 우리말 보면서 듣기

01 첫 데이트로 영화를 보러 가요.

02 티켓은 어플로 예약해 뒀어요.

03 왠지 두근대서 한숨도 못 잤어요.

04 드디어 영화가 시작됐는데 ….

05 재미가 없어서 하품이 났어요.

06 중간부터 기억이 없네요.

07 코까지 골면서 자고 말았어요.

08 저에게 다음 기회가 있을까요?

훈련한 날짜 . .

소요시간 분

강의 및 훈련 MP3

Step 2 한 문장씩 말하기

初(はつ)デートで映画(えいが)を見(み)に行(い)きます。

チケットはアプリで予約(よやく)しておきました。

なんかワクワクして一睡(いっすい)もできませんでした。

いよいよ映画が始(はじ)まったのですが…。

つまらなくて、あくびが出(で)ました。

途中(とちゅう)から記憶(きおく)がありません。

いびきまでかいて寝(ね)てしまいました。

僕(ぼく)に次(つぎ)はあるでしょうか。

Out50-2.mp3

Step 3 들으면서 따라 말하기

初(はつ)デートで_____を_______________。チケットはアプリで_____________________。なんかワクワクして_________________でした。いよいよ_____が始(はじ)まったのですが…。_______________、あくびが_________。_________記憶(きおく)がありません。いびきまでかいて_______________。僕(ぼく)に次(つぎ)はあるでしょうか。

▶ 정답은 71쪽을 확인해 주세요.

첫 데이트로 영화를 보러 가요. 티켓은 어플로 예약해 뒀어요. 왠지 두근대서 한숨도 못 잤어요. 드디어 영화가 시작됐는데 …. 재미가 없어서 하품이 났어요. 중간부터 기억이 없네요. 코까지 골면서 자고 말았어요. 저에게 다음 기회가 있을까요?

DAY 51

30초 일본어 말하기

TV 보기

Out51-1.mp3

30초 일본어 말하기 : INPUT : Day 02+Day 04+Day 06+Day 09+Day 13+Day 15+Day 17+Day 20+Day 23+Day 36

Step 1 우리말 보면서 듣기

01 제 취미는 맥주를 마시면서 축구를 보는 거예요.

02 올해도 정말 좋아하는 J리그가 시작됐어요.

03 축구는 스마트폰보다 TV로 보는 게 보기 쉽고 흥이 나요.

04 하지만 우리집은 TV 채널권이 아내한테 있어요.

05 금방 채널을 여기저기로 돌려 버려요.

06 오늘도 저는 스마트폰으로 조용하게 축구를 보고 있어요.

07 가출하고 싶네요.

훈련한 날짜 . .

소요시간 분

강의 및 훈련 MP3

Step 2 한 문장씩 말하기

僕(ぼく)の趣味(しゅみ)は、ビールを飲(の)みながらサッカーを見(み)ることです。

今年(ことし)も、大好(だいす)きなＪリーグが始(はじ)まりました。

サッカーは、スマホよりテレビの方(ほう)が見やすいし、盛(も)り上(あ)がります。

ですが、うちはテレビのチャンネル権(けん)が妻(つま)にあります。

すぐチャンネルをコロコロ変(か)えてしまいます。

今日(きょう)も僕はスマホで静(しず)かにサッカーを見ています。

家出(いえで)したいです。

Step 3 들으면서 따라 말하기

僕(ぼく)の趣味(しゅみ)は、ビールを______サッカーを______。今年(ことし)も、______Jリーグが______。サッカーは、スマホよりテレビの方(ほう)が______、______。ですが、うちはテレビの______が妻(つま)______。すぐ______コロコロ______。今日(きょう)も僕はスマホで______サッカーを______。家出(いえで)______。

▶ 정답은 72쪽을 확인해 주세요.

제 취미는 맥주를 마시면서 축구를 보는 거예요. 올해도 정말 좋아하는 J리그가 시작됐어요. 축구는 스마트폰보다 TV로 보는 게 보기 쉽고 흥이 나요. 하지만 우리집은 TV 채널권이 아내한테 있어요. 금방 채널을 여기저기로 돌려 버려요. 오늘도 저는 스마트폰으로 조용하게 축구를 보고 있어요. 가출하고 싶네요.

DAY 52

30초 일본어 말하기

외식하기

Out52-1.mp3

30초 일본어 말하기 : INPUT : Day 04+Day 06+Day 13+Day 14+Day 16+Day 22+Day 37

Step 1 우리말 보면서 듣기

01 오늘은 아빠 생신이라서 외식하러 갔어요.

02 TV에서도 화제가 된 초밥집이에요.

03 큰맘 먹고 오마카세 코스를 주문했어요.

04 성게알은 못 먹어서 성게알은 빼고 달라고 부탁했어요.

05 아빠는 딱히 가리는 게 없다고 말씀하셨어요.

06 참치가 입안에서 살살 녹았어요.

07 맛있어서 눈물이 났어요.

08 주 7일 오고 싶은 맛이었습니다.

훈련한 날짜 . .

소요시간 분

강의 및 훈련 MP3

Step 2 한 문장씩 말하기

今日(きょう)は父(ちち)の誕生日(たんじょうび)で、外食(がいしょく)に行(い)きました。

テレビでも話題(わだい)の寿司屋(すしや)さんです。

奮発(ふんぱつ)して、おまかせコースを注文(ちゅうもん)しました。

ウニは苦手(にがて)なので、ウニ抜(ぬ)きでお願(ねが)いしました。

父は好(す)き嫌(きら)いが特(とく)にないと言(い)いました。

マグロが口(くち)の中(なか)でとろけました。

おいしくて、涙(なみだ)が出(で)ました。

週(しゅう)7で通(かよ)いたくなる味(あじ)でした。

Out52-2.mp3

Step 3 들으면서 따라 말하기

今日(きょう)は父(ちち)の誕生日(たんじょうび)で、＿＿＿＿＿＿＿＿。テレビでも＿＿＿＿寿司屋(すしや)さんです。＿＿＿＿＿、おまかせコースを＿＿＿＿＿＿＿。ウニは＿＿＿なので、ウニ＿＿＿＿＿＿＿＿＿＿＿。父は＿＿＿＿＿＿特(とく)にないと言(い)いました。マグロが＿＿＿＿でとろけました。＿＿＿＿＿＿、涙(なみだ)が出(で)ました。週(しゅう)７で＿＿＿＿＿＿＿＿味(あじ)でした。

▶ 정답은 72쪽을 확인해 주세요.

오늘은 아빠 생신이라서 외식하러 갔어요. TV에서도 화제가 된 초밥집이에요. 큰맘 먹고 오마카세 코스를 주문했어요. 성게알은 못 먹어서 성게알은 빼고 달라고 부탁했어요. 아빠는 딱히 가리는 게 없다고 말씀하셨어요. 참치가 입안에서 살살 녹았어요. 맛있어서 눈물이 났어요. 주 7일 오고 싶은 맛이었습니다.

DAY 53 30초 일본어 말하기

친구들과 한잔

Out53-1.mp3

30초 일본어 말하기 : INPUT : Day 06+Day 14+Day 16+Day 18+Day 20+Day 38

Step 1 우리말 보면서 듣기

01 고등학교 때 친구들과 오랜만에 술자리를 가졌어요.

02 다 같이 맥주로 건배를 했어요.

03 저는 술이 약해서 금방 취해요.

04 얼굴도 빨개지고 숙취도 심해요.

05 하지만 친구들과 함께 있으면 즐겁고 마음이 편해요.

06 어제도 추억 이야기로 꽃을 피웠어요.

07 너무 즐거워서 또 막차를 놓치고 말았습니다.

훈련한 날짜　　　.　　.

소요시간　　　　　　분

강의 및 훈련 MP3

Step 2 한 문장씩 말하기

高校時代(こうこうじだい)の友達(ともだち)と久(ひさ)しぶりに飲(の)み会(かい)をしました。

みんなでビールで乾杯(かんぱい)をしました。

私(わたし)はお酒(さけ)に弱(よわ)くて、すぐ酔(よ)ってしまいます。

顔(かお)も赤(あか)くなるし、二日酔(ふつかよ)いもひどいです。

でも、友達と一緒(いっしょ)にいると楽(たの)しいし、ホッとします。

昨日(きのう)も思(おも)い出話(でばなし)で盛(も)り上(あ)がりました。

楽(たの)しすぎて、また終電(しゅうでん)を逃(のが)してしまいました。

Out53-2.mp3

Step 3 들으면서 따라 말하기

..................の友達(ともだち)と久(ひさ)しぶりに..................。

みんなでビールで..................。私(わたし)は..................

..................、すぐ酔(よ)ってしまいます。..................し、

..................もひどいです。でも、友達と..................

..................、ホッとします。昨日(きのう)も..................

..................。..................、また終電(しゅうでん)を逃(のが)して

しまいました。

▶ 정답은 73쪽을 확인해 주세요.

고등학교 때 친구들과 오랜만에 술자리를 가졌어요. 다같이 맥주로 건배를 했어요. 저는 술이 약해서 금방 취해요. 얼굴도 빨개지고 숙취도 심해요. 하지만 친구들과 함께 있으면 즐겁고 마음이 편해요. 어제도 추억 이야기로 꽃을 피웠어요. 너무 즐거워서 또 막차를 놓치고 말았습니다.

DAY 54

30초 일본어 말하기

SNS 활동

Out54-1.mp3

30초 일본어 말하기 : INPUT : Day 01+Day 06+Day 08+Day 10+Day 13+Day 19+Day 39

Step 1 우리말 보면서 듣기

01 엄마가 얼마 전 인스타그램 계정을 만들었어요.

02 저도 팔로우 했어요.

03 엄마는 매일 꽃 사진만 업로드 하시네요.

04 엄마를 위해 인스타 감성 카페를 알아봤어요.

05 같이 가서 카메라 어플로 사진도 찍었어요.

06 '카페 탐방' 해시태그도 달아서 올렸어요.

07 "좋아요!"와 팔로워가 확 늘었어요.

08 엄마의 새로운 취미를 응원하고 싶어요.

훈련한 날짜 . .

소요시간 분

강의 및 훈련 MP3

Step 2 한 문장씩 말하기

母(はは)がこの前(まえ)インスタグラムのアカウントを作(つく)りました。

私(わたし)もフォローしました。

母は毎日花(まいにちはな)の写真(しゃしん)ばかりアップしています。

母のために、インスタ映(ば)えするカフェを調(しら)べてみました。

一緒(いっしょ)に行(い)って、カメラアプリで写真も撮(と)りました。

「カフェ巡(めぐ)り」とハッシュタグもつけてアップしました。

「いいね！」とフォロワーが一気(いっき)に増(ふ)えました。

母の新(あたら)しい趣味(しゅみ)を応援(おうえん)したいと思(おも)います。

Out54-2.mp3

Step 3 들으면서 따라 말하기

母(はは)がこの前(まえ)インスタグラムの______を______。私(わたし)も______。母は毎日花(まいにちはな)の写真(しゃしん)ばかり______。母のために、______カフェを______。一緒(いっしょ)に行(い)って、カメラアプリ___写真も______。「カフェ巡(めぐ)り」と______アップしました。「いいね！」とフォロワーが______。母の新(あたら)しい趣味(しゅみ)を______。

▶ 정답은 73쪽을 확인해 주세요.

엄마가 얼마 전 인스타그램 계정을 만들었어요. 저도 팔로우 했어요. 엄마는 매일 꽃 사진만 업로드 하시네요. 엄마를 위해 인스타 감성 카페를 알아봤어요. 같이 가서 카메라 어플로 사진도 찍었어요. '카페 탐방' 해시태그도 달아서 올렸어요. "좋아요!"와 팔로워가 확 늘었어요. 엄마의 새로운 취미를 응원하고 싶어요.

DAY 55

30초 일본어 말하기

매일 저녁

Out55-1.mp3

30초 일본어 말하기 : INPUT : Day 06+Day 07+Day 13+Day 16+Day 20+Day 21+Day 36+Day 40

Step 1 우리말 보면서 듣기

01 오늘은 불금.

02 이번주도 녹초가 됐어요.

03 친구들과 떠들썩하게 노는 것도 즐겁지만 ⋯.

04 때로는 혼자서 느긋하게 보내고 싶어요.

05 보고 싶었던 드라마를 몰아서 보거나.

06 소파에 누워서 뒹굴대거나.

07 바쁜 일상에 숨통이 트여요.

08 이번 주말에는 집콕 라이프를 즐길 생각이에요.

훈련한 날짜 . .

소요시간 분

강의 및 훈련 MP3

Step 2 한 문장씩 말하기

今日(きょう)は花金(はなきん)。

今週(こんしゅう)もへとへとに疲(つか)れてしまいました。

友達(ともだち)とわいわいするのも楽(たの)しいですが。

たまには一人(ひとり)でゆっくり過(す)ごしたいですよね。

気(き)になるドラマを一気(いっき)に見(み)るとか。

ソファーに横(よこ)になって、ゴロゴロするとか。

忙(いそが)しい日々(ひび)の息抜(いきぬ)きになります。

今週末(こんしゅうまつ)はおうち時間(じかん)を楽(たの)しむつもりです。

Out55-2.mp3

Step 3 들으면서 따라 말하기

今日(きょう)は花金(はなきん)。今週(こんしゅう)もへとへとに ______

______。友達(ともだち)とわいわいするのも ______

______、たまには一人(ひとり)で ______

______。気(き)になるドラマを ______。ソ

ファーに ______、______ するとか。忙(いそが)しい

日々(ひび)の ______。今週末(こんしゅうまつ)はおうち時間(じかん)を

______。

▶ 정답은 74쪽을 확인해 주세요.

오늘은 불금. 이번주도 녹초가 됐어요. 친구들과 떠들썩하게 노는 것도 즐겁지만 때로는 혼자서 느긋하게 보내고 싶어요. 보고 싶었던 드라마를 몰아서 보거나, 소파에 누워서 뒹굴대거나. 바쁜 일상에 숨통이 트여요. 이번 주말에는 집콕 라이프를 즐길 생각이에요.

{ OUTPUT }
스크립트와
주요 표현 정리

OUTPUT 파트의 Day별 훈련 STEP 1부터 STEP 4에 해당하는 『30초 일본어 말하기』 스크립트와 표현 해설입니다. STEP 3(들으면서 따라 말하기) 빈칸에 들어갈 표현들은 스크립트에 밑줄로 표시했습니다. 헷갈리거나 막히는 표현은 없었는지 확인해 보세요.

| DAY 41 | 내 소개하기 6쪽

こんにちは。ハン・シウォン**といいます**。**今年**28歳で、マーケティングの**仕事をしています**。**出身は**チェジュ島**ですが**、**今は**ソウルに**住んでいます**。コーヒーが**大好きで**、カフェ巡りが**趣味です**。おいしいコーヒーが**飲みたい**方は、**言ってくださいね**。おすすめのカフェを**紹介します**。よろしく**お願いします**。

표현 **자기소개의 시작은 こんにちは(안녕하세요) 또는 初めまして(처음 뵙겠습니다)로 해 주세요.**

자기소개의 마무리는 よろしくお願いします(잘 부탁드립니다)로 하시면 됩니다.

| DAY 42 | 매일 아침 10쪽

私は**朝に弱い**です。完全に**夜型**だからです。つい**アラーム**を**止めて**、**二度寝**を**してしまいます**。ですが、今朝は**早く**目が**覚めちゃいました**。あくびを**しながら**、窓を開けました。風が**気持ちよかった**です。時計を**見て**、**びっくりしました**。何と夕方の**6時でした**。

표현 **〜から ~이라서, ~이니까**

이유를 나타낼 때 씁니다. 다소 개인적인 이유의 뉘앙스가 있어요. 명사나 な형용사 뒤에는 夜型だから처럼 〜だから로 붙여 주세요. い형용사, 동사는 그대로 から를 붙여 줍니다.

예 もういいから。 이제 괜찮다니까.
後で食べますから。 나중에 먹을 테니까요.

ですが 하지만, 그러나

문장 앞에도 붙여서 역접 접속사로 씁니다.

何と 무려

예상 밖의 결과가 나왔을 때 뒷말을 수식해서 써요.

夕方 저녁

| DAY 43 | 아침에 하는 일 14쪽

平日の朝はいつも**バタバタしています**。今日も**顔**だけ**洗って**、**急いで**朝ご飯を食べます。妻は**パン派で**、朝は**軽く食べています**。僕は**ご飯派で**、毎朝納豆ご飯を**食べています**。妻は、**いつも**僕に臭い臭い**と言います**。毎日**ちゃんと歯磨きして**、うがいも**している**のになぁ。あれ？**間違えて**妻の歯ブラシを**使ってしまいました**。**早く**会社に**行っちゃい**ましょう。

표현 **~のに ~인데**

예상과 반대되는 상황이 일어날 때 써요. 문장 끝에 쓸 때는 불만의 심정을 표현할 수 있습니다.

~なぁ ~이구나, ~이구만

주로 혼잣말할 때 쓰고, 문장 마지막에 씁니다.

臭い 냄새나다, 구리다

臭い臭い처럼 두 번 반복해서 말하면 강조하는 뉘앙스가 됩니다.

あれ 어?

의문이 들거나 놀랐을 때의 감탄사

歯ブラシ 칫솔

| DAY 44 | 화장하기 18쪽

日焼けして**黒くなりました**。今日は日焼け止めを**ちゃんと塗ります**。まゆ毛は薄く**書きます**。久しぶりにマスカラも**つけてみます**。「これで**準備バッチリ！**」と思ったんですが…。うちのネコがまた**邪魔をします**。おっとおおお、手が**滑っちゃいました**。お邪魔ネコのおかげで、**パンダ目になっちゃいました**。

표현 **今日はちゃんと塗ります 오늘은 잘 챙겨 발라요**

조사 は를 넣으면 평소에는 깜박 잊을 때도 많지만 오늘만큼은 잘 바른다는 뉘앙스가 가미됩니다.

準備バッチリ 준비 끝! 준비 완벽!

～と思ったんですが ~이라고 생각했는데, ~일 줄 알았는데

と思う → と思った → と思ったんですが. 내가 생각한 것과 실제가 달랐을 때 유용하게 쓸 수 있는 표현이에요. ～と思いましたが(~라고 생각했는데)도 가능하지만 남이 모르는 내 생각을 전달하는 것이기 때문에 ん을 넣어 주면 더 생동감이 느껴져요. と 앞에 ～かな를 넣어서「準備バッチリかなと思ったんですが」라고 할 수도 있어요.

うちのネコ 우리집 고양이

うち는 '집, 우리'라는 뜻인데요, '우리 ○○'이라고 할 때, うちの라고 해 주시면 됩니다. 단 '우리 엄마'처럼 가족을 말할 때는 うち는 빼고 母(はは)라고만 해 주셔도 괜찮아요. 母 자체가 어차피 우리 엄마를 나타낼 때 쓰는 표현이기 때문이죠.

邪魔をする 방해를 하다

컴퓨터만 켜면 키보드에 올라가 있고, 외출하려면 가방에 들어가는 고양이를 두고 귀엽게 '방해쟁이'라고도 부르잖아요? 일본어로도 비슷한 말이 있어요. [방해 + 고양이]를 합해서 お邪魔ネコ라고 한답니다.

おかげで 덕분에

おかげ는 '덕분'이라는 뜻. '○○ 덕분에'는 ○○のおかげで라고 하면 됩니다. 뒤에 さまで를 붙여서 おかげさまで라고 하면 '덕분에요'라는 관습적인 인사말이 됩니다.「お元気(げんき)ですか」(잘 지내세요?),「はい、おかげさまで」(네, 덕분에요) 이렇게 쓰인답니다.

| DAY 45 | 면도하기 22쪽

週末(しゅうまつ)の間(あいだ)、ヒゲがだいぶ**伸(の)びちゃいました**。ヒゲ剃(そ)りを**しないといけません**。まず、お湯(ゆ)で**顔(かお)**を**洗(あら)います**。シェービングクリームも**塗(ぬ)ります**。ヒゲが**やわらかく**なって、**剃(そ)りやすく**なります。あっ、あごを**切(き)っちゃいました**。血(ち)が止(と)まりません。**ヒリヒリして**涙(なみだ)が出(で)ます。サンタさん、次(つぎ)のクリスマスには**電気(でんき)シェーバー**を**ください**。

표현 **まず 우선**

お湯 뜨거운 물, 온탕

식당에서 '뜨거운 물 주세요~' 할 때도 お湯, '목욕탕 온탕'도 お湯라고 해요. 반면 '차가운 물'은 水(みず), お水라고 구분해서 말합니다.

あっ 아, 앗

놀라거나 감동했을 때 감탄사. あれ도 놀랐을 때 쓰는 감탄사지만 의문의 뉘앙스가 들어가 있다고 했죠? 반면 あっ은 의문의 뜻은 들어가 있지 않다는 것.「あっ忘れた！」'아 맞다, 깜빡했다!' 이런 느낌입니다.

血が止まりません 피가 안 멈춰요

血 피, 止まる 멈추다

涙が出ます 눈물이 나요

出る는 '나다, 나오다'. '피가 나다'라고 할 때는 血が出る라고 쓸 수 있어요.

サンタさん 산타 할아버지

일본에서는 '할아버지' 없이 '산타님' サンタさん이라 부릅니다.

サンタさん〜をください 산타 할아버지 ~ 주세요

수염 깎다가 뜬금없이 산타 할아버지한테 선물 타령하는 것처럼 보이나요? 일본에서는 산타 할아버지에게 '크리스마스 선물로 무엇무엇 주세요~' 하는 말을 장난처럼 쓰기도 해요.「サンタさん、現金ください」'산타 할아버지 (크리스마스 선물로) 현금 주세요'라든가,「サンタさん、今年のクリスマスには彼氏·彼女をください」'산타 할아버지 이번 크리스마스에는 남친·여친을 주세요' 등등 혼잣말로 장난스럽게 쓴답니다.

| DAY 46 | 운전하기 26쪽

先週から車で**通勤しています**。実は私、**ペーパードライバー**歴８年なんです。とにかく**運転が下手すぎて**困っています。自宅から職場までは**片道30分くらい**です。ですが、私は**１時間以上かかります**。特に**駐車**が**うまくできません**。今日も駐車場でパニック**になっちゃいました**。早く**うまくなりたい**なと思います。

표현 **実は 실은**

パニックになる 패닉이 되다, 머릿속이 하얘지다

うまくなりたい 잘하고 싶다

〜な 감정을 나타낼 때 씁니다. いいな '좋겠다~', うれしいな '기쁘구나'

〜たいな 우리말로는 '~하면 좋겠다~'에 가깝습니다.

〜と思います ~이라고 생각해요, ~ 인 것 같아요

생각이나 느낌을 말할 때도 쓰지만 본인의 의사를 우회적으로 표현할 때도 흔히 써요. 우리말에도 '괜찮아요'하고 단호하게 말하지 않고 '괜찮은 것 같아요' 이렇게 에둘러 말할 때가 있잖아요? 추측이 아니라 우회적으로 본인의 생각을 전달하는 방법인데요, 딱 여기에 해당되는 일본어가 〜と思います랍니다.

早くうまくなりたいなと思います

빨리 잘하게 됐으면 좋겠어요, 빨리 늘었으면 좋겠어요

스킬과 관련된 모든 것에 쓸 수 있어요. 일본어, 음식, 스포츠 등 지금 갖고 있는 스킬이 빨리 더 좋아지길 원할 때 쓰면 됩니다.

| DAY 47 | 대중교통 이용하기 30쪽

学校(がっこう)にはバスでも地下鉄(ちかてつ)でも**行(い)くことができます**。地下鉄は２回(かい)**乗(の)り換(か)えないといけません**。でも、バスより**早(はや)くて便利(べんり)です**。地下鉄の中(なか)は、いつもスマホを見(み)ている**人(ひと)でいっぱいです**。僕(ぼく)もよくスマホゲームに**夢中(むちゅう)になってしまいます**。今日(きょう)も**乗(の)り過(す)ごしちゃいました**。ここはどこでしょうか。もう**帰(かえ)りたい**気分(きぶん)です。

표현 **でも 하지만**

접속사로 쓰일 때는 역접의 의미로 쓰입니다. ですが는 격식 있는 자리에서 쓸 수 있는데 반해 でも는 ですが에 비해 캐주얼한 느낌이 들고 주로 회화체에서 씁니다.

ここはどこでしょうか 여기는 어디일까요

일본 옛날 드라마에서도 툭하면 기억상실증에 걸린 주인공이 등장했는데요, 항상 이런 대사를 했었죠. 「ここはどこ？私は誰(だれ)？」(여긴 어디? 난 누구?)

帰りたい 집에 가고 싶다

'집'이라는 말이 없어도 帰(かえ)る에는 '집에 가다'는 의미가 포함되어 있어요. 불편한 사람들과 함께하는 식사 자리에서도 집에 가고 싶을 때도 帰りたい, 회사에서 빨리 퇴근하고 집에 가고 싶을 때도 帰りたい라고 써요. 우스갯소리로 '집에 있는데 집에 가고 싶다'는 말을 「家にいるのに帰りたい」 이렇게 쓸 수 있답니다.

〜たい気分(きぶん) ~하고 싶은 기분, ~하고 싶은 느낌

| DAY 48 | 다이어트 34쪽

私の趣味は**ダイエット**、特技は**リバウンドです**。**食べることが**大好きで、**ついつい食べ過ぎてしまいます**。**急に**５キロも**太ってしまいました**。ポッコリお腹が**気になります**。**やせたいけど**、野菜はもう**飽きてしまいました**。だから、プチ断食をする**つもりです**。でも、ダイエットは明日から！今日は焼肉の**食べ放題に行って**きま〜す。

표현 **食べることが大好きだ 먹는 것을 정말 좋아하다**

[동사 + ことが好き / 嫌い]를 써서 '~하는 것을 좋아한다 / 싫어한다'를 나타낼 수 있어요.

だから 그래서, 그러니까

だから의 から는 이유를 나타내는 から예요. 접속사로 쓰고, 캐주얼한 상황에 구어체로 많이 씁니다. 수업, 면접, 스피치 등 공적인 자리나 격식 있는 자리에서는 쓰지 않도록 주의해 주세요.

食べ放題に行ってきます 뷔페·무한리필 다녀올게요

行ってきます는 '다녀오겠습니다'라는 인사로 쓰입니다.

ダイエットは明日から 다이어트는 내일부터. 모든 다이어터들의 심금을 울리는 명언이죠.

| DAY 49 | 온라인 쇼핑 38쪽

最近、**買い物**はほとんど**ネットでしています**。**安いし**、スマホ一つで手軽にできますし。**クーポンとかポイント**も**使いやすいですから**。**まとめ買いするときも**便利です。だからか、つい**カートに**いろいろ**入れてしまいます**。今日も**買いすぎて**、予算オーバーです。**衝動買い**には注意しましょう。

표현 **〜し、〜し ~하고 ~하고요, ~하죠 ~하죠**

하나씩 생각하면서 나열할 때 써요. 「安いし、スマホ一つで手軽にできますし」'싸죠, 스마트폰 하나만 있으면 쉽게 할 수 있죠'. 安いし처럼 반말에 붙일 수도 있고, 〜ますし / 〜ですし처럼 존댓말 뒤에도 붙일 수가 있어요.

予算オーバーです 예산 초과예요

일본어는 외래어를 일상적으로 많이 써요. '초과'라는 한자도 있지만 일상적으로 쓰기에는 좀 어렵고 딱딱하게 느껴져요. 일상 회화에서는 オーバー가 더 자연스럽답니다.

| DAY 50 | 영화 보기

42쪽

初(はつ)デートで**映画(えいが)**を**見(み)に行(い)きます**。チケットはアプリで**予約(よやく)しておきました**。なんかワクワクして**一睡(いっすい)もできません**でした。いよいよ**映画**が始(はじ)まったのですが…。**つまらなくて**、あくびが**出(で)ました**。**途中(とちゅう)から**記憶(きおく)がありません。いびきまでかいて**寝(ね)てしまいました**。僕(ぼく)に次(つぎ)はあるでしょうか。

표현 **なんか 왠지**

ワクワク 두근두근

기대나 기쁨으로 마음이 설레는 모양. 비슷한 말로 どきどき라는 말도 있어요. 둘 사이의 차이는 ワクワク는 긍정적인 일 = 설렘을 나타낼 때 쓰고, どきどき는 긍정적·부정적인 상황 모두 쓸 수 있다는 점이에요. 설렘 외에 불안, 공포로 조마조마할 때도 쓸 수 있어요.

いよいよ 드디어

「いよいよスタート」(드디어 시작!), 「○○がいよいよスタートです」(○○이 드디어 시작이에요) 이런 말도 많이 씁니다.

始まったのですが… 시작됐는데요 …

～のですが는 ～んです를 조금 더 딱딱하게 말하고, 뒤에 ～が '~인데요'를 붙인 거예요. 단순히 시작됐다는 사실만 전달하려면「始まりました」'시작했어요'라고 쓰면 되지만,「始まったのですが」를 쓰면 이어지는 상황에 무슨 일이 일어날 것이라는 암시를 줄 수 있어요. の를 ん으로 바꿔서「始まったんですが」로 바꿔 쓸 수도 있어요.

記憶がありません 기억이 없어요, 記憶がない 기억이 없다

いびきまでかいて 코까지 골고

「いびきをかく」'코를 골다'가 기본형이고요, 조사 を를 まで로 바꿔서「いびきまでかく」'코까지 골다'와 같이 뉘앙스를 가미할 수 있어요.

次 다음

あるでしょうか 있을까요

| DAY 51 | TV 보기

46쪽

僕の趣味は、ビールを**飲みながら**サッカーを**見ることです**。今年も、**大好きな**Jリーグが**始まりました**。サッカーは、スマホよりテレビの方が**見やすいし**、**盛り上がります**。ですが、うちはテレビの**チャンネル権**が妻**にあります**。すぐ**チャンネルを**コロコロ**変えてしまいます**。今日も僕はスマホで**静かに**サッカーを**見ています**。家出**したいです**。

표현 **Jリーグ J리그**

일본 프로 축구를 줄여서 이렇게 불러요. 정식 명칭은 日本プロサッカーリーグ '일본 프로 사커 리그'라고 합니다.

静かに見る 조용히 보다

静かに는 볼륨을 줄여서 조용히 보는 느낌도 있지만, 차분히, 얌전히 보는 느낌도 들어요.

家出したいです 가출하고 싶어요

[家出 가출 + したいです 하고 싶어요]. 家出는 발음에 주의해 주세요.

| DAY 52 | 외식하기

50쪽

今日は父の誕生日で、**外食に行きました**。テレビでも**話題の**寿司屋さんです。**奮発して**、おまかせコースを**注文しました**。ウニは**苦手**なので、ウニ**抜きでお願いしました**。父は**好き嫌いが**特にないと言いました。マグロが**口の中**でとろけました。**おいしくて**、涙が出ました。週7で**通いたくなる**味でした。

표현 **寿司屋さん 초밥집**

회화에서는 [○○屋 + さん]처럼 쓰기도 해요. ○○에는 초밥, 라면, 빵, 카레, 덴푸라, 야키니쿠 등등 그 가게의 대표적인 메뉴를 넣을 수도 있고요, 꼭 음식이 아니어도 '옷집' 服屋さん, '꽃집' 花屋さん처럼도 씁니다. 사람이 아닌 것에도 さん을 쓸 수 있답니다.

テレビでも話題の寿司屋さん TV에서도 화제가 된 초밥집

'화제가 되고 있는, 화제가 된'이라는 말을 話題の처럼 간결하게 쓸 수 있어요. SNSで話題の〜라고 하면 SNS에서 '화제가 되고 있는 무엇무엇'으로 응용 가능해요.

| DAY 53 | 친구들과 한잔 54쪽

高校時代の友達と久しぶりに**飲み会をしました**。みんなでビールで**乾杯をしました**。私は**お酒に弱くて**、すぐ酔ってしまいます。**顔も赤くなる**し、**二日酔い**もひどいです。でも、友達と**一緒にいると楽しいし**、ホッとします。昨日も**思い出話で盛り上がりました**。**楽しすぎて**、また終電を逃してしまいました。

표현 **高校時代の友達 고등학교 때 친구**

時代는 '시절'이라는 의미로도 쓰여요. 자주 들을 수 있는 말은 大学時代 '대학 시절', 学生時代 '학창 시절'. 小学校時代 '초등학교 시절', 中学時代 '중학교 시절'도 가끔은 들을 수 있는 말이니 함께 알아 두세요. 우리말처럼 '~때'를 넣어서 小学校のとき '초등학교 때', 中学のとき '중학교 때'처럼 〜のとき와도 바꿔 쓸 수 있어요.

思い出話で盛り上がる 추억 이야기로 꽃을 피우다

思い出話 대신 이런 말도 쓸 수 있겠죠? 昔の話 '옛날 이야기', 仕事の話 '일 이야기', いつも同じ話 '항상 같은 이야기'.

| DAY 54 | SNS 활동 58쪽

母がこの前インスタグラムの**アカウント**を**作りました**。私も**フォローしました**。母は毎日花の写真ばかり**アップしています**。母のために、**インスタ映えする**カフェを**調べてみました**。一緒に行って、カメラアプリ**で**写真も**撮りました**。「カフェ巡り」と**ハッシュタグもつけて**アップしました。「いいね！」とフォロワーが**一気に増えました**。母の新しい趣味を**応援したいと思います**。

표현 **〜ばかり〜する ~만 ~하다**

예 花の写真ばかりアップしています。 꽃 사진만 올려요.
犬の写真ばかりアップしています。 강아지 사진만 올려요.
食べ物の写真ばかりアップしています。 음식 사진만 올려요.

이렇게 쓸 수 있습니다.

母のために 엄마를 위해서

〜ためは '~를 위해'라는 뜻이고, ために처럼 に를 붙이면 '위해서'라는 의미가 돼요. 앞에 명사가 올 때는 母のために처럼 の로 연결해 주세요. 父のために, 夫のために, 妻のために, 妹のために, 弟のために 등 다양한 주변 사람을 넣어서 활용해 보세요.

新しい趣味 새로운 취미

応援したいと思います 응원하고 싶다고 생각합니다 = 응원하고 싶어요

자신의 의견을 부드럽게 전달할 때는 〜思います라고 하면 되겠죠? '생각한다'는 말은 굳이 해석하지 않아도 됩니다.

| DAY 55 | 매일 저녁 62쪽

今日は花金。今週もへとへとに**疲れてしまいました**。友達とわいわいするのも**楽しいですが**、たまには一人で**ゆっくり過ごしたいですよね**。気になるドラマを**一気に見るとか**。ソファーに**横になって**、**ゴロゴロ**するとか。忙しい日々の**息抜きになります**。今週末はおうち時間を**楽しむつもりです**。

표현 **花金 불금**

원래는 花の金曜日 '꽃의 금요일'. 花金으로 줄여서 써요. 불금이 한국에서는 비교적 젊은이들의 말인 것에 비해, 일본에서 花金은 아주 젊은 사람들보다는 주로 사회생활하는 사람들이 더 잘 알고 있는 말이에요.

一気に見るとか 몰아 본다든가

〜とか는 Aとか Bとか처럼 명사에 붙여서 쓸 수도 있고, 見るとか처럼 동사에도 붙일 수 있어요. 또 이번 예문처럼 문장 끝에도 쓸 수 있어요.